이도남의
돈 고생
마음고생 없이
이혼하는 방법
法

이도남의 돈 고생 마음고생 없이 이혼하는 방법

김용국 지음

위즈덤하우스

이혼, 제대로 알려드리겠습니다

'법은 만만하고 대중과 가까워야 한다'는 소신으로, 법과 관련된 글을 쓰고 강의를 한 지도 10년이 되어갑니다. 그동안 수없이 많은 분들과 말과 글로 소통해왔습니다만, 아직까지 보통사람에게 법은 어렵고 너무 멀리 있는 존재임에 틀림없습니다.

아직까지도 잘못된 법률상식이 대중에게 널리 퍼져 있는 분야를 꼽자면 바로 이혼 분야입니다. 이혼은 누구나 겪는 과정이라기보다 인생에서 한 번 겪을까 말까 한 아주 특수한 경험입니다. 게다가 주변에서 접할 수 있는 정보라고는 자극적인 소재나 연예인 사생활에 대한 가십을 다루는 언론보도가 전부입니다. 이런 까닭에 정작 이혼을 결심하거나 이혼소송을 당한 이들은 어떻게 대처해야 할지 몰라 당황하기 일쑤입니다.

2011년 말, 제대로 된 이혼이야기 책을 써보기로 마음먹고, 본격적으로 이혼 판례를 찾아 읽고 법률서적을 펼쳤습니다. 그런데 어떤 방식으로 일반인들이 알고 싶은 것들만 쏙쏙 골라 쉽게 전달할지가 관건이었습니다. 고심 끝에, 이혼을 고민하는 분들의 사연을 직접 듣고 답하기로 했습니다.

저는 이메일을 통해 골머리를 앓게 하는 이혼문제들, 즉 부부생활·이혼과 관련된 궁금증, 이혼 절차, 이혼에 뒤따르는 재산문제와 자녀양육 문제 등에 대해 법률 상담을 받았습니다. 그리고 수백 건의 사연 중에서 대중이 공감할 만한 소재, 꼭 알아두어야 할 내용들을 정리하여 인터넷신문 〈오마이뉴스〉에 '제대로 이혼 도와주는 남자(이도남)'라는 제목으로 연재하기 시작했습니다.

반응은 뜨거웠습니다. 2012년 여름부터 2013년 봄까지 진행한 연재는 매회 수만~수십만 건의 조회 수를 기록했고, 그 사이 제 메일함에는 구구절절한 사연들이 쌓였습니다. 어떤 날은 하루 1백 건이 넘는 메일을 받기도 했습니다. 한편으로는 "이혼을 조장하는 게 아니냐"는 비판도 있었습니다. 하지만 한해 10만 쌍 넘는 부부가 이혼하는 실정을 모른 척 외면하기보다 차라리 제대로 알려주는 편이 낫겠다고 판단했습니다.

이 책은 수많은 이혼사연에 대해 법률적인 답변과 함께 현실적인 대안을 제시한, 일종의 '이혼 고민 해결서'입니다. 이 책 한 권으로 이혼의 모든 것을 알려드리겠다는 목표로, 이혼을 앞둔 부부뿐만 아니라 일반인들에게도 도움이 되는 정보를 드릴 수 있도록 구성했습니다. 정확한 정보를 전달하기 위해 사연 속 법률문제와 유사한 수천 건의 판결을 직접 확인하였고, 원고 초안은 현직 판사·변호사들의 자문을 거치거나 법원직원들에게 관련 자료에 대한 도움도 받았습니다. 특별히 이

자리를 빌려 문형배 · 차경환 · 사경화 판사님과 문대영(성남지원 사무국장)님에게 고마운 마음을 전합니다. 익명을 전제로 도움을 주신 법조인들에게도 감사의 말씀을 드립니다. 그리고 무엇보다 제게 구구절절한 사연을 털어놓으시고 격려의 답장까지 보내주신 독자 분들께 감사의 말을 전합니다. 독자 여러분의 호응이 없었다면 이 책은 나오지 못했을 것입니다.

수많은 질문 중에 제가 늘 답변을 망설일 수밖에 없었던 단 하나의 질문이 있습니다. 바로 "이혼을 하는 게 맞나요, 그냥 사는 게 맞나요?"라는 질문입니다. 저는 부부 갈등을 해결하는 방안으로써 이혼이 최선이라고 생각하지 않습니다. 그러나 때에 따라서는 한 번뿐인 인생을 행복하게 살기 위한 차선책이 바로 이혼이 될 수도 있다고 생각합니다. 다만 이혼 결정은 결혼보다 몇 배 더 신중해야 하고, 준비도 제대로 갖추어야 합니다.

결혼이 신성한 제도라고도 하지만, 냉정하게 따지면 아주 중요한 계약 중의 하나로 볼 수 있습니다. 원칙적으로 계약은 지키는 게 도리지만, 어떠한 경우에도 반드시 유지되어야 한다고 보기는 어렵습니다. 물론 선택은 각자의 몫입니다.

아무쪼록 이 책이 사소한 부부 갈등을 겪는 분들에겐 이혼의 위험성을 알리는 경고 메시지로, 주변의 눈치나 체면 때문에 마지못해 불행한 결혼생활을 이어가는 분들에겐 새 출발을 준비하는 지침서로 제 역할을 하길 바랍니다.

2013년 4월 김용국

한해 10만 쌍 결별, 이혼은 현실이다
'이도남'이 알려주는 가장 현실적인 이혼 이야기

안녕하십니까. 첫 인사 드립니다. 일단 제 소개부터 해야겠군요. 저는 '이도남'이라고 합니다. 정식 이름은 '제대로 된 이혼 도와주는 남자'인데, 줄여서 이도남으로 불러주십시오.

저는 이혼과 결혼에 관한 법률상식과 정보를 소개하고 생생한 여러분의 사연을 눈높이에 맞춰 해결하고자 합니다. 제가 이혼을 도와주는 남자긴 하지만 그렇다고 무작정 이혼을 권장하고 싶지는 않습니다. 그렇다고 근엄한 표정으로 부부의 연을 강조하며 훈계를 늘어놓거나 주제넘게 인생의 카운슬러 역할을 하겠다는 것도 아닙니다. 그럴 자격도 없습니다. 저 역시 가장 노릇도 제대로 못하면서 결혼생활 15년을 버텨왔습니다. 아내에게 버림받지 않고 있는 걸 다행으로 여기며 살고 있습니다. 그런 제가 대놓고 이혼이야기를 하는 이유가 무엇인지 궁금하시다고요?

• 왜 부부는 원수가 되어 갈라서야 하는가

이혼과 관련된 법적인 문제를 제대로 알고, 신중하게 고민한 뒤 이혼을 결정하자는 게 제가 글을 쓰는 목적이라면 목적입니다. 저는 15년 넘게 법원에서 일하면서 서로 철천지원수가 돼서 갈라지는 부부를 너무 많이 봐왔습니다. 불과 얼마 전까지 세상에서 가장 사랑하는 사이였을 두 사람이 왜 이렇게 되었을까요. 또한 갈라서려는 두 사람 사이에서 이러지도 저러지도 못하고 방황하는 자녀들은 어떻게 해야 할까요. 심지어 얼마 안 되는 재산을 두고 몇 년간 분쟁을 벌이는 아름답지 못한 광경을 저는 수없이 봐왔습니다.

이런 문제는 도대체 왜 생기는 것일까요? 이것은 바로 이혼하는 부부는 점점 늘어나는데 이혼을 맞이할 준비는 너무나 부족하기 때문입니다. 게다가 이혼하려는 이들이 알아야 할 실질적인 법률상식을 알려주는 곳이 없기 때문입니다. 이런 현실 속에서 '이혼 후까지 생각하는 바람직한 문화를 만들자'는 것이 제가 이 책을 쓰게 된 첫째 목적입니다.

이혼은 현실입니다. 나중에 통계를 언급하겠지만 매일 적지 않은 부부가 갈라섭니다. 조금 더 자세히 들여다보면 그보다 훨씬 많은 이들이 이혼을 진지하게 고민하고 있을 테지요. 시대적인 변화로 인해 이혼은 더 이상 특별한 경험으로 여겨지지 않게 되었습니다. 그런데도 우리 사회는 아직도 도덕과 가정의 평화를 강조하며 '백년해로만이 살 길'이라는 답을 내놓기 일쑤입니다. 아니면 다급한 처지에 놓인 당사자가 변호사를 찾아가 이혼 위자료로 얼마를 받을 수 있는지 의뢰를 하는 수준으로 해결하려 합니다.

사실 이혼을 고민하는 당사자들이 하소연할 곳이나 상담을 할 공간은 생각보다 많지 않습니다. 그러다 보니 문제가 생기면 그냥 참고 살거나, 아니면 아예 원수가 되어 갈라서는 현상만 발생합니다.

그래서 저 '이도남'은 결혼이나 이혼과 관련된 법적 문제들, 이혼에 뒤따르는 재산문제, 자녀 양육에 관한 고민들을 듣고 공감할 만한 내용들을 공개적으로 이야기해보고자 합니다. 현실은 현실대로 인정하되, 불가피하게 이혼해야 할 경우에 따르는 법적인 문제들을 슬기롭게 해결하자는 말입니다. 먼저, 함께 봐야 할 통계자료가 있습니다.

• 한 해 이혼남. 이혼녀는 20만 명! 이혼은 현실이다

최근 5년간의 결혼과 이혼 통계

구분	결혼	이혼		
	혼인신고	이혼신고	협의이혼	재판이혼
2007	348,229	124,225	106,886	17,339
2008	330,256	116,997	94,533	22,464
2009	312,093	124,483	99,162	25,301
2010	328,749	117,388	92,394	24,994
2011	331,543	114,707	91,022	23,685

출처 : 2012 대법원 사법연감

908 vs 314.

무슨 수치일까요. 하루 결혼하는 부부와 이혼하는 부부의 숫자입니다. 2011년을 기준으로 보면 한 해에 33만 1천 543쌍이 하나가 되었고, 반대로 11만 4천 707쌍이 갈라섰습니다.

결혼을 먼저 봅시다. 남녀 모두 초혼은 전체 결혼 중 78.6%(25만 8천 600건)이었고, 모두 재혼인 경우도 11.5%(3만 7천 700건)나 되었습니다.

평균 초혼 연령은 남성이 31.9세, 여성이 29.1세입니다. 10년 전에 비해 남성은 2.4세, 여성은 2.3세 늘었는데 갈수록 결혼 연령이 높아지고 있습니다. 국제결혼이나 이혼도 꾸준히 늘고 있습니다. 한국인과 외국인 사이의 결혼이 2만 9천 762건(전체 결혼 중 9.0%), 이혼이 1만 1천 500건(전체 이혼 중 10.1%)이나 되었습니다.

평균적으로 한 달에 약 1만 쌍의 부부가 남남이 됩니다. 1년으로 치면 20만 명 넘게 이혼남, 이혼녀가 된다니… 이혼 건수, 결코 적지 않지요.

이혼 통계를 더 살펴봅시다. 전체 이혼 중 결혼생활 9년 이내 이혼 건수가 45.9%(4년 이내 26.9%, 4~9년 사이 19.0%)로 전체 이혼 중 절반가량이나 되는군요. 20년 이상 살다가 헤어진 부부도 24.8%나 되었습니다. 1990년 이후부터 20년간 통계를 봤더니 혼인기간이 짧은 부부의 이혼 비율은 다소 줄어든 반면, 이른바 '황혼이혼'은 지속적으로 증가하는 추세입니다. 다시 말해 연령대나 결혼 기간에 관계없이 이혼은 더 이상 금기가 아닌 현실 타개 수단이 되어 가고 있습니다.

2010년 통계청이 조사한 '우리나라 부부의 자화상'에 따르면 결혼과 이혼을 바라보는 남녀의 시각차를 느낄 수 있습니다. "결혼을 해야 한다"는 설문에 기혼 남성 10명 중 8명이 '그렇다'고 답변한 반면, 기혼 여성은 65.2%만 동의했습니다. 또한 '이혼을 해서는 안 된다'는 질문에는 남성 71.7%, 여성 58.6%가 그렇다고 대답했습니다.

남성이 여성에 비해 결혼이나 이혼에 관해서 보수적인 입장을 보이고 있습니다. "결혼은 남성에게 남는 장사"라는 속설을 뒷받침하는 결과라고나 할까요. 나이가 들면 여성은 혼자 독립하여 살 수 있지만 남성은 여성에게 의존하여 살아가는 경우가 많습니다. 다른 통계나 수치를 봐도 알 수 있습니다. 이처럼 매일 3백 쌍, 한 해 10만 쌍 이상의 부부가 법적인 인연을 끊고 있습니다.

이혼은 더 이상 부끄럽거나 숨겨야 할 특별한 경험이 아니라 피할 수 없는 현실이 되었다는 겁니다. 이걸 인정하면서 출발해야 합니다.

먼저 한 가지만 기억해야겠습니다. 법원이 이혼사유를 평가하는 데 가장 중요한 요소로 보는 것은 부부간의 애정과 믿음입니다.

"혼인은 남녀의 애정을 바탕으로 하여 일생의 공동생활을 목적으로 하는 도덕적·풍속적으로 정당시되는 결합으로서, 부부 사이에는 동거하며 서로 부양하고 협조하여야 할 의무가 있는 것이므로, 혼인생활을 함에 있어서 부부는 애정과 신의 및 인내로써 서로 상대방을 이해하며 보호하여 혼인생활의 유지를 위한 최대의 노력을 기울여야 하고, 혼인생활 중 그 장애가 되는 여러 사태에 직면하는 때가 있더라도 부부는 그러한 장애를 극복하기 위한 노력을 다하여야 하며, 일시 부부간의 화합을 저해하는 사정이 있다는 이유로 혼인생활의 파탄을 가져오는 행위를 하여서는 안 된다(대법원 2005. 12. 22. 선고 2005므1085 판결 등)."

그렇다면 저는 이제부터 여러분이 보내주신 사연을 바탕으로 법전도 펼쳐보고, 판결문도 읽어보면서 여러분께 닥친 문제를 함께 풀어가고자 합니다. 좀 더 생생한 이야기, 좀 더 노골적인(?) 문제들, 함께 해결할 준비 되셨나요? 이제, 본격적으로 시작해보겠습니다.

일러두기

- 이 책에 소개한 사연은 글쓴이가 실제로 이혼상담을 받은 내용을 토대로 구성했습니다. 다만 개인의 신상정보를 보호하고 독자의 흥미와 이해를 돕기 위해 유사한 판례 등을 바탕으로 사연을 각색하였으며, 사연에 나오는 사람의 이름은 모두 가명ㆍ익명을 사용했습니다.
- 이 책에 소개된 법령과 판례는 2013년 4월을 기준으로 하였습니다. 이후 법이 바뀌거나 판례가 변경되면 증쇄하거나 개정판을 낼 때마다 변경된 사항을 반영하겠습니다.
- 판례의 인용은 기본적으로 원문의 표현을 살렸습니다. 다만 판결문의 특성상 문장이 너무 길거나 어려운 용어가 등장하는 경우 원문을 훼손하지 않는 범위 안에서 문장을 나누거나 일상생활에서 쓰는 쉬운 말로 바꿨습니다.
- 책을 읽고 의문이 있거나 반론이 있다면 연락을 주시기 바랍니다. 언제든지 환영합니다. 책 표지에 안내한 메일주소나 블로그, 트위터에 남겨주시면 답변을 드리겠습니다.

결혼 약속한 훈남,
알고 보니 백수…
파혼하고 싶어요

약혼 해제사유와 손해배상 책임

⁂ 25세 정세아(여) 씨가 파혼 위기에 처한 사연

대학 졸업 후 집안의 성화에 못 이겨 친척이 소개해준 남자 K를 만난 세아 씨. 수도권 소재 S대학교 경영학과를 졸업하고 대기업 기획실에서 일한다는(심지어 조만간 아버지 사업을 물려받는) 훤칠한 그에게 반해 한 달 만에 결혼을 약속했다.

양가 부모님께 정식으로 인사를 드린 후 친구들과 간단히 약혼식을 올리며 예물을 주고받았으며 결혼 날짜를 잡고 예식장과 신혼여행 예약까지 해둔 상태였다. 행복한 결혼생활을 꿈꾸던 그녀는 충격적인 사실을 알게 된다. 알고 보니 K는 고졸인 데다 이혼 경력이 있는 백수였던 것이다. 이혼남에 고졸 백수라는 사실도 견디기 힘들었지만 더 큰 상처는 평생을 믿고 의지하려 했던 마음에 금이 간 것이었다.

파혼하자는 그녀의 제안에 K는 "날짜를 잡아놓고 무슨 소리냐, 결혼을 물리면 손해배상을 청구하겠다"며 강경하게 대응했다. 생각 같아서는 위자료도 청구하고 약혼예물도 모두 돌려받고 싶은 세아 씨, 어떡하며 좋을까?

• 학력 · 직업 속인 약혼자, 파혼하고 싶어요

첫 번째로 나누게 될 이야기는 인생의 전환점이 되는 결혼, 그 준비 단계인 약혼 과정에서 상처를 입은 분의 사연입니다. 과연 법은 정세아 씨에게 어떤 도움을 줄 수 있을까요.

결혼을 약속한 사람이 학력과 직업을 속인 사실을 알게 되었다면 여러분은 어떻게 하시겠습니까? 대부분 파혼을 떠올리시겠지요. 어떤 분들은 패물까지 돌려달라고 하실 겁니다. 또 위자료 청구를 하겠다고 하시는 분들도 있겠지요. 법적으로는 어떻게 될지 따져보겠습니다.

먼저, 약혼이란 무엇일까요. 말 그대로 결혼을 예약하는 일입니다. 법적으로 그럴 듯하게 얘기하자면, '장래에 결혼할 것을 목적으로 하는 남녀 사이의 계약'입니다. 약혼은 동거나 사실혼과는 조금 다릅니다. 동거는 결혼 목적 없이 단순히 함께 사는 걸 말하고, 사실혼은 혼인신고를 하지 않았을 뿐 부부로 살고 있는 관계이기 때문입니다.

약혼은 어떻게 성립될까요. 특별한 형식이 필요 없습니다. 양가 부모님이나 친구들 앞에서 약혼식을 할 수도 있겠지만 그런 의식이 없어도 상관없습니다. 남녀가 "앞으로 결혼하자"는 의사만 일치하면 됩니다. 약혼은 20세 이상(2013년 7월부터는 19세 이상)이면 누구나 할 수 있고, 18세부터는 부모의 동의를 얻어서 할 수 있습니다.

약혼했다고 해서 반드시 잠자리를 같이 해야 하거나 동거할 의무는 없습니다. 약혼은 아직 결혼을 예약한 것에 불과하기 때문에 동거의무가 있는 부부와는 다릅니다. 다만 약혼을 한 상태에서 다른 이성과 잠자리를 하거나 또다시 약혼을 할 수는 없습니다. 약혼자 사이에서도 지켜야 할 선이 있는 겁니다.

그렇다면 약혼을 하면 반드시 결혼을 해야 하는 것일까요. 그렇지는 않습니다. 마음이 바뀌면 못하는 겁니다. 민법(803조)을 보면 "약혼은 강제이행을 청구하지 못한다"고 돼 있습니다. 결혼은 당사자가 신중하게 선택해야 하는 문제인 만큼, 약혼했다고 해서 강제로 결혼하라는 법은 없습니다. 다만 일방적으로 파혼을 하거나 결혼을 이행하지 않은 쪽에겐 손해배상 등으로 제재를 가할 수 있을 뿐입니다.

• 약혼해제 사유 8가지란

또 법에는 일정한 이유가 있으면 파혼을 할 수 있다고 나와 있습니다. 파혼(약혼해제)사유는 다음과 같습니다.

① 약혼 후 자격정지 이상의 형의 선고를 받은 때

② 약혼 후 금치산 또는 한정치산의 선고를 받은 때

③ 성병, 불치의 정신병 기타 불치의 악질이 있는 때

④ 약혼 후 타인과 약혼 또는 혼인을 한 때

⑤ 약혼 후 타인과 간음한 때

⑥ 약혼 후 1년 이상 그 생사가 불명한 때

⑦ 정당한 이유 없이 혼인을 거절하거나 그 시기를 지연하는 때

⑧ 기타 중대한 사유가 있는 때

이 중에서 ①의 자격정지란 징역보다는 낮고 벌금보다는 높은 형벌입니다. 여기서 자격이란 공무원, 법인의 임원이 될 자격과 선거권, 피선거권을 말합니다. 쉽게 말해 약혼자가 판결로 징역형(집행유예 포함)

이나 자격정지형을 선고받으면 파혼사유가 됩니다. ②에 나오는 금치산자, 한정치산자는 자기 행동을 합리적으로 판단할 능력이 떨어지는 사람이나 재산낭비자로서 법원의 선고를 받은 사람을 말합니다. ⑦의 '정당한 이유'의 대표적인 사례로는 학업, 군복무, 직장 문제 등이 있습니다. 따라서 별다른 이유 없이 결혼을 미루게 되면 약혼해제 사유에 해당합니다. ⑧기타 중대한 사유로는 다른 이성과의 교제, 도박이나 알코올 중독, 폭력 행사 등을 떠올리면 됩니다.

• 학력, 경력, 직장은 중요 정보… 속였다면 파혼사유

그렇다면 약혼자가 학력과 직업 등을 속인 경우는 어떻게 될까요. 이것도 '기타 중대한 사유가 있는 때'로 보아 파혼할 수 있다는 것이 법원의 판례입니다. 결혼을 앞둔 남녀에게 학력, 경력, 직장에서의 직급 등은 속여서는 안 될 중요한 정보라는 말이지요. 2012년 8월 부산가정법원에서 정세아 씨와 유사한 사례의 판결이 있었습니다.

> **사례 1**　30대 남성 A씨는 학교 친구의 소개로 같은 연배의 여성 B씨를 만났다. 두 사람은 교제 넉 달 뒤부터는 결혼을 약속하고 주말을 함께 보냈다. 결혼 날짜를 잡은 A씨는 신혼집을 장만하다가 우연히 B씨가 살던 집의 부동산등기부에 이혼을 원인으로 한 가처분이 돼 있는 것을 알게 되었다. 결혼을 앞둔 B씨는 유부녀로 남편과 이혼소송 중이었고, 직업과 학력도 속여 왔던 것이다. A씨는 B씨에게 파혼을 통보하고 손해배상을 청구했다.

그러자 B씨도 A씨가 일방적으로 파혼을 하는 바람에 충격을 받았다며 위자료를 달라는 맞소송을 내기에 이르렀습니다. 하지만 법원은 A

씨의 손을 들어줬습니다. 판결의 요지는 쉽게 정리하면 이렇습니다.

"약혼은 혼인의 예약이므로 약혼자는 자신의 혼인여부, 학력, 경력 및 직업과 같이 결혼을 결정하는 데 중요한 사항을 상대방에게 사실대로 알릴 의무가 있다. 그런데 B씨는 A씨에게 이 같은 내용을 속였으므로 파혼은 정당하고, 파혼에 책임이 있는 B씨는 손해배상 책임이 있다."

• 파혼 원인제공자에게 위자료 청구 가능

대법원도 비슷한 사례에서 약혼자에게 "학력, 경력, 직업 등을 사실대로 고지할 신의성실의 원칙상의 의무가 있다"고 판시했습니다. 법원은 이런 정보를 속여서는 안 되는 중대한 요소로 꼽았습니다.

만일 두 사람이 파혼에 합의했다면 그걸로 끝이 납니다. 하지만 별다른 이유 없이 일방적으로 파혼을 통보하거나 파혼에 원인을 제공한 사람은 손해배상 책임을 져야 합니다.

여기서 손해는 재산상 손해와 함께 정신적 손해(위자료)도 해당이 됩니다. 재산상 손해로는 약혼식·결혼식 비용, 결혼준비 비용, 그밖에 결혼으로 감수하게 된 손해(이직이나 휴직 등)가 포함됩니다. 정신적 손해로는 파혼을 하게 됨으로써 받은 정신적 충격, 그리고 결혼을 하지 못하게 된 사정에 따른 손해가 해당될 것입니다. 위자료는 나이, 교제기간, 파혼 과정과 경위, 책임 정도, 재산상태 등에 따라 달라지겠지요. 참고로, [사례 1]에서 부산가정법원은 "B씨의 잘못으로 A씨가 상당한 정신적 고통을 받았을 것"이라며 "위자료 2천만 원을 지급하라"는 판결을 내렸습니다.

2012년 9월 서울가정법원에서도 파혼 위자료 판결이 있었는데요. 사건 내막을 보니 다소 충격적입니다.

사례 2 약혼남 C씨는 약혼녀 D씨에게 자신의 요구를 들어주지 않으면 헤어지겠다고 수시로 엄포를 놓았다. 그 요구가 가관이었다. C씨는 D씨에게 자신과 함께 부부교환 성관계(스와핑)나 2 : 1(쓰리섬)을 하도록 권유했다. 심지어는 D씨에게 다른 남자와 잠자리하는 장면을 동영상으로 찍도록 요구했다. D씨는 이별이 두려워 마지못해 몇 차례 응했다. 그런데도 C씨는 매정하게 떠나고 말았다. 법원은 자신의 성적 욕구를 해결하기 위해 약혼녀를 이용하고 파혼까지 한 C씨에게 위자료 3천만 원을 지급하라고 판결했다.

그렇다면 이제 정세아 씨의 고민을 해결할 차례입니다. 우선 걱정을 접으셔도 좋겠습니다. 당당하게 K에게 약혼해제, 즉 파혼통보를 할 수 있습니다. 파혼통보는 꼭 문서나 형식을 갖춰야 하는 것이 아니고 구두로도 가능합니다.

파혼 책임은 K에게 있으니 손해배상 청구도 할 수 있겠군요. 결혼식과 신혼여행 취소 위약금이나 파혼의 정신적 충격에 대한 위자료 청구도 가능하겠습니다. 하지만 좀 더 신중하게 판단하지 않고 결혼날짜까지 잡은 정 씨에게도 실수가 전혀 없는 것은 아닐 테니까 그 점도 어느 정도 감안이 될 것입니다.

K에게 결혼의 징표로 준 약혼예물도 있다고 했죠? 그건 어떻게 될까요. 다음 사연에서 말씀드리겠습니다. 약혼예물과 결혼예단과 같은 혼수를 돌려받을 수 있을지 알려드리지요.

• 세상은 넓고 이성은 많다… '조건' 대신 '사람'을

끝으로 정세아 씨에게 드리고 싶은 말씀이 있습니다. 파혼을 하는 것은 어렵지 않은데 문제는 손해배상 청구소송입니다. 소송으로 가게 된다면 K와 법정에서 공방을 벌이면서 잘잘못을 가려야 합니다. 금전적인 손실이 그리 크지 않았다면 소송 없이 그냥 깨끗하게 헤어지는 것도 하나의 방법이 될 수 있습니다.

저는 연애결혼을 했지만 많은 이들이 중매, 맞선, 소개팅과 같은 자리를 통해 이성을 만납니다. 이런 자리에서는 '사람'보다 외모나 조건이 눈에 띄게 마련이지요. 그래서 상대에게 잘 보이기 위해 당장 드러나지 않는 학력, 수입, 직업 등과 같은 조건을 과장하거나 속이는 일이 많습니다. 진부하게 들릴 수도 있겠지만 저는 결혼을 앞둔 분들에게 조건을 걷어내고 사람과 마주하라는 말씀을 드리고 싶습니다.

어쨌거나 젊음은 빛나고 세상은 넓으며 멋진 이성은 넘쳐납니다. 아무쪼록 좋은 경험을 했다고 여기고 새 출발 하시기 바랍니다.

두 달 만에 이혼…
예단비 수천만 원은 어쩌죠?

예물·예단의 법적 성격과 반환책임

*** 결혼 두 달 만에 돌싱 된 박수지(여, 30세) 씨, 예단비는 어떡하나

박수지 씨는 결혼정보회사를 통해 만난 남자와 6개월간 몇 번의 만남 끝에 결혼에 골인했다. 서로 무난한 성격이라 둘이 잘 살면 되겠거니 생각했는데, 막상 신혼여행에서 돌아오고 나니 시부모와 남편은 딴사람이 돼 있었다.

시부모는 그녀에게 신혼집을 정리하고 시댁에서 살자고 권유했고, 남편 역시 결혼 전과 달리 일단 살아보고 몇 년 후에 분가하자며 말을 바꿨다. 게다가 직장생활을 그만두고 집에 들어앉아 아이를 낳으라고 종용하는 것이었다.

전공을 살려 공부를 더 할 작정이었던 박수지 씨는 남편과 크게 싸우고 말았다. 결국 결혼 두 달 만에 갈라서기로 합의한 두 사람. 문제는 결혼예물이다. 생각 같아서는 깨끗이 포기하고 싶지만, 예물·예단 비용으로 쓴 수천만 원이 너무나 아까운 것이다. 남편은 "결혼하는 조건으로 받은 돈이니 돌려줄 수 없다"고 하는데 수지 씨는 어떻게 해야 좋을까?

• 약혼예물, 파혼하면 돌려받을 수 있을까?

지난 사연에서 약혼에 관한 이야기를 했습니다. 간단히 요약하자면 이렇습니다. 약혼은 남녀가 결혼을 약속하는 일이며 약혼했다고 해서 반드시 결혼해야 하는 것은 아닙니다. 외도, 불치병 등 일정한 사유가 있으면 파혼을 할 수도, 당할 수도 있습니다. 약혼자에게 학력, 경력, 직업 등을 속였다면 중대한 파혼사유가 됩니다. 또한 파혼의 원인을 제공한 쪽이나 일방적으로 파혼을 통보한 쪽은 상대에게 위자료나 손해배상금을 지급해야 합니다.

그렇다면 결혼의 징표로 주고받은 약혼예물은 파혼한 뒤에 돌려받을 수 있을까요. 사연을 보내주신 박수지 씨처럼 이미 결혼을 하고 난 뒤 이혼을 했을 때도 예물과 예단은 돌려주는 게 맞을까요.

한때나마 사랑해서 주고받은 금품을 헤어진 뒤에 돌려받는 일은 좀 치사해 보이기는 합니다. 하지만 요즘엔 결혼패물과 예단 비용으로 수천만 원, 심지어는 수억 원까지 주고받는 경우가 있어서 그냥 인사치레나 가벼운 선물로 보기 어려운 경우도 많이 있습니다.

• "약혼예물, 결혼 이뤄지지 않으면 돌려주어야"

결혼을 앞둔 신랑·신부는 금반지, 보석, 고급시계 같은 패물을 주고받거나 상대방에게 예물·예단 비용 명목으로 현금을 건네기도 합니다. 이게 예물입니다.

법으로 따져보겠습니다. 예물은 어떤 의미를 지닐까요. 법원은 약혼예물의 성격에 대해 "혼인의 불성립을 해제조건으로 하는 증여"라고 보았습니다. 말이 좀 어렵지요. 쉽게 풀자면, 약혼예물이란, '결혼이 이루어지지 않으면 돌려주는 것을 조건으로 상대편 집안에 주는 물건이나 돈'입니다. 그러니까 파혼이 되면 예물은 서로 돌려주는 것이 법적으로 타당하다는 얘기입니다. 하지만 예외가 있습니다.

> "약혼의 해제(파혼)에 관하여 과실이 있는 유책자로서는 그가 제공한 약혼예물을 적극적으로 반환을 청구할 권리가 없다."

판례에 따르면 파혼에 원인을 제공한 사람은 자기가 준 예물을 상대에게 돌려달라고 청구할 수 없습니다. 자, 지난 사연을 떠올려봅니다. 정세아(가명) 씨는 자신의 약혼남 K가 학력과 경력을 속인 사실을 알게 돼 파혼에 이르렀습니다. 이때 상대에게 예물(비용)반환을 청구할 수 있는 권리는 정 씨에게 있습니다. K는 아무런 요구도 할 수 없습니다.

결혼예물 반환 가능한 경우와 불가능한 경우

결혼예물·예단을 돌려받을 수 있는 경우	결혼예물·예단을 돌려받을 수 없는 경우
• 약혼 후 결혼 전 파혼했을 때 • 결혼 직후 단기간에 이혼했을 때	• 일방적으로 파혼을 통보했거나 파혼에 책임이 있는 경우 • 혼인파탄의 원인을 제공했을 때 • 결혼생활이 어느 정도 유지된 뒤에 이혼을 했을 때

요컨대 약혼예물은 파혼이 되면 돌려주는 게 맞습니다. 다만 파혼에 책임이 있거나 일방적으로 파혼을 선언한 쪽에서는 예물반환 주장을 할 수가 없습니다. 손해를 감수해야 합니다. 결혼을 깨놓고 예물까지

돌려달라는 건 정당하지 못하다는 뜻입니다.

그렇다면 결혼 후 이혼하게 되면 예물은 어떻게 될까요. 돌려받지 못하는 것이 원칙입니다. 결혼한 부부에게는 예물반환 의무가 없습니다. 결혼이 성립된 이상 결혼할 것을 조건으로 주고받은 예물을 돌려줄 필요가 없다는 말입니다.

좀 오래된 일이긴 합니다만, 이혼 후 며느리와 시어머니가 이혼책임 소재를 둘러싸고 법정공방을 벌인 사건이 있었습니다. 며느리는 "시어머니가 혼수문제로 구박하고 친정을 비난한 것을 비롯하여 끊임없이 고부갈등을 키우는 행동을 했다"고 주장했습니다. 그러자 시어머니는 "내가 며느리 시집올 때 주었던 예물을 모두 돌려달라"고 맞섰습니다.

법원은 며느리의 손을 들어줬습니다. 먼저 "시어머니에게 이혼 파탄에 책임이 있다"며 위자료를 지급하라는 판결을 내렸습니다. 예물반환 주장에 대해서는 "혼인이 성립돼 상당기간 지속된 이상 시어머니가 며느리에게 준 약혼예물은 며느리의 것"이라고 판단했습니다.

• 본격적인 결혼생활 전에 파경 맞았다면 반환 가능

단, 본격적인 결혼생활이 유지되기 전에 파경을 맞았다면 조금 다릅니다. 이때는 약혼 단계에서의 법리가 그대로 적용이 됩니다.

이번엔 부잣집 얘기를 한 번 해볼까요. 재력가 집안의 남녀가 만나서 교제를 하다가 결혼을 하게 되었습니다. 신부의 부모는 신랑 쪽에 예단비로 무려 10억 원을 보냈습니다. 신랑 쪽은 봉채비(신부가 몸을 꾸미는 데 쓰는 명목으로 지급되는 비용)로 2억 원을 주고 신혼집을 마련했습니다.

그런데 혼인신고를 한 지 다섯 달 만에 부부는 파경에 이르고 말았습니다. 서로 상대 탓이라며 소송을 제기했는데 법원은 "금전문제 등으로 부부 사이 갈등이 있었을 때 자신만의 독단적인 생각으로 갈등을 키우고 일방적으로 집을 나간 남편에게 주된 책임이 있다"고 판결했습니다. 아내 쪽에선 예단비 10억 원 중 8억 원을 돌려달라고 했습니다. 법원의 판단은 어땠을까요.

"혼인의 전후에 수수된 혼인예물·예단은 혼인의 성립을 증명하고 혼인이 성립한 경우 당사자 내지 양가의 정리를 두텁게 할 목적으로 수수되는 것으로서 혼인의 불성립을 해제조건으로 하는 증여와 유사한 성질을 가지는 것인바, 혼인이 단기간 내에 파탄된 경우에는 혼인의 불성립에 준하여 증여의 해제조건이 성취됐다고 봄이 신의칙에 부합하므로, 이러한 경우에는 혼인예물·예단이 그 제공자에게 반환돼야 한다."

쉽게 얘기하자면 짧은 기간에 파경을 맞았다면 약혼 후 파혼된 경우처럼 상대에게 예물을 반환해주어야 한다는 말입니다. 그러니까 한두 달 정도 살고 헤어졌다면 결혼생활이 유지되지 않은 것으로 보아 예물 반환 청구를 할 수 있습니다. 단 이때도 부정행위, 폭력행사 등으로 결혼 파탄에 주된 책임이 있는 쪽은 예외입니다. 오히려 혼인파탄 원인제공으로 손해배상을 해주어야 할지도 모릅니다.

그렇다면 박수지 씨는 어떨까요. 사연을 보니 딱히 누구 책임이 더 크다고 하기 어렵군요. 부부는 존중과 신뢰와 이해를 바탕으로 부부생활을 헤쳐나가야 한다는 점에 비추어보면, 원만하게 해결하지 못한 데에는 두 사람 모두에게 어느 정도의 책임은 있습니다. 이럴 때는 협의

이혼으로 해결하는 데 타당할 것 같습니다.

• 사랑은 뜨겁게, 헤어질 때는 깔끔하게

헤어질 때 예물반환을 포함하여 서로 주고받은 물건을 깔끔하게 정리하는 방법은 두 가지가 있습니다. 첫째, 서로 상대에게 자기 것을 반환해달라고 요구하지 않고 헤어진다. 둘째, 서로 받은 것을 모두 돌려준다. 어느 것이든 양쪽이 원만히 합의하는 게 상책입니다.

돈과 관련된 얘기를 하니 제 맘도 편치 않습니다. 결혼을 조건으로 거액이 오가는 일도 불편합니다. 그렇지만 이혼에서 당장 부딪히는 문제들을 외면하는 것도 해결책은 아닐 것입니다. 법대로 하기 전에 서로의 마지막 모습을 아름답게 간직하는 건 어떨까요. 사랑은 뜨겁게, 결혼은 신중하게, 헤어질 때는 깔끔하게. 물론 어렵겠지요. 그래도 이게 이상적인 남녀관계 아닐까 싶습니다.

그녀 마음 돌리려고
일단 몰래 혼인신고부터?

일방적인 혼인신고와 민형사상 책임

✱✱✱ 안타까운 짝사랑남, 32세 최창민 씨의 사연

같은 회사를 다니는 늘씬한 외모에 시원시원한 성격의 여성 Y씨 때문에 최창민 씨는 요즘 벙어리 냉가슴을 앓고 있다. 평소 Y씨를 흠모하던 최창민 씨는 지난 회식 자리에서 용기를 내어 Y씨에게 데이트를 제안했다. 그리고 그 고백 이후 저녁도 몇 번 먹었고, 뜻하지 않게 잠자리도 함께했다. 그런데 서로의 애정을 확인했다고 생각한 최창민 씨가 청혼을 하자, Y는 더 이상 만나지 말자며 그를 피하고 있다.

이유를 설명하지 않고 외면하는 그녀 때문에 최창민 씨는 다소 충격적인 방법을 결심하게 되었다. 그녀 몰래 혼인신고를 하고 그녀의 마음을 열겠다는 것이다. 바람직하지 못한 일이란 걸 알지만 최창민 씨는 Y씨와 결혼하고 싶은 마음으로 가득 차 있어 다른 것이 눈에 들어오지 않는다. 일방적인 혼인신고, 과연 괜찮을까?

• 당신은 이상형과 결혼했나요?

자신의 이상형과 결혼하기, 누구나 바라는 일입니다. 하지만 이상과 현실이 꼭 일치하지는 않습니다. 또 이상형과 산다고 한들 아무 갈등 없이 행복하게 산다는 보장도 없습니다. 이 글을 읽는 기혼 독자들에게 묻습니다. 지금 당신의 배우자는 이상형이었나요? 문학작품이나 영화에서 사랑이 아름답게 느껴질 때는, 역설적이게도 대부분 사랑이 이루어지지 않을 때가 아니었던가요.

결혼이란 무엇일까요. 남녀의 정신과 육체의 결합이라고 보면 큰 무리가 없습니다. 법적으로 부부가 되기 위해선 2가지 요건이 필요합니다. 첫째, 마음속으로 두 사람이 결혼을 하겠다는 의사(혼인의사)가 있어야 합니다. 둘째, 겉으로는 혼인신고가 돼 있어야 합니다. 혼인의사와 혼인신고, 이 2가지가 모두 갖추어졌을 때를 법률혼이라고 합니다. 부부로서 법적인 권리와 의무를 갖게 되는 거죠. 이 중 한 가지라도 없으면 적어도 법률상 부부라고 하기는 어렵습니다.

결혼을 하고서 혼인신고를 안 하면 어떻게 될까요. 이것을 사실혼이라고 합니다. 공적인 영역에서 부부로 인정받지 못하는 것을 비롯하여 여러 가지 불편이 따르겠지요. 하지만 두 사람만 좋다면 무슨 상관이겠습니까. 혼인신고를 하건 안 하건 그건 당사자의 자유입니다.

문제는 그 반대일 때입니다. 즉 두 사람 모두 혹은 한 사람이 결혼할 뜻이 없는데 혼인신고가 된 경우입니다. 이때는 심각한 문제가 발생합니다. 결혼 당시에 '혼인의사의 합치'가 없었다면, 즉 결혼하겠다는 뜻이 합쳐지지 않았다면 이 결혼은 무효입니다. 형식(혼인신고)보다 중요한 건 마음(혼인의사)이기 때문입니다.

• 결혼식 날짜 잡았다가 파혼, 몰래 혼인신고한 남성

상대방 몰래 혼인신고하는 일이 얼마나 위험한지 사례를 통해 말씀
드리겠습니다.

A씨는 어떻게 되었을까요. 한때 해프닝으로 끝날 수 있었다면 다행
이었겠지만 형사처벌을 받게 되었습니다. 그에게 인정된 죄명은 무려
4가지였습니다.

혼인신고서에 B씨의 인적사항을 적고 도장을 찍은 행위는 사문서위
조였고, 이 서류를 공무원에게 제출한 일은 위조사문서 행사죄가 되었
습니다. 또 가족관계등록부(구 호적)에 두 사람이 결혼한 것처럼 허위의
사실을 기록하게 한 것은 공전자기록등 불실기재, 불실기재 공전자기
록등 행사죄가 성립된다는 것이 법원의 판단이었습니다(공전자기록이란
공적인 전자기록으로, 관공서에서 자동차등록정보, 가족관계, 부동산등기사항 등
을 정리하기 위해 사용하는 전산정보시스템을 말합니다. 담당공무원을 속여서 공
전자기록에 사실과 다른 내용이 입력되도록 했을 때 성립하는 죄가 공전자기록등

불실기재죄와 행사죄입니다).

A씨는 징역 8월에 집행유예 2년형을 선고받았습니다. 법원은 "A씨가 자신의 잘못을 뉘우치고, B씨와 실제 예식장 계약까지 마쳤다가 파혼하게 되자 이 사건에 이른 점 등을 참작"하여 그나마 선처를 했다고 밝혔습니다.

• 결혼 합의 없었다면 '이혼' 아닌 '혼인무효'로

이걸로 끝이 아니었습니다. B씨는 A씨와의 결혼 기록을 지워버렸습니다. B씨가 택한 방식은 이혼소송이었을까요? 아닙니다. 이혼이란 결혼이 정상적으로 이루어진 다음에 선택하는 방법입니다. B씨는 애초에 결혼할 뜻이 없었기 때문에 A씨를 상대로 혼인무효 소송을 제기했습니다.

법원은 "A씨가 한 혼인신고는 B씨의 혼인의사 없이 마쳐진 것으로서 무효"라고 판단했습니다. 이에 더해 "무효인 혼인신고로 인하여 B씨가 정신적 고통을 받았을 것임은 명백하다"면서 위자료로 3백만 원을 지급하라고 판결했습니다.

A씨로서는 "두 사람이 과거에 결혼하려는 의사가 있었다"거나 "다시 재결합할 여지가 남아 있다"고 항변할 만하지만, 그랬더라도 혼인이 무효이기는 마찬가지입니다.

대법원은 "혼인이 유효하기 위해서는 당사자 사이에 혼인의 합의가 있어야 하고 이러한 혼인의 합의는 혼인신고를 할 당시에도 존재하여야 한다"면서 일방당사자가 한 혼인은 무효라는 입장을 보이고 있습니다. 또한 법원은 남녀가 깊은(?) 관계를 맺었다고 해서 어느 한쪽이 혼인신고를 할 권리가 있다고 보지도 않습니다.

"혼인의 합의란 법률혼주의를 택하고 있는 우리나라 법제 하에서는 법률상 유효한 혼인을 성립케 하는 합의를 말하는 것이므로 비록 양성간의 정신적·육체적 관계를 맺는 의사가 있다는 것만으로는 혼인의 합의가 있다고 할 수 없다."

결국 A씨는 B씨의 마음을 돌리기는커녕 전과자가 되었고 위자료까지 물어주어야 했습니다. 원래 혼인신고는 당사자 두 사람이 가야 하지만 상대의 신분증만 있으면 혼자서도 혼인신고가 가능하다는 점을 악용한 사례입니다. 또한, 결혼의사가 전혀 없던 남성이 신혼부부 대출을 받기 위해 여성을 꼬드겨 혼인신고를 한 후 여성과 연락을 끊은 사례에서 법원은 "남성에게 혼인의사가 없었고, 동거한 적도 없었다"며 혼인무효 판결을 내린 적도 있습니다.

• 혼인무효 사유 어떤 것이 있나

일방적인 혼인신고는 무효라고 했습니다. 그밖에 결혼이 무효가 되는 경우는 어떤 게 있을까요. 민법에 나오는 혼인무효 사유는 다음과 같습니다.

민법 제815조(혼인의 무효)

혼인은 다음 각 호의 어느 하나의 경우에는 무효로 한다.

1. 당사자 간에 혼인의 합의가 없는 때

2. 혼인이 제809조 제1항의 규정을 위반한 때

3. 당사자 간에 직계인척관계가 있거나 있었던 때

4. 당사자 간에 양부모계의 직계혈족관계가 있었던 때

민법 제809조(근친혼 등의 금지)

① 8촌 이내의 혈족(친양자의 입양 전의 혈족을 포함한다) 사이에서는 혼인하지
못한다.

혼인무효 사유 4가지는 크게 2개로 나눠볼 수 있습니다. 첫째, 당사자 간에 결혼할 의사가 없었을 때입니다. 따라서 어느 한쪽의 일방적인 혼인신고나 가장혼인(결혼의사 없이 혼인신고만 하는 일) 등은 무효입니다. 두 번째는 아주 가까운 친족 간의 결혼입니다. △8촌 이내의 혈족사이의 결혼이나 △당사자 간에 직계인척관계가 있거나 있었던 때 △당사자 간에 양부모계의 직계혈족관계가 있었던 때는 결혼할 수 없으며, 했더라도 무효입니다. 양자나 친양자가 된 사람은 입양 전, 입양 후의 가족들이 모두 포함됩니다.

민법은 근친혼, 특히 8촌까지의 혼인은 무효사유로 하고 있습니다. 참고로 '혈족'은 부모, 형제처럼 같은 조상에서 나온 친족을 말합니다. '인척'이란 결혼으로 맺어진 친족으로 이해할 수 있는데 배우자와의 관계가 고리가 됩니다. 직계인척이란 배우자의 직계혈족과 직계혈족의 배우자를 일컫는 말로, 장모, 시아버지, 계모, 계부 등이 해당됩니다. 예를 들어 사촌 간의 결혼, 시아버지와 며느리의 결혼, 양아버지와 양딸 사이의 결혼은 무효입니다. 참고로 처제와 형부의 결혼은 혼인취소 사

유에 해당합니다.

· 서류상 부부되기보다 마음을 여는 게 우선

사연을 보내주신 최창민 씨, 잘 보셨나요. 몰래 한 혼인신고를 과한 애정표현 정도로 여겼다가는 큰코다칩니다.

최창민 씨는 일단 혼인신고를 한 뒤 설득을 하겠다고 하셨는데요. 물론 법원 판결 중에는 '일방적인 혼인신고라 하더라도 상대방이 상당한 기간 동안 이의를 제기하지 않고 혼인의 실체관계를 유지한 경우엔 유효한 혼인이 될 수 있다'는 취지의 판례도 있긴 합니다.

하지만 인생을 좌우하는 결혼에서 이런 요행을 바라는 건 대단히 위험합니다. 그건 마치 21세기에 선녀 옷을 숨겨놓고 선녀와 함께 살게 된 나무꾼이 되기를 바라는 것처럼 보입니다.

결혼은 시작부터 정신적 · 육체적 결합을 하겠다는 의사가 없으면 안됩니다. 서류상으로 부부가 되는 것보다 먼저 상대가 마음을 열도록 애쓰는 게 급선무입니다. 물론 마음에 드는 이성과 결혼하고 싶은 마음이야 간절하겠지요. 하지만 그것도 정도에 따라야 합니다. 편법을 썼다가는 사랑을 영원히 놓치게 된다는 사실을 명심하시길 바랍니다.

남편이 장애가 있다는 걸
결혼 후에 알았어요

혼인취소 사유엔 어떤 것이 있나

*** '아스퍼거 증후군'을 애인에게 숨긴 '꽃미남' 원민(남, 25세) 씨

수려한 외모의 원민 씨는 자폐성 장애 3급 장애인이다. 그가 앓고 있는 '아스퍼거 증후군'은 지적능력이나 언어능력은 일반인들과 비슷하거나 오히려 뛰어나지만 사회성이 다소 부족한 장애다. 원민 씨는 이런 장애를 딛고 곧 대학 졸업을 앞두고 있다. 그런데 그는 요즘 고민에 빠졌다. 인터넷 커뮤니티를 통해 알게 돼 교제를 시작한 O씨 때문이다.

좀 더 관계가 발전하면 정식으로 청혼하고 싶은 원민 씨. 하지만 굳이 자신의 장애를 밝히고 싶지 않다. 일상생활에는 아무런 지장이 없기 때문이다. 그래서 원민 씨는 사랑하는 O씨에게 장애를 감추고 결혼할 생각인데, 만약 결혼 후 O씨가 그의 장애를 알게 된다면 이런 것도 이혼사유가 되는지 궁금하다.

• 사랑하는 이에게 장애를 감춘다고요?

장애를 딛고 대학 졸업까지 앞두고 계신다니 정말로 축하할 일입니다. 아무쪼록 진로를 잘 결정하시고, 현재 교제 중인 여성과도 행복한 미래를 가꾸시길 바랍니다.

원민 씨는 자폐성장애가 있으시군요. 일상생활에 지장이 있을 정도는 아니라니 다행입니다. 장애를 상대에게 굳이 알리고 싶지 않은데, 나중에 결혼 후에 배우자가 알게 되었을 경우 법적으로 문제가 될 수 있는지 질문하셨습니다.

먼저, 제가 궁금한 게 있습니다. 자신의 장애를 왜 감추려 하시는지요? 이성과 본격적으로 교제하기 전부터 뭔가를 숨기려 하는 것이 저는 잘 이해가 되지 않습니다. 결혼을 전제로 누군가를 만나게 된다면 자신의 장단점과 장애를 모두 털어놓는 것이 바람직하지 않을까요. 혹시라도 상대가 나중에 알게 되었을 때 배신감이나 실망감을 느끼지 않을까요.

입장을 바꾸어 생각해봅시다. 만일 결혼을 하게 된 여성이 신체적 결함이나 정신적 장애가 있거나, 혹은 결혼 전력이 있는데 원민 씨에게 그걸 속이고 결혼했다면 어떤 심정일까요. 결코 '쿨하게' 넘어갈 수는 없을 겁니다. 법을 떠나서, 자신에게 장애나 부족함이 있다면 반려자가 될 사람에게 솔직하게 드러내고 이해를 구하는 편이 정도正道라고 봅니다.

• 이혼·혼인무효·혼인취소 어떻게 다를까

이제 법적인 문제를 살펴봅시다. 만일 결혼 전에 자신의 중요한 정보를 숨기거나 속였다면 어떻게 될까요. 무엇보다 혼인취소를 걱정해야 합니다.

법원을 통해 결혼을 해소하는 방법은 크게 3가지가 있습니다. 3가지 란 이혼과 혼인무효, 혼인취소입니다. 이혼이 부부생활을 하는 도중에 발생한 사유를 원인으로 한다면, 혼인무효와 취소는 혼인성립 과정이나 신고 과정에서 발생한 흠을 원인으로 한다는 점이 다릅니다. 그중에 혼인취소 사유를 정리하면 다음과 같습니다.

혼인취소 사유

① 혼인적령(18세)에 이르지 않은 미성년자의 결혼

② 부모의 동의를 받지 않은 미성년자의 결혼

③ 근친혼(단, 혼인무효 사유인 8촌내 혈족간 결혼 등을 제외)

④ 중혼(중복결혼)

⑤ 악질惡疾 등 중대한 사유가 있음을 알지 못한 결혼

⑥ 사기 · 강박에 의한 결혼

하나씩 살펴봅니다. 먼저 ①과 ②는 미성년자에게 해당되는 사항입니다. 쉽게 말해 17세 이하는 결혼할 수 없고 18, 19세는 부모 동의를 얻어야 결혼할 수 있습니다. 참고로 2013년 7월부터는 성인 나이가 만 19세로 낮춰집니다.

실제로 몇 년 전 18세 남녀 고교생이 혼인신고를 했던 적이 있습니다. 이들은 처음엔 부모 동의를 받지 않았다는 이유로 구청에서 거절당했습니다. 그러자 학생들은 부모의 이름을 새긴 도장을 판 뒤 혼인신고서 부모 동의란에 찍어 제출하는 방식으로 법적인 부부가 되었습니다. 물론 그 뒤 부모들이 재판을 청구해서 결혼을 취소하는 바람에 이들의 결혼은 해프닝으로 끝났습니다.

③에 따르면 형수 또는 처제(6촌 이내의 혈족의 배우자)와의 결혼, 아주버님(배우자의 6촌 이내의 혈족)과의 결혼은 혼인취소 사유가 됩니다. ④ 중혼은 배우자 있는 자가 다시 결혼하는 것을 말하는데 요즘은 흔치 않습니다. 혼인취소에서 가장 문제가 되는 사례는 바로 ⑤, ⑥입니다.

• 악질 등 중대한 사유가 있는 혼인은 취소 사유

⑤악질惡疾 등 중대한 사유가 있음을 알지 못한 결혼에서 '중대한 사유'란 부부생활을 계속할 수 없을 정도로 심각할 때만 해당됩니다. 실제 사례를 통해 알아보겠습니다.

사례 1 ▶ A(여, 28세) 씨는 결혼하기 전부터 '모야모야병'을 앓아왔다. 모야모야병은 발작, 두통, 시야장애 또는 언어장애 등이 나타날 수 있는 희귀병이다. A씨는 발병 사실을 알리지 않고 결혼을 하게 되었다. 1년 남짓한 결혼생활 뒤에야 아내의 병명을 알게 된 A씨의 남편 B씨는 혼인취소 소송을 제기했다. 법원은 "혼인 당시 당사자 일방에 부부생활을 계속할 수 없는 악질이 있음을 알지 못한 때에 해당한다"면서 남편의 손을 들어줬다.

사례 2 ▶ 30대 남성 C씨는 결혼 직후 홀로 객지생활을 했다. 그는 아내 D씨에게 "집을 얻은 후 부르겠다"면서 떠났다. 하지만 C씨는 1년이 넘도록 돌아오지 않았다. D씨는 수소문 끝에 남편을 찾았다. 그런데 남편이 오래 전 얻은 지병으로 장애 2급의 장애인이었다는 사실을 비로소 알게 되었다. 배신감을 느낀 D씨는 남편과의 결혼을 이어갈 뜻이 없다며 법원을 찾았고, 혼인취소 판결을 받았다.

이처럼 중병이 있으면서도 배우자가 알지 못한 채 결혼했다면 나중에 문제가 될 수 있습니다. 악질이란 보통의 질병을 넘어서는 불치의 정신병이나, 성병, 중증의 암 등이 해당됩니다. 사연을 보내주신 원민 씨의 자폐성 장애는 제가 판단하기 어렵지만, 앞서 말씀드린 대로 일단 배우자에게 알리는 게 바람직합니다. 혼인취소 사유가 되지 않더라도 이혼사유가 될 수도 있기 때문입니다.

실제로, 반복성 우울장애로 정신장애 3급 판정을 받은 남성이 이를 숨기다가 이혼을 당한 판례가 있습니다. 그는 결혼생활 중에도 우울증과 자폐증세가 있어서 약물치료를 받았습니다. 아내에게는 이 사실을 숨겨 왔지만 결국 밝혀지고 말았습니다. 이 때문인지 두 사람은 원만한 부부관계를 갖지 못하고 마침내 별거에 이르게 되었습니다. 두 사람은 서로 상대에게 책임이 있다면서 이혼소송을 제기했습니다.

법원은 주된 책임이 남성에게 있다고 보았습니다. "정신장애 3급 장애를 갖고 있다는 것은 상대방이 혼인의사를 정하는 데 있어 결정적인 부분인데 이러한 사실을 혼인 전 미리 알리지 않았다"는 것입니다.

• 사기결혼, 어느 정도가 사기일까

마지막으로 ⑥사기·강박결혼입니다. 여기서 사기는 거짓말로 속여서 결혼을 결정하게 하는 것을 말하고, 강박은 해를 끼칠 것처럼 협박해서 상대가 공포심을 느끼게 한 뒤 결혼하게끔 하는 것을 말합니다.

그렇다면 어느 정도가 사기결혼일까요. 사실 청혼을 하는 과정에서는 다소 과장이 섞이게 마련입니다. 특히 남자들은 "평생 손에 물을 안 묻히게 하겠다" "공주로 떠받들겠다" 등등의 온갖 감언이설(?)로 여성을 유혹합니다. 저도 결혼 전 아내에게 지키지 못할 약속을 남발했습니다. 하지만 이 정도를 사기로 보기는 어렵겠지요. 아주 중요한 사실, 그러니까 미리 알았다면 결혼을 하지 않았을 정도로 중요한 사실을 속여야만 결혼을 취소할 수 있습니다.

E씨는 뒤늦게 이혼전력을 숨긴 것을 사과했으나 때는 이미 늦었습니다. 법원은 "배우자의 이혼전력 및 자녀 유무는 혼인의사를 결정함에 있어서 가장 중요한 요소 중의 하나"라면서 "이를 숨겨서 알지 못하고 혼인신고를 하게 된 이상 사기로 인하여 혼인의 의사표시를 한 경우에 해당한다"며 두 사람의 혼인을 취소했습니다. 혼인취소 판결이 난 비슷한 사례를 몇 가지 더 들어보겠습니다.

혼인취소 판결이 난 사례

- 30대 남성: 캐나다에서 대학을 나왔고, 캐나다 영주권을 보유하고 있으며 결혼하면 캐나다로 가서 직장에 다니며 결혼생활을 하자고 했으나 모두 거짓말로 밝혀진 경우

> - 40대 여성: 자신의 결혼경력, 출산경력을 알리지 않고 자신이 가정형편
>   때문에 혼기를 놓친 독신녀라고 적극적으로 남성을 속인 경우
> - 30대 여성: 교제 중인 남성에게 "당신의 아이를 임신했다"고 거짓말을 하
>   여, 이를 믿고 혼인신고하게 한 경우

법원은 배우자의 학력, 경력, 결혼전력, 출산유무, 임신사실 등을 결혼에서 중요한 요소로 보고 있다는 사실을 알 수 있습니다. 사기·강박 결혼은 사실을 안 때로부터 3개월 안에 제기해야 합니다. 3개월이 지나면 이혼사유가 될 수도 있을 것입니다.

• 과거를 묻지 말아야겠지만, 과거는 말해야 한다

이제 정리할 때가 되었군요. 행복한 결혼생활을 위해선 배우자의 과거를 묻지 말아야 합니다. 과거는 과거일 뿐이니까요. 역설적이지만, 배우자가 알아야 할 과거가 있다면 결혼 전에 먼저 말해야 합니다. 그것이 훗날 큰 탈을 막는 길이기도 합니다.

결혼을 앞둔 연인 사이라면 과감하게 치부를 드러낼 줄도 알아야 합니다. 상대방에게 흠이 있다고 해서 쉽사리 이별을 떠올려서는 곤란하지만, 자신의 결함을 감추는 것도 바람직하지는 않습니다. 상대의 배려나 이해를 구하려면 먼저 솔직해져야죠.

특히나 원민 씨처럼 지적능력이나 신체적 능력에 큰 문제가 없다면 더더욱 밝히는 게 맞지 않을까요. 굳이 감춘 다음에 나중에 이혼이 될지, 혼인취소가 될지 따지는 건 불필요한 일입니다. 원민 씨, 좀 더 당당해지세요. 그래서 사랑이 결실을 맺게 되길 진심으로 바랍니다.

'성격차이' 이혼 가능할까요?

법에 나오는 이혼사유와 이혼 방식

∴ 연예인 부부 이혼 이야기가 궁금한 김지오(남, 30대) 씨

결혼을 진지하게 고민하고는 있지만 아직 솔로인 30대 남자 김지오 씨는 궁금한 게 많다. 신문이나 방송에서 연예인 이혼 기사가 뜰 때마다 머릿속에 물음표가 그려지는 것이다. 연예인들은 대부분 성격차이 때문이 갈라선다고들 하던데 그게 과연 진실일까? 법적으로 성격차 이혼이 가능할까. 법에 나오는 이혼 방식과 이혼사유는 어떤 게 있을까. 그의 궁금증, 이도남이 해결해본다.

• 하루 3백 쌍이 넘는 커플이 갈라서고 있다

이혼 없는 세상을 꿈꾸지만 현실에선 제대로 된 이혼문화를 고민하는 남자, 이도남입니다. 제가 인터넷을 통해 이혼상담을 접수한다는 글을 올리자, 첫 날 하루 만에 1백 건이 넘는 상담메일을 받았습니다. 그 뒤부터 지금까지 구구절절한 사연을 담은 메일이 들어오고 있습니다. 그만큼 이혼은 현실에서 뜨거운 문제입니다.

하루 3백 쌍, 연간 10만 쌍이 넘는 부부가 갈라서고 있고, 그중 절반가량은 결혼한 지 채 10년이 되지 않은 부부들입니다. 하지만 사실은 그보다 훨씬 많은 이들이 이혼을 심각하게 고민하고 있습니다. 저는 이혼은 피할 수 없는 현실이지만, 일생이 걸린 문제인 만큼 법률이나 절차를 제대로 알고 신중하게 결정하라고 강조하고 싶습니다.

• 연예인 이혼, '성격차이' 내세우는 속뜻은

질문에 구체적인 답변을 드리겠습니다. 먼저, 연예인들의 성격차 이혼에 관한 문제입니다.

연예인들은 쉽게 결혼하고 쉽게 이혼할까요? 그렇지 않다고 봅니다. 어쩌면 우리보다 더 많은 고심 끝에 결정을 내릴 겁니다. 통계를 낼 수는 없겠으나 아마도 연예인 이혼 비율이 일반인보다 조금 더 높은 정도가 아닐까 싶습니다. 연예인이라는 속성상 자유분방하고 대중들에게 많이 노출되다 보니 연예인들끼리는 쉽게 만나고 쉽게 헤어지는 것처럼 느껴지는 거겠지요. 그런데 연예인들은 보통 이혼을 하면서 이런 말을 남깁니다.

"우리 두 사람은 성격이 맞지 않아 갈라섰습니다. 서로 잘 되길 빌어주며 좋은 관계로 남기로 했습니다."

뭐 이런 식이지요. 폭행이나 불륜처럼 불미스런 사건이 대중에게 널리 알려져 버린 경우를 제외하곤 연예인들은 공식 이혼사유로 십중팔구 성격차를 내세웁니다. 과연 사실일까요. 연예인들만 유독 결혼을 유지하기 힘들 정도로 괴팍한 성격을 지닌 것도 아닐 텐데 말입니다. 부부간의 문제는 은밀할 수밖에 없습니다. 그래서 타인에게 솔직하게 터놓는 것이 쉽지 않을 것이니 그냥 뭉뚱그려 성격차로 포장했을 가능성이 높습니다. 더구나 대중의 인기를 먹고사는 연예인의 특성상 상대방에게 치명적인 결점이 있더라도 그걸 드러냈다가는 이전투구가 되기 십상입니다. 결국 득보다 실이 많겠지요.

연예인들은 이혼이라는 부정적인 이미지로 구설수에 오르는 걸 원치 않기 때문에 그냥 성격차이라는 무난한 이혼사유를 내세우는 것으로 보입니다. 여러분이 연예인이라도 그러지 않을까요.

• 이혼 부부 10쌍 중 4쌍은 'OO' 때문에 이혼

그렇다면 일반인들의 이혼사유는 어떨까요. 객관적인 통계를 바탕으로 말씀을 드리는 게 정확할 것 같군요. 통계청 조사 결과에 따라 전체 이혼을 사유별로 따져봤습니다.

다음 내용을 살펴봐주세요.

전체 이혼 중 이혼사유 비율(2012. 4. 19. 통계청발표 2011년 통계)

1. 성격차이(44.9%)

2. 경제문제(12.3%)

3. 배우자 부정(8.1%)

4. 가족 간 불화(7.1%)

5. 배우자의 정신적 · 육체적 학대(4.7%)

6. 건강문제(0.7%)

역시 일반인도 성격차이가 1등입니다. 최근 10년간 통계결과도 거의 유사합니다. 이혼 부부 10쌍 중 4쌍은 성격이 맞지 않아서 헤어졌다는 게 믿어지시나요? 하지만 통계청의 통계엔 맹점이 숨어 있습니다. 이혼하는 부부들이 이혼신고서에 직접 작성한 내용을 토대로 통계를 냈다는 점입니다. 이혼 수속을 밟기 위해서는 관공서에 이혼신고서를 제출해야 하는데 이혼신고서의 이혼사유란에는 위 6가지와 기타 중에 객관식으로 한 가지를 고르게 돼 있습니다. 따라서 다양한 이혼사유를 파악하기엔 한계가 있습니다.

다른 자료를 살펴보겠습니다. 한국가정법률상담소가 2011년 한 해 동안 상담소를 찾은 기혼자들의 상담통계를 분석한 자료입니다. 이 자료에 따르면 여성의 이혼 고민은 ① 혼인을 계속하기 어려운 중대한 사유(42%), ② 가정폭력(31.9%), ③ 남편의 외도(15.2%) 순으로 나타났습니다. ①번 사유를 세부적으로 살펴보니 경제적 갈등, 성격차이, 생활무능력, 장기별거, 이혼강요, 알코올중독 등의 순시였습니다.

남성의 이혼상담 내용도 ① 혼인을 계속하기 어려운 중대한 사유 (56.7%)가 가장 많았습니다. ② 아내의 가출(19.2%)과 ③ 아내의 외도 (15.8%)가 그 뒤를 이었습니다. ①번은 다시 성격차이, 경제적 갈등, 장기별거, 생활양식 및 가치관 차이 등의 순서였습니다.

2가지 통계를 보니 결과적으로 이혼사유 또는 이혼고민으로 성격차이가 압도적으로 많은 것만은 사실입니다. 이 시점에서 솔직히 얘기해보죠. 성격차가 없는 부부가 얼마나 될까요. 단순히 성격이 달라서 이혼해야 한다면 저는 아마도 결혼식 날 이혼신고서에 도장을 찍어야 했을 겁니다. 우리 아버지, 어머니도 수십 년 전에 진작 갈라섰을 테고 그랬다면 아마 제가 태어나지도 못했겠지요.

문제는 성격차이란 말이 너무 포괄적이라는 겁니다. 국립국어원 표준국어대사전을 보니 성격은 '개인이 가지고 있는 고유의 성질이나 품성'을 뜻한다는데 이걸로는 설명이 부족합니다. 내성적이냐, 외향적이냐 이런 차이로 이혼하는 부부는 없을 테니까요.

성격차 이혼이 많은 까닭을 2가지로 분석해봅니다. 첫째, 다양한 이혼사유를 뭉뚱그려 성격차라고 말하는 경우입니다. 왜 이혼했느냐고 물으면 대부분은(마치 연예인들이 그랬던 것처럼) "서로 잘 맞지 않아서"라고 추상적으로 대답합니다. 제일 무난하기 때문이죠. 예를 들어 시댁(처가)과의 갈등, 종교 갈등, 성적 불만, 대화단절, 도박·알코올 중독과 같은 구체적인 사유 대신 포괄적으로 성격차라고 말하는 게 편하다는 거지요.

둘째, 성격차이가 발단이 돼 폭행, 외도, 애정상실 등이 이어지면서 가정이 깨지는 경우입니다. 신혼 초에는 눈에 콩깍지가 씌어서 상대의

단점을 보지 못하지요. 그러다가 1년, 2년 지날수록 생활습관, 가치관의 차이가 스트레스가 되고 대화단절이나 폭행, 무시, 모욕으로 이어지면 급기야는 완전히 애정을 잃게 되는 부부도 적지 않습니다.

• 성격차이만으로 이혼할 수 있다? 없다?

그렇다면 과연 성격차이만으로 이혼을 할 수 있을까요.

2가지 경우를 나누어 생각해볼 수 있습니다. 먼저 부부가 갈라서기로 합의했을 때입니다. 부부가 이혼에 합의했다면, 이유가 무슨 필요가 있겠습니까. 안 맞아서 못살겠다는데요. 이때는 협의이혼을 하면 됩니다. 협의이혼은 누구 잘못으로, 무슨 까닭으로 이혼하는지 묻지도 따지지도 않습니다. 즉 협의이혼은 성격차 이혼이 가능합니다. 단, 두 사람 모두 법원에서 지정한 날짜에 출석하여 판사 앞에서 협의이혼 확인을 받아야 합니다. 물론 미성년 자녀가 있는 경우는 누가 키울지 양육비는 누가 얼마나 부담할지를 이혼 전에 협의해야 합니다.

만일 한쪽은 이혼을 원하는데, 다른 한쪽은 원하지 않는다면 어떨까요. 아니면 양쪽 다 이혼을 원하더라도 서로 상대방에게 가정파탄 책임이 있다고 주장한다면 어떻게 될까요. 이때는 복잡합니다. 재판을 해야 하기 때문이죠. 가정법원에서 이혼할 만한 사유가 있는지, 누가 이혼에 책임이 있는지 법정에서 따져봐야 합니다. 이걸 법에서는 '재판상이혼'이라고 합니다.

재판상이혼은 아무 이유로나 할 수 있는 게 아닙니다. 민법에는 이혼소송을 걸 수 있는 사유 6가지가 나옵니다. 상당히 중요한 내용이니 유심히 보시기 바랍니다.

재판상 이혼사유 6가지

민법 제840조(재판상이혼원인)

부부의 일방은 다음 각 호의 사유가 있는 경우에는 가정법원에 이혼을 청구할 수 있다.

1. 배우자에 부정한 행위가 있었을 때

2. 배우자가 악의로 다른 일방을 유기한 때

3. 배우자 또는 그 직계존속으로부터 심히 부당한 대우를 받았을 때

4. 자기의 직계존속이 배우자로부터 심히 부당한 대우를 받았을 때

5. 배우자의 생사가 3년 이상 분명하지 아니한 때

6. 기타 혼인을 계속하기 어려운 중대한 사유가 있을 때

쉽게 설명하자면 이렇습니다. 1호는 외도를 뜻합니다. 2호는 부부간 동거·부양의무를 저버린 경우이고, 3호와 4호는 아내(남편)가 남편(아내)에게, 장모(시부모)가 사위(며느리)에게 폭행이나 학대 등을 당한 경우를 생각하면 됩니다.

법만 놓고 보면 성격차이는 이혼사유가 되기 어려울 것 같다고요? 그렇긴 합니다만, 6호에 해당하는 기타 사유를 어떻게 보느냐에 따라 달라지겠지요. 법원은 이 사유를 이렇게 해석합니다.

" '기타 혼인을 계속하기 어려운 중대한 사유가 있을 때'라 함은 부부간의 애정과 신뢰가 바탕이 돼야 할 혼인의 본질에 상응하는 부부공동생활 관계가 회복할 수 없을 정도로 파탄되고 그 혼인생활의 계속을 강제하는

것이 일방 배우자에게 참을 수 없는 고통이 되는 경우를 말한다. 이를 판단함에 있어서는 파탄의 정도, 혼인계속의 의사유무, 파탄의 원인에 관한 당사자의 책임유무, 혼인생활의 기간, 자녀의 유무, 당사자의 연령, 이혼 후의 생활보장 기타 혼인관계의 제반사정을 두루 고려하여야 한다.”

법원에서 ‘기타 사유’로 인정한 사례는 배우자의 파렴치범죄(성범죄 등), 합리적 이유 없는 지속적인 성관계 거부, 알코올중독, 지나친 신앙생활, 지나치게 가부장적인 태도 등이 있습니다. 이것도 결혼생활을 더 이상 못할 정도로 심각해야 합니다.

성격차와 관련된 판결을 찾아봤습니다. 대법원 판결을 보니 “부부쌍방이 상호 이성으로 돌아가 가정을 지속하고 자녀를 양육하고자 노력하여도 부부간의 성격차이와 불화를 극복하고 애정을 되찾는 것이 전혀 불가능하다고 단정되는 경우”에만 이혼이 가능하다면서 성격차 이혼청구를 기각(원고패소)한 판례가 있네요.

정반대의 판결도 있었습니다. 성격차이로 불화가 시작돼 아내가 근거 없이 남편의 이성관계를 의심하고, 남편을 비방하는 투서를 내고, 정신병원에 강제입원 시도를 하는 등 결혼생활이 어려워지자 남편이 소송을 냈는데요. 법원은 더 이상 혼인유지가 불가능하다며 이혼청구를 받아들였습니다.

성격차 이혼에 관한 한 법원의 판단은 비교적 엄격한 편입니다. 즉 단순한 성격차이는 이혼사유가 될 수 없으며 성격차가 원인이 돼 폭행, 부당한 대우, 외도 등으로 이어지거나 더 이상 혼인이 유지되기 어려운 정도가 돼야 이혼사유가 될 수 있다는 말입니다.

• 이혼방식은 협의이혼과 재판상이혼 2가지

정리해보겠습니다. 법에서 정한 이혼 방식은 협의이혼과 재판상이혼 두 가지입니다. 협의이혼은 부부가 갈라서기로 의견일치를 보았을 때 법원이 최종 확인을 해주는 절차이고, 재판상이혼은 법에서 정한 이혼 사유(6가지)가 발생했을 때 소송을 통해 이혼을 하는 것입니다. 도움이 되셨나요.

남편들에게 드리는 여담을 끝으로 글을 마칩니다. 직장생활에 힘든 남편을 이해하고 배려할 줄 모르는 아내의 날카로운 성격 때문에 같이 살기 힘들다고요. 저도 그렇습니다. 하지만 혹시 이건 생각 안 해보셨나요. 집안일에 무관심하고 허구한 날 술에 찌들어 살면서 가족이 어떻게 사는지 관심도 없고, 자기 힘든 것밖에 모르는 남편의 무심한 성격 때문에 힘들어하는 아내를 말입니다. 피장파장, 피차일반이란 말이 떠오릅니다. 그래서 저는 가끔씩, 아니 자주, 반성하는 마음으로 살고 있습니다.

"혼인은 가치관, 취미, 성격 등이 전혀 다른 두 사람이 만나 가정을 이루는 것이므로 사소한 생활습관부터 경제관념에 이르기까지 모든 부분에서 크고 작은 충돌을 수반할 수밖에 없다. 따라서 부부는 서로에 대한 사랑과 애정을 바탕으로 상대방을 좀 더 이해하고 배려하면서 엇갈리는 부분을 조금씩 맞춰가야 한다(서울가정법원 2011드합8812)."

이혼에 합의했는데, 도장만 찍으면 끝인가요?

협의이혼 절차와 방식

⁑ 결혼 6년 만에 이혼을 결심한 모성애(여, 40세) 씨의 사연

밤마다 술에 취해 들어와 욕설과 폭행을 일삼는 남편 때문에 두려운 나날을 보내온 모성애 씨. 그녀는 5년이 넘는 시간 동안 일말의 변화가 없는 남편을 참지 못해 결국 이혼을 결심했다. 본인의 술버릇을 잘 아는 남편도 이에 동의하며 협조해줄 테니 모성애 씨에게 다 알아서 하라고 일임한 상태다.

텔레비전 드라마 속 이혼은 도장만 찍으면 끝이던데, 막상 이혼을 하려니 그 절차가 만만치 않은 듯했다. 또한 당분간 세 살 난 딸아이를 모성애 씨가 키워야 하는데 돈 문제도 막막하다. 일단 이혼하는 게 급선무라 남편에게 섣불리 돈 얘기를 꺼내기 난감한 모성애 씨. 협의이혼 절차만 생각해도 머리가 아픈데, 이혼하고 난 뒤의 재산문제까지 생각하니 답답한 심정이다. 협의이혼 후에도 재산분할이나 위자료 청구가 가능할까?

• 현행법상 이혼하는 방법 2가지

이혼 잘하는 법을 알려드려야 한다니, 그리 유쾌하지는 않네요. 하지만 최선이 불가능하다면 차선이라도 택해야 합니다. 지금 모성애 씨의 선택이 바로 차선이 아닐까 싶습니다. 다행히 남편이 이혼에 동의하셨다니 잘 마무리하시길 바랍니다.

현행법으로 이혼을 하는 방법은 재판상이혼과 협의이혼 2가지뿐입니다. 이 둘은 2가지 큰 차이가 있습니다. 이혼에 서로 합의했는지, 이혼사유에 제한이 있는 지입니다. 협의이혼은 부부 사이에 결혼생활을 더 이상 하지 않겠다는 뜻이 일치하면 가능합니다. 이혼사유도 묻지 않습니다. 한해 10만 쌍 넘게 이혼하는 부부의 절대다수가 협의이혼을 하고 있습니다. 2011년을 기준으로 보면, 전체 이혼 11만 4천 7백여 건 중에 협의이혼이 9만 1천여 건이나 되었습니다.

반면 재판상이혼은 법이 정해놓은 '재판상이혼원인'이 있을 때만 가능합니다. 재판을 열어서 누구 잘못이 큰지, 이혼사유가 되는지 마는지를 따지게 됩니다. 재판 과정에서 시간과 비용이 들고 감정싸움으로 비화될 가능성도 큽니다. 따라서 부부 모두 이혼의사가 확실하다면 비교적 절차가 간단한 협의이혼을 하는 것이 바람직합니다. 물론 그렇다고 도장만 찍는다고 이혼이 되는 정도는 아닙니다.

• 협의이혼, '도장 찍고 서류제출'이 전부가 아니다

그러면 협의이혼 절차를 알아보겠습니다. 크게 구분해보면 다음과 같습니다.

> **협의이혼 절차**
>
> ① 협의이혼 신청서 제출 → ② 협의이혼의사 확인기일 지정 → ③ 자녀 양
> 육·친권 협의 → ④ 숙려기간 경과 → ⑤ 협의이혼의사 확인기일 출석 →
> ⑥ 이혼신고

현재의 협의이혼 절차는 2008년부터 큰 폭으로 바뀐 뒤 계속 보완되고 있습니다. 큰 특징은 이혼숙려기간을 도입한 것과 자녀의 양육·친권 협의를 의무화한 점입니다. 그리고 최소한 2번은 법원에 부부가 함께 출석해야 합니다. 일단 이 정도만 기억하고 하나씩 살펴보겠습니다.

협의이혼을 하려면 먼저 주소지(또는 등록기준지) 관할 가정법원(가정법원이 없는 곳은 관할 지방법원 또는 지원)에 출석해서 신청서를 제출해야 합니다. 반드시 부부 양쪽이 함께 법원에 가야 합니다. 한쪽만 출석하거나 변호사나 대리인이 출석하는 것은 허용되지 않습니다. 두 사람 모두 진심으로 이혼의사가 있는지를 확인하기 위해서입니다(다만 부부 한쪽이 수감자나 재외국민인 경우에는 한쪽만 출석할 수 있습니다). 이혼에 합의했더라도 텔레비전에서 보는 것처럼 어느 한쪽이 서류만 낸다고 이혼이 되지는 않는다는 말입니다.

신청서가 접수되면 법원은 이혼에 관한 안내를 하고, 협의이혼의사 확인기일을 정해줍니다. 확인기일이란 부부에게 이혼의사가 있다는 것을 판사가 확인해주는 날을 말합니다. 예전에는 곧바로 확인기일을 정해서 당일 이혼도 가능했으나 2008년 이후부터는 '이혼숙려기간'을 두고 있습니다. 이혼숙려기간이란 부부로서 마지막으로 이혼을 함께 정

리할 시간입니다. 갈라서기 전에 이혼에 따르는 자녀 양육, 재산문제 등을 협의하도록 주는 시간으로 이해하면 됩니다. 미성년 자녀가 있는 부부는 3개월, 없는 부부는 1개월입니다. 법원은 그 기간이 지난 이후로 확인기일을 지정합니다.

• 이혼숙려기간 동안 자녀 양육 · 재산문제 합의해야

가장 중요한 건 이혼 후 자녀문제입니다. 자녀가 있는 부부는 확인기일 한 달 전까지 자녀의 양육과 친권자결정에 관한 협의를 마쳐야 합니다. 다시 말해서 친권자를 누구로 할 것인지(친권자결정), 누가 자녀를 키울 것인지(양육자 결정), 양육비는 누가 얼마나 낼 것인지(양육비 부담), 아이를 키우지 않는 부모와 아이는 언제 어떻게 만날 것인지(면접교섭권 행사) 등을 결정해야 합니다.

친권자에게는 자녀의 재산관리권, 법률행위 대리권이 있습니다. 따라서 아이를 키우는 양육자를 동시에 친권자로 결정하는 게 가장 무난합니다. 자녀 양육이 부모의 의무이듯이, 양육비는 친권자나 양육자가 아니라도 부모라면 반드시 부담해야 하는 법적인 의무입니다. 아이를 키우지 않는 쪽도 자녀의 나이, 재산상황 등을 고려해서 양육비를 지급해야 합니다. 매달 일정한 금액을 정기적으로 지급하는 방식이 가장 많이 쓰입니다.

또한 이혼을 하더라도 자녀와 부모는 서로 만날 권리가 있습니다. 부부는 아이를 키우지 않는 쪽과 아이가 정기적으로 만날 수 있도록 방법과 장소 등을 협의해야 합니다.

이런 사항들이 합의가 되면 '자녀의 양육과 친권자결정에 관한 협의서(법원 창구나 대법원 인터넷 홈페이지에서 양식을 구할 수 있습니다)'를 법원에 제출하면 됩니다. 모성애 씨의 사연을 토대로 자녀문제를 정한다면 어떻게 하는 게 좋을까요. 아이를 키우는 모성애 씨가 친권자와 양육자를 겸하고, 남편이 매달 일정한 금액을 양육비로 송금해주고, 남편과 아이는 매달 한두 차례씩 정기적으로 만나는 게 어떨지 조심스레 제안해봅니다.

이런 협의가 이뤄지지 않으면 이혼이 되지 않습니다. 자녀문제 합의는 협의이혼의 전제사항이자 의무사항이기 때문입니다. 합의가 안 되면 법원에 정해달라고 청구하는 수밖에 없습니다만, 자녀문제를 법원에 맡기는 건 그리 좋은 방법은 아닙니다. 원만한 합의가 우선입니다.

협의이혼을 하려면 2번은 부부가 함께 법원에 출석해야 한다고 말씀드렸습니다. 첫 번째는 신청서를 접수할 때, 두 번째는 바로 협의이혼확인을 받을 때입니다. 신청할 때와 협의이혼확인을 받을 때 모두 이혼의사가 있어야 하기 때문입니다. 확인기일에서 부부가 판사 앞에서 이혼의사가 있다는 뜻을 밝히면 법원은 확인서를 1통씩 교부합니다. 양육비에 관한 합의가 되면 '양육비 부담조서'라는 서류도 받게 됩니다. 이 조서는 법원 판결과 똑같은 효력이 있으니 성실히 이행할 의무가 있습니다.

마지막으로, 확인서를 받은 뒤 3개월 내에 주소지 관할 시(구), 읍, 면 사무소에 이혼신고를 하면 됩니다. 미성년 자녀가 있으면 협의서를 첨부하여 친권자지정 신고도 함께해야 합니다. 이렇게 하면 비로소 남남이 됩니다.

유의할 점은 법원에서 확인서를 받았더라도 3개월 내에 신고를 하지 않으면 이혼이 되지 않는다는 사실입니다. 또한 협의이혼 후에 마음이 바뀌어 이혼할 뜻이 없어졌다면 부부 한쪽이 이혼신고를 하기 전에 철회서를 제출하면 이혼 철회가 가능합니다. 이 점이 이혼판결이 확정된 다음에는 이혼을 무를 수가 없는 재판상이혼과 다른 점입니다.

복잡하다고요? 대법원이나 가정법원 홈페이지에 각종 양식과 자료를 비롯하여 협의이혼 절차와 설명이 잘 나와 있으니 참고하시기 바랍니다. 다만, 법원에 신청서를 제출하는 날과 협의이혼 확인을 받는 날에는 부부 양쪽이 반드시 참석해야 한다는 점, 자녀 양육 문제는 미리 합의를 마쳐야 한다는 점은 꼭 기억하시기 바랍니다.

• 협의이혼 후 재산분할 · 위자료 청구 가능할까

그리고 협의이혼 이후에도 재산분할이나 위자료를 청구할 수 있는지도 질문하셨는데요. 먼저 재산분할입니다. 협의이혼을 조건으로 부부가 재산에 관한 합의를 했다면, 그 합의대로 서로 이행하면 될 겁니다. 만일 재산분할을 하지 않기로 서면으로 합의를 했다면 다시 청구하기란 쉽지 않겠지요.

모성애 씨처럼 아무런 약속이 없이 이혼했다면 청구를 할 수 없을까요. 그렇지는 않습니다. 이때도 재산분할을 해달라고 요구할 수 있습니다. 민법 839조의 2는 "협의상 이혼한 자의 일방은 다른 일방에 대하여 재산분할을 청구할 수 있다"고 돼 있습니다. 협의가 되지 않을 때는 이혼한 날을 기준으로 2년 내에 법원에 재산분할 청구소송을 낼 수도 있습니다.

위자료는 어떨까요. 위자료는 정신적 손해에 대한 배상을 말합니다.

이혼만을 놓고 보자면, 결혼 파탄의 원인을 제공한 사람에게 상대편이 정신적 손해를 금전으로 배상하는 것을 뜻하겠지요. 위자료를 청구할 수 있는 기간은 "손해 및 가해자를 안 날로부터 3년 이내"입니다. 그러니 협의이혼 후에도 위자료 청구가 가능합니다. 다만 상대에게 결혼 파탄 책임이 있다는 점을 객관적인 증거를 토대로 입증해야 하니 재산분할 청구보다는 어렵다는 점은 감안해야 합니다.

이혼하는 과정에서 재산문제까지 깔끔하게 합의하는 것이 가장 이상적이겠지요. 하지만 합의가 안 되었더라도 나중에라도 요구할 여지는 남아 있습니다. 이혼하면서 '훗날'을 도모한다면 객관적인 자료를 미리 확보하는 게 관건입니다. 모성애 씨, 도움이 되셨는지요. 따님과 행복하게 사시길 기원합니다.

끝으로 이혼을 심각하게 고민하시는 분들에게 한 말씀 드립니다. 이혼은 권장할 일은 아닙니다. 불가피하게 이혼을 해야 한다면 되도록 상처를 적게 남겨야 합니다. 그런데도 이혼 뒤에까지 상처를 입는 분들이 적지 않습니다. 대부분 돈 때문입니다. 이혼 뒤에 또 다른 분쟁을 겪지 않으려면 약속을 문서로 남겨놓는 것도 하나의 방법입니다.

07

결혼날짜 잡았는데
헤어지고 싶어요

혼인신고 후 후회되는 결혼, 무를 수 있나

*** 혼인신고를 취소하고 싶은 한승연(여, 28세) 씨의 사연

내년 봄 결혼을 앞둔 한승연 씨. 새로운 인생을 시작해야 할 시점에서 그녀는 과감하게 정리를 하고 싶어 한다. 그 까닭은 지금 함께 살고 있는 남자친구 J 때문이다. 두 사람은 20세 무렵부터 알고 지냈고 최근 연인 사이로 발전해 결혼을 결심했다. 하지만 신혼부부 우대 대출상품을 위해 혼인신고를 일찍 마치고 함께 살면서 서로에 대한 환상이 깨지기 시작했다. 한승연 씨는 연애할 때와는 딴판인 J에게 질려버렸다.

자상하고 깔끔한 줄만 알았던 J는 사소한 생활습관 하나도 양보하지 않고 자기주장만 내세우는 고집쟁이였다. 게다가 코를 어찌나 심하게 고는지 도무지 옆에서 잘 수 없을 정도다. 한승연 씨와 J는 하루가 멀다 하고 다투다가 현재는 각방을 쓰고 있는 상태다. 아직 식도 올리지 않은 상태니 모든 것을 취소하고 혼자로 돌아가고 싶은 한승연 씨. 어떻게 해야 할까?

• 결혼은 장난이 아니다, 자기 선택에 책임을

청춘 남녀가 만나 결혼을 약속하고 혼인신고까지 했습니다. 곧 결혼식도 올릴 예정입니다. 그런데 한쪽이 결혼하기가 싫어졌습니다. 함께 사는 게 행복할 것 같지 않아서, 잠깐 살아보니 내가 꿈꾸던 그 사람이 아니어서 그렇답니다. 여러분은 어떻게 생각하시나요.

본격적인 이야기에 앞서 한승연 씨에게 감히 한 말씀 드립니다. 결혼은 장난이 아닙니다. 성인이라면 자기 선택에 책임을 져야 합니다. 그 선택이 다른 사람의 인생에도 지대한 영향을 미친다면 더더욱 그렇습니다. 어느 누구도 타인의 인생에 불쑥 끼어들었다가 빠질 권리가 없습니다. 결혼이 반드시 행복으로 이어진다는 보장도 없겠지만, 그렇다고 이혼이 반드시 결혼생활의 불만을 일거에 해소해주는 것도 아닙니다. 결혼보다 이혼에 몇 배 더 신중해야 하는 까닭입니다. 결혼생활을 강요할 뜻은 없습니다만, 좀 더 어른답게 결정을 내리시길 바랄 뿐입니다.

복잡한 상황인 만큼 하나하나 풀어가 보도록 하죠. 법률적인 문제부터 해결하고 또 다른 문제들을 살펴보는 게 좋겠습니다.

먼저, 결혼식을 하지 않았으니 두 사람의 혼인신고를 무효로 할 수 있는지 여부입니다. 결과부터 말하자면 불가능합니다. 설사 두 사람이 합의하더라도 마찬가지입니다.

우리나라는 결혼에 관해서 형식혼주의(또는 법률혼주의)를 택하고 있습니다. 쉽게 설명하자면 부부가 결혼식을 올렸느냐 하는 문제보다 서류상으로 요건을 갖추어 관청에 신고했는지를 더 중시합니다. 혼인신고가 법률상 부부가 되는 중요한 요건이 되는 것이지요.

따라서 결혼은 결혼식이 기준이 아니고 혼인신고를 기준으로 판단합니다. 결혼식을 안 해도 혼인신고를 하고 같이 살았다면 법적으로 이미 부부입니다. 비슷한 사례를 한 번 볼까요.

• 전세대출 받기 위해 혼인신고 먼저… 혼인무효 가능할까

사례 1 20대 후반인 A씨(여)는 세 살 연상 B씨와 1년 반 교제 끝에 결혼을 약속했다. 두 사람은 결혼 넉 달 전 신혼집을 알아보다가 아파트를 전세로 계약했다. 잔금을 마련하기 위해 은행에 들른 이들은 신혼부부 전용 대출상품이 있다는 말을 듣게 된다. 그래서 서둘러 혼인신고를 하게 되었는데 결혼식을 올리기 전 B씨는 사망하고 말았다. A씨는 "대출 목적으로 혼인신고만 했을 뿐 결혼생활을 한 적이 없다"며 가정법원에 혼인무효 소송을 냈다.

신혼집에서의 달콤한 나날을 꿈꿨던 A씨에게는 안된 이야기지만, 법원은 원고패소판결을 내렸습니다. 결혼을 무효로 돌릴 수 없다는 뜻입니다. 법원은 △두 사람이 결혼을 약속하고 일정까지 확정한 점 △전셋돈을 모두 지불하고 전세 아파트로 전입신고까지 함께 마친 점 △어느 한쪽만의 의사로 혼인신고를 했다는 증거가 없는 점에 주목했습니다. 단지 결혼생활이나 결혼식을 하지 않았다는 정도로는 결혼이 무효가 될 수 없다는 겁니다.

결혼이 무효가 되려면 혼인신고 당시에 한쪽 또는 양쪽이 결혼의사가 전혀 없었다는 점이 밝혀져야 합니다. 간혹 과거 이혼 사실을 숨기기 위해 혼인무효 확인소송을 제기하는 경우도 있습니다. 하지만 대법원은 "단순히 혼인했다가 이혼한 것처럼 호적상 기재돼 있어 불명예스럽다는 사유만으로는 (혼인무효의) 확인의 이익이 없다"고 판결한 바 있습니다.

사연 속의 한승연 씨도 J씨와 결혼식만 올리지 않았을 뿐, 한 집에서 살고 있으니 결혼을 무효로 돌릴 수 있는 방법은 없는 것 같습니다. 헤어지기를 원한다면 그건, 어쨌거나 이혼이 됩니다.

• 재판이혼, 상대에 책임 있거나 '참을 수 없는 고통' 있을 때만

그렇다면 어떻게 해야 이혼을 할 수 있을까요. 이혼을 하는 방법은 협의이혼과 재판상이혼 2가지가 있다는 사실은 여러 차례 말씀드렸습니다. 협의이혼은 이혼의사가 합해져야 합니다. 그런데 J씨가 이혼을 원치 않는다고 하니 재판상이혼을 하는 수밖에요.

안타깝게도, 저로선 어떤 게 이혼사유인지 잘 모르겠군요. 보내주신 사연을 아무리 살펴봐도 재판이혼사유를 찾아보기가 어렵습니다. J씨가 외도를 하거나 무단가출을 한 것도 아니고, 한승연 씨가 시부모와 심각한 갈등을 빚은 것도 아닙니다. 그렇다고 한승연 씨나 친정부모가 J씨에게 폭행·학대 등 부당한 대우를 받은 적도 없습니다.

재판으로 이혼을 하려면 J씨의 행동이 '이혼당해도 싸다'고 법정에서 밝혀져야겠지요. 성격이 잘 맞지 않는다, 더 이상 매력을 느끼지 못한다, 잠버릇이 고약하다는 건 어떨까요. 법에서 말하는 이혼사유와는 거리가 있습니다. 이런 이유로 이혼소송이 가능하다면 아마도 저부터 수십 번 이혼당했을 겁니다.

J씨가 잘못했을지는 몰라도 이혼당할 만한 정도는 아닙니다. 부부는 서로 행복한 결혼을 위해 노력할 의무가 있습니다. 외도·가출·폭행과 같은 명백한 잘못이 아니라면 불화의 책임을 한쪽으로만 돌리기는 어

렵습니다.

그게 아니라면 그밖에 "혼인을 계속하기 어려운 중대한 사유"가 있어야 합니다. 법원은 "부부관계가 회복할 수 없을 정도로 파탄되고, 혼인생활의 계속을 강제하는 것이 일방 배우자에게 참을 수 없는 고통이 되는 경우"라고 객관적으로 인정될 때 이혼판결을 내립니다. 한승연 씨 입장에서는 힘들겠지만, 살펴보니 이혼소송을 걸기에 그리 좋은 여건은 되지 않는군요. 그럼 어떻게 해야 할까요.

• 결혼, 우아하고 세련된 것만은 아니다

순백의 웨딩드레스를 입고 친구, 친지들의 축복을 받으며 식장으로 들어섭니다. 영화배우처럼 멋지고 준수한 외모를 지닌 신랑이 마중 나옵니다. 그의 팔짱을 끼고 주례 앞에 서서 "어떤 경우라도 평생 사랑할 것을 약속한다"고 맹세합니다. 그리고 결혼행진곡을 들으면서 축포 속에 새 인생을 시작합니다.

하지만 현실은 우리가 꿈꾸는 것만큼 마냥 들뜨고 우아한 것만은 아닙니다. 서로 잠버릇도 봐야 하고, 가끔은 보기 싫은 꼴도 봐야 합니다. 배려심 없는 상대에게 상처를 입을 수도 있고, 배우자와 취향이 달라서 실망을 하기도 합니다.

한승연 씨, J씨 때문에 실망한 만큼, 상대도 본인을 보고 실망했을 거라는 사실은 생각 안 해보셨나요. 사람이 이성에 대해 매력을 느끼는 기간은 그리 길지 않다고 합니다. 더구나 연애 때와는 달리 치부까지 드러내야 하는 결혼생활이라면 그 기간은 더 짧겠지요. 새로운 남자가 대안이 될 수 있을까요.

하지만 다른 측면에서 생각해볼 수도 있겠습니다. 원치 않는 결혼을 계속 유지해야 할 필요는 없겠지요. J씨와 결혼생활을 계속하면 평생 후회할 것 같은지 잘 생각해보십시오. 만일 진심으로 '그렇다'고 여겨진다면 결단을 내리십시오. 지금 승연 씨는 첫 단추를 끼운 셈입니다. 그게 잘못 끼워졌다면 과감하게 단추를 풀어야 합니다. 그래야 더 많은 단추를 채운 다음에 다시 끼우는 고생을 하지 않을 테니까요.

그전에 J씨와 해결할 문제가 남았습니다. 두 사람이 헤어지려면 이제 협의이혼을 하는 수밖에 없습니다. 원만하게 합의하지 않으면 이혼하기는 곤란한 상황에 와 있습니다. 어찌 보면 열쇠는 J씨가 갖고 있습니다. 정 헤어지고 싶다면 잘 설득하시기 바랍니다.

두 사람은 10년 가까이 친구로, 연인으로 지내오다가 부부의 연까지 맺었습니다. 보통 인연은 결코 아닙니다. 저로선 극적인 화해를 거쳐 내년 봄 결혼식을 올렸으면 좋겠습니다. 그게 안 된다면 더 이상 상처 없이 아름다운 모습으로 갈라서기를 기원합니다. 그것이 한때나마 사랑했던 서로에 대한 예의가 아닐까 싶습니다.

08

10년 함께 살았지만
혼인신고 안 했으니
남남이라고요?

사실혼, 부부로 인정받을 수 있나

✱✱✱ 배신감에 사로잡힌 배순아(여, 35세) 씨의 억울한 사연

10년 전 인터넷 동호회를 통해 만난 다섯 살 연상남 Y와 결혼한 배순아 씨. 모두가 인정하는 공식 커플이었던 그들은 집안 사정이 어려워 결혼식을 올리지 못한 채 곧바로 동거에 들어갔다. 배순아 씨가 살던 전셋집을 꾸며서 신혼살림을 시작한 두 사람은 굳이 혼인신고를 할 필요를 느끼지 못해 어물어물 넘어갔다.

아이는 없었지만 누구보다 행복했던 두 사람은, 결혼 5년 만에 Y씨가 사업을 시작하면서 불행을 맞는다. 남편은 사업을 빌미로 외박을 거듭하면서 생활비 한 번 보태지 않았고 오히려 배순아 씨와 그녀의 어머니에게 돈을 뜯어갔다. 그러다가는 몇 달 전부터 아예 집에 들어오지 않고 있다. 알고 보니 남편은 배순아 씨 몰래 다른 여자와 살림을 차렸고, 이미 아들도 낳은 상태였다.

충격에 휩싸여 "어떻게 이럴 수 있느냐"며 따지는 배순아 씨에게 Y는 "당신과 나는 법적 부부가 아니니 남남이다"라며 매몰차게 등을 돌렸다. 10년을 함께 살아도 혼인신고를 안 하면 남남인 걸까, 배신감에 떨고 있는 배순아 씨는 어떻게 해야 할까?

• 혼인신고 안 하면 부부도 아닌 걸까?

아름다운 청춘 10년을 함께 살아온 배우자가 돌아섰습니다. 마음도 몸도 모두 돌아섰습니다. 이별의 순간에도 미안한 기색 하나 없이 "그동안 남남이었다"는 말을 남겼다니 얼마나 가슴 아팠을까요. 이런 사람을 남편으로 믿고 살아왔던 배순아 씨는 또 얼마나 서글펐을지요.

결혼이란 무엇일까요. 사랑하는 남녀가 정신적으로나 육체적으로 하나가 되는 것입니다. 사랑하면 반드시 결혼해야 하느냐고 반론을 제기할 수도 있겠지만 사랑을 완성해가는 가장 일반적인 모습이 결혼임에는 틀림없습니다.

그렇다면 결혼에도 형식이 필요할까요. 그건 당사자들의 자유입니다. 사랑에 형식이 중요하지 않듯 결혼식을 올리건 말건 혼인신고를 하건 말건 마음대로 해도 좋습니다. 단, 법에서 정한 형식을 따르지 않았을 때에는 법적인 보호를 받기에 어려움이 따른다는 사실도 기억하셔야 합니다.

• 법에서 말하는 사실혼이란?

배순아 씨와 Y의 관계를 사실혼이라고 합니다. 사실혼이란 실제 부부로서 결혼생활을 하지만 혼인신고를 하지 않은 남녀관계를 말합니다. 혼인신고까지 마쳐 법적인 부부관계를 갖춘 '법률혼'과 대비되는 개념입니다. 판례는 사실혼에 대해 "주관적으로 당사자 사이에 혼인의사가 있고, 객관적으로 사회 관념상 가족 질서적인 면에서 부부공동생활을 인정할 만한 혼인생활의 실체가 있는 경우"라고 설명합니다. 정확한 의미를 파악하기 위해서 조금 길지만 내법원의 판결문을 보겠습니다.

"사실혼이란 당사자 사이의 혼인의 의사가 있고 사회적으로 정당시되는 실질적인 혼인생활을 공공연하게 영위하고 있으면서도 그 형식적 요건인 혼인신고를 하지 않았기 때문에 법률상 부부로 인정되지 아니하는 남녀의 결합관계를 말한다. 따라서 사실혼에 해당하여 법률혼에 준하는 보호를 받기 위해서는 단순한 동거 또는 간헐적인 정교관계를 맺고 있다는 사정만으로는 부족하고, 그 당사자 사이에 주관적으로 혼인의 의사가 있고 객관적으로도 사회 관념상 가족질서적인 면에서 부부공동생활을 인정할 만한 혼인생활의 실체가 존재하여야 한다(대법원 1995. 3. 28. 선고 94므1584 판결 등 참조)."

사실혼이 되려면 두 사람이 결혼한다는 합의가 있어야 하며, 또 실제 결혼생활이 유지돼야 합니다. 게다가 부적절한 관계여서도 안 됩니다. 예를 들어 법으로 결혼을 금지하는 8촌 이내 혈족 간의 근친혼이나, 중혼(배우자 있는 사람이 다시 결혼하는 것), 부첩관계와 같은 경우는 사실혼이라고 할 수 없습니다.

즉 혼인신고만 없을 뿐 부부와 다름없는 관계가 사실혼입니다. 이는 동거나 약혼과도 상당히 다릅니다. 동거는 결혼할 의사가 없이 일시적으로 함께 생활하는 것을 뜻하므로 동거남녀를 부부로 보기 어렵습니다. 약혼은 장래에 결혼하겠다는 약속이기 때문에 현재 함께 살아야 할 의무가 없습니다.

사례를 통해 사실혼에 대해 좀 더 알아보겠습니다.

법원은 두 사람이 동거한 건 맞지만 사실혼관계로 보지는 않았습니다. 두 사람은 결혼식을 올리지 않았고 B씨가 결혼을 거절해왔으며, A씨가 생활비를 지급한 적도 없다는 이유에서였습니다. 더 결정적으로, A씨는 인터넷 채팅 등을 통해 끊임없이 다른 여자들과 사귀고 있었습니다. 법원은 이를 두고 "도무지 사실혼관계를 유지하고 있던 사람의 행동으로 보이지 않는다"고 평가했습니다.

꼭 결혼식을 올려야 사실혼이 되는 것은 아닙니다. 법원은 결혼식이나 상견례는 하지 않았지만 양가 부모 양해 하에 상당기간 동거하면서 상대방 부모 장례식에 참석하고, 양가에 명절인사를 함께 다녔다면 "사회통념상 실질적으로 부부공동생활로 볼만하다"고 판시했습니다.

이와 달리, 결혼을 전제로 몇 차례 동거했으나 주민등록을 함께 하지는 않았고 동거기간도 길지 않은 상태에서 헤어진 커플에게는 "남녀로 교제한 것일 뿐 혼인생활의 실체가 존재했다고 볼 수 없다"며 사실혼 부부가 아니라고 판결한 바 있습니다.

이렇게 사실혼인지 아닌지를 따지는 이유는 무엇일까요. 그것은 바로 사실혼 부부도 부부로서 법으로 일정한 보호를 받기 때문입니다.

• 사실혼과 법률혼, 같은 점과 다른 점

사실혼은 혼인신고를 마친 법률혼과 비슷한 효과가 있습니다. 부부처럼 동거·부양·협조 의무가 따릅니다. 이건 도덕적 의무일 뿐 아니라 법적 의무이기도 합니다. 10년도 훨씬 넘긴 했습니다만, 이런 의무를 확인해준 대표적인 사건을 소개합니다.

D씨의 황당한 태도에 C씨는 위자료 청구소송을 제기했습니다. 법원은 "사실혼관계에 있어서도 부부는 동거하며 서로 부양하고 협조하여야 할 의무가 있다"는 점을 분명히 했습니다. 따라서 "사실혼 배우자의 일방이 정당한 이유 없이 동거·부양·협조 의무를 포기한 경우에는 악의의 유기에 의하여 사실혼관계를 부당하게 파기한 것이 된다"고 판단했습니다. 위자료 금액은 6천만 원으로, 1998년 판결 당시는 물론 지금 기준으로도 결코 적지 않은 금액입니다.

사실혼 부부에게도 일상가사채무의 연대책임을 비롯하여 부부공동생활을 전제로 하는 일반적인 혼인의 효과가 생깁니다. 또한 위 사례처럼 결혼 파탄에 책임이 있는 배우자는 위자료나 손해배상 책임을 지게 되며, 결혼생활에서 함께 모은 재산이 있다면 재산분할을 청구할 수도 있습니다.

사실혼의 경우, 배우자가 사망했을 때 연금을 받을 자격도 있습니다. 공무원연금법, 군인연금법, 국민연금법 등에는 유족연금을 받을 자격에 사실혼 배우자도 포함시켜 놓고 있습니다. 또한 주택임대차보호법에서는 임차인 사망 시 사실혼 배우자의 권리승계도 인정하고 있습니다(임차인인 남편이 상속인 없이 사망했다면 해당 주택에서 가정공동생활을 하던 사실혼 처가 임차인의 권리와 의무를 승계합니다. 만일 함께 생활하지 않은 2촌 이내의 상속권자가 있을 때는 상속권자와 함께 임차인의 권리를 승계 받게 됩니다).

• 사실혼 배우자는 상속권 없고 간통죄 고소 못해

우리나라는 형식혼주의를 따르고 있습니다. 형식혼주의란 쉽게 말해서, 서류상으로 혼인신고가 돼 있는지를 중시하는 입장입니다. 사실혼은 조금 불안정한 지위에 있는 것이 사실입니다. 법의 잣대로 보자면 사실혼 부부는 배우자끼리 친족이 될 수 없고 배우자 가족들과도 인척관계가 발생하지 않습니다. 혼인신고가 돼 있지 않기 때문에 법적 분쟁이 생겼을 때 사실혼관계를 입증해야 하는 어려움도 있습니다.

결정적으로, 배우자 사망 시 재산상속권이 없습니다. 법률상 배우자가 다른 상속인들보다 50%를 더 얹어 상속받는 것과 비교하면 하늘과 땅 차이입니다. 그래서 사실혼 배우자에게도 상속권을 주어야 한다는 목소리도 나오고 있지만 법이 개정되기 전에는 쉽지 않은 문제입니다.

또 사실혼 부부도 외도를 하지 않을 의무가 있지만 상대를 간통죄로 형사고소할 수는 없습니다. 형법상 간통죄는 법률상 배우자만 해당되기 때문입니다. 다만 정신적 피해에 따른 위자료 청구는 가능합니다.

정리해봅시다. 사실혼관계는 혼인신고만 하지 않았을 뿐 실제 부부 사이인 관계를 뜻합니다. 부부로서의 권리와 의무도 있습니다. 하지만 부부끼리도 친족이 되지 못하고 상속권이 없다는 불편이 뒤따릅니다.

아직도 상심하고 있을 배순아 씨의 질문에 답변을 드리겠습니다. 혼인신고를 하지 않은 부부라고 해서 남남이라고 볼 수는 없습니다. 하지만 간통죄로 Y를 고소할 수는 없겠군요. 굳이 책임을 물으시겠다면 사실혼관계를 부당하게 깨뜨린 Y를 상대로 위자료 청구소송을 제기하시기 바랍니다.

Y처럼 파렴치한 사람에겐 본때를 보여줄 필요도 있습니다. 최근 판례가 도움이 되겠군요. Y와 거의 비슷하게, 10년 정도 사실혼관계를 유지하다가 일방적으로 다른 여자와 혼인한 남성이 있었습니다. 법원은 그에게 위자료 2천만 원을 지급하라고 판결한 바 있습니다. 참고하시기 바랍니다.

사랑엔 국경도 나이도 없다고 합니다. 사랑하는 사람끼리 서로 원한다면 결혼식을 생략하건 혼인신고를 안 하건 무슨 상관이겠습니까. 하지만 형식을 갖추지 않은 사랑은 때로는 보호받지 못한다는 사정도 알아두시기 바랍니다.

09

바람난 남편, 증거를 잡기 위해 메일을 열어봐도 될까요?

법과 판례로 본 부부 사이의 비밀

✳ 바람난 친구남편 보고 남편을 의심하기 시작한 신민아(여, 45세) **씨**

얼마 전 여고 동창모임에서 친구 Y의 '바람난 남편' 얘기를 들은 신민아 씨. Y는 용감하게도 남편의 내연녀를 찾아갔다고 한다. 그리고 "사실대로 말하면 용서해주겠다"고 꼬드겨서 그 여자가 남편과 부적절한 만남을 가졌다는 말을 이끌어냈고, 그걸 몰래 녹음까지 했다. 친구들과 얘기할 땐 당장 이혼해라, 고소해라 목소리를 높였지만 막상 집에 돌아온 신민아 씨는 자신의 남편이 의심스러워졌다.

최근 퇴근이 늦고 술 마시고 들어오는 날이 잦은 그녀의 남편. 그러고 보니 외모에도 부쩍 신경 쓰는 듯하다. 보통 남편이 자고 있을 때 몰래 휴대전화 내역을 살폈는데, 최근에는 잠금 해제 패턴이 바뀌어서 그마저도 어렵다. 넌지시 잠금패턴을 물어보자 남편은 "아무리 부부 사이여도 사생활까지 엿보려 하느냐"며 되레 화를 낸다. 이혼 생각은 꿈에도 없지만 배우자의 외도를 이유로 이혼소송할 때 증거 확보가 중요하다던데……. 신민아 씨는 2가지가 궁금했다.

첫째, 부부 사이에는 상대의 메일을 몰래 열어보거나 상대의 전화 통화내역, 문자 내용을 들여다봐도 되는 걸까. 둘째, 전화통화나 대화내용을 상대방 동의 없이 몰래 녹음해서 증거로 제출할 수 있을까.

• '바람기'는 타고나는 걸까?

2012년 코미디 프로그램 〈개그콘서트〉의 '막말자'라는 코너가 인기를 끈 적이 있습니다. 막말자는 여자들에게 남자의 실체를 까발리는 코너인데요, 저도 재밌게 봤는데 남자로서 괜히 찔리는 부분도 있었습니다. 저처럼 휴대전화를 무음으로 해두고 잠금패턴이 복잡한 사람은 외도 확률 100%라나요.

또 남성의 전화기에서 여자의 이름을 찾지 말고 남자친구들과의 문자 메시지 내용을 주시하라고 막말자는 조언합니다. 남자친구가 걸어온 전화를 받지 않아도 의심할 필요가 있다고 합니다. "누구길래 전화를 받지 않느냐"는 추궁에 "지금 받지 않아도 된다. 내 친구인데 말하면 네가 다 아느냐"는 식으로 얼버무리면서 상황을 모면하고자 한다면 확실한 '바람'이라나요.

물론 웃자고 한 소리지요. 하지만 대한민국의 많은 여성들이 남편이나 애인의 전화나 이메일을 궁금해하는 건 사실입니다. 남자라는 동물이 조금만 틈이 생기면 옆길로 새려는 습성이 있기 때문일까요. 상상은 자유입니다.

여러분께 묻습니다. 부부나 연인끼리는 통화내역이나 문자내용, 메일을 서로 마음대로 봐도 되는 걸까요. 아니면 사생활이나 비밀이 지켜져야 할까요. 의견이 갈리겠지요. 그러면 이제 웃음기를 빼고 법적으로 답변을 해드릴까 합니다.

• 부부간 전화 · 메일 공개-허용해야 vs 사생활 보호

  A씨는 남편 B씨와 사이가 그리 좋지 않았고, 남편의 외도를 의심하고 있었다. 평소 남편이 접속하는 포털사이트의 아이디와 비밀번호를 알아낸 A씨는 남편이 출근하자 메일을 열어보았다. 아니나 다를깨! 메일함엔 B씨가 다른 여성과 서로 다정하게 안부를 묻는 것은 물론 이혼을 상의하는 내용까지 담겨 있었다. A씨는 그 여자를 상대로 위자료 소송을 내면서 이메일을 출력해 증거자료로 제출했다. 이 사실을 알게 된 B씨는 비밀을 침해당했다며 A씨를 형사고소했다.

두 사람은 이혼법정과 형사법정을 들락거리게 되었습니다. A씨는 "남편의 부정행위가 의심되는 상황에서 메일을 열어봤으니 정당방위에 해당하고, 메일 내용도 배우자의 외도라는 범죄행위에 관한 정보이기 때문에 비밀로 볼 수 없다"고 주장했습니다.

하지만 법원은 A씨에게 이름도 긴 '정보통신망 이용촉진 및 정보보호 등에 관한 법률(정보통신망법)' 위반으로 유죄판결을 내렸습니다.

제48조(정보통신망침해행위 등의 금지)

누구든지 정당한 접근권한 없이 또는 허용된 접근권한을 넘어 정보통신망에 침입해서는 아니 된다.

제49조(비밀 등의 보호)

누구든지 정보통신망에 의해 처리 · 보관 또는 전송되는 타인의 정보를 훼손하거나 타인의 비밀을 침해 · 도용 또는 누설해서는 안 된다.

법원은 법에서 말하는 '타인의 비밀'이란 "일반적으로 알려져 있지 않은 사실로서 다른 사람에게 알리지 않는 것이 본인에게 이익이 있는 것을 의미한다"면서 B씨의 메일도 사적인 내용이 담긴 비밀에 해당한다고 판단했습니다. 또한 외도가 의심돼 메일을 열어봤더라도 "이혼소송중인 배우자의 이메일을 열람한 후 출력하고 나아가 소송에 증거로 제출하기까지 한 행위는 정당방위가 될 수 없다"고 했습니다.

다만 법원은 A씨가 초범이고 나쁜 목적이 있지 않은 점 등을 감안하여 벌금 30만 원을 선고유예한다고 판결했습니다. 사건은 대법원까지 갔지만 결과는 달라지지 않았습니다.

비슷한 사례는 또 있습니다. 주말 부부로 지내는 남편이 갑자기 이혼을 요구하자 아내는 외도를 의심했습니다. 아내는 남편의 메일을 열어봤습니다. 메일에는 다른 여성과 주고받은 수상한 내용이 있었습니다. 아내는 상대 여성의 직장 홈페이지 게시판에 "남자를 유혹하는 여자"라고 비방글까지 올렸습니다. 법원은 허락 없이 메일을 열람한 부분을 정보통신망법 위반으로, 홈페이지에 비방글을 올린 행위를 명예훼손으로 인정하여 아내에게 벌금 3백만 원을 선고했습니다.

법으로 따지면, 부부 사이에도 비밀은 있다는 뜻입니다. 허락을 받지 않는 이상 상대의 메일을 함부로 열어봐서는 안 됩니다. 이건 연인 사이에도 마찬가지입니다. 남친이 이별을 통보하자 홧김에 애인의 메일함에 접속하여 메일을 열어보고 삭제·전송한 여성도 처벌을 받은 사례가 있습니다. 안 그래도 남편이 바람나서 속상한데 메일 하나도 못 열어보게 해서 억울하다고요? 그렇다면 남편이 자기 집 거실에 '몰카'를 설치해서 아내를 감시했다면 어떻게 될까요? 유죄일까요, 무죄일까요.

• 아내 몰래 거실에 설치한 몰카, 유죄인가 무죄인가

 출장이 잦은 C씨, 집에 돌아올 때마다 아내 D씨의 반응이 예전 같지 않았다. 가끔씩 외박도 하는 아내를 보니 딴 남자가 생겼다는 의심이 들었다. 그는 D씨 몰래 집안 거실에 몰래카메라를 설치한 뒤 출장을 갔다. 출장에서 돌아온 뒤 촬영된 내용을 살펴보니 아내가 다른 남자 E씨와 잠자리를 하는 장면이 찍혀 있었다. C씨는 녹화테이프를 증거삼아 두 사람을 형사고소했다. 그러자 D씨도 맞고소를 하기에 이르렀다.

C씨의 이혼청구로 부부는 이혼을 합니다. 게다가 D씨와 E씨는 간통죄로 처벌을 받게 됩니다. 명백한 증거가 있으니 현행법상 어쩔 수 없었습니다. 그런데 특이하게도 C씨도 형사법정에서 유죄판결을 받았는데, 무슨 이유에서였을까요. 판결의 요지는 이렇습니다.

"아내의 간통의 의심이 드는 상황에서 증거를 확보하기 위해 카메라를 설치한 것은 어느 정도 납득할 수 있다. 그러나 부부 사이라도 사적인 공간은 보호돼야 마땅하고 집안의 거실은 시간 또는 상황에 따라서는 충분히 은밀한 사적영역이 될 수도 있다. 이곳에 24시간 촬영되는 몰카를 설치한 것은 정당행위로 보기 어렵다."

의정부지법의 2012년 판결입니다. C씨에게는 성폭력특별법(카메라 등 이용촬영)위반죄가 적용되었습니다. 하지만 정상참작할 만한 사정이 있다고 본 법원은 그에게 벌금 50만 원의 선고유예형을 내렸습니다. D씨는 이혼 후 C씨를 상대로 위자료 소송도 제기합니다. 법원은 50만 원을 지급하라고 판결했습니다. "몰래 신체를 촬영한 행위는 불법이므로 C씨는 D씨의 정신적 고통을 금전으로 배상하라"는 것입니다.

• 개인 간 대화녹음, 합법일까 불법일까

여기까지 말씀드리니 첫 번째 질문에 답이 되었지요. 다음엔 두 번째 질문입니다. 개인 간의 대화를 몰래 녹음하는 일은 합법일까요, 불법일까요.

제3자가 몰래 녹음하는 경우와 당사자가 자기가 포함된 대화 내용을 녹음하는 경우 2가지를 나누어볼 수 있겠습니다. 먼저 다른 사람 몰래 차량이나 사무실에 녹음기를 설치해 도청했다면 당연히 불법입니다.

통신비밀보호법 제3조(통신 및 대화비밀의 보호)

① 누구든지 이 법과 형사소송법 또는 군사법원법의 규정에 의하지 아니하고는 우편물의 검열 · 전기통신의 감청 또는 통신사실확인자료의 제공을 하거나 공개되지 아니한 타인 간의 대화를 녹음 또는 청취하지 못한다.

이걸 어기면 10년 이하의 징역과 5년 이하의 자격정지라는 처벌을 받게 됩니다. 많은 사람들이 재판 증거로 사용하기 위해 몰래 도청이나 녹음을 한다고 말합니다. 들키지만 않는다면 증거로 쓸 수 있을까요. 그렇지 않습니다. 이 법 4조는 "불법검열에 의해 취득한 우편물이나 그 내용 및 불법감청에 의해 지득 또는 채록된 전기통신의 내용은 재판 또는 징계 절차에서 증거로 사용할 수 없다"고 규정하고 있기 때문입니다. 제3자 사이의 대화를 녹음한 것은 불법감청으로 범죄이고, 재판 증거로도 쓸 수 없습니다.

하지만 '나'를 포함한 대화를 녹음했을 때는 상황이 다릅니다. 법원은 자신과 다른 사람의 통화 내용을 증거로 제출한 사례에서 "위법하게 수집된 증거로 볼 수 없다"며 증거능력을 인정했습니다. 즉, 당사자 간의 대화를 녹음한 것은 불법이 아니고 재판 증거로 사용될 수도 있습니다. 다만 법원에 증거로 낼 때는 문서의 형태(녹취록)로 함께 제출해야 하고 녹음이 편집되거나 조작되지 않았다는 사실이 입증돼야 합니다.

간추려봅니다. 제3자간 통화를 몰래 녹음하거나 사무실이나 차량에 도청장치를 설치한 것은 범죄입니다. 그러나 나를 포함한 당사자끼리 대화한 내용을 녹음한 것은 불법이 아니고 상황에 따라 증거로 인정될 수도 있습니다. 따라서 자신의 배우자를 꼬드긴 이성과 전화(또는 대화)를 하면서 녹음을 하는 것도 가능합니다.

• 사랑한다면 비밀을 지켜줄 필요도 있다

이메일, 문자메시지, 통화내역은 배우자의 외도를 잡아내는 유력한 증거가 될 수 있습니다. 하지만 부부 사이라도 허락 없이 열어봤다가는 낭패를 볼 수 있습니다. 법은 부부 사이에도 지켜야 할 비밀이 있다고 말합니다. 이혼을 결심했더라도 섣부른 행동을 했다가는 역공을 당할 우려가 있으니 신중해야 합니다.

부부 사이에 비밀이 어디 있느냐고, 사랑한다면, 떳떳하다면 왜 못 보여주느냐고 항변할지도 모르겠습니다. 하지만 그건 배우자에게 양해를 구하고 동의를 얻을 일이지 강요할 일이 아님은 분명합니다. 외도가 아니더라도 부부 사이에도 감추고 싶은 비밀이 있을 수 있지 않을까요.

설사 누군가에게 의심스런 배우자를 감시할 자격이 주어졌다고 한들, 이미 멀어져 버린 마음까지 붙들어 맬 수 있을지 의문입니다. 끊임없는 감시와 미행으로 애정이 돌아올 수 있을까요. 사랑한다면 때로는 서로 비밀을 지켜줄 필요도 있습니다.

성관계 거부하는 아내, 이혼사유가 되나요?

부부의 성과 이혼 ① 성적 갈등과 이혼 판단 기준

❖❖❖ 잠자리를 거부하는 아내 때문에 괴로운 결혼 5년차 황성빈(34세) 씨

주말이면 네 살 난 아들과 아내와 함께 시간을 보내는 황성빈 씨 가족은 남들이 보기에는 한없이 행복하고 다정해 보인다. 하지만 속내는 그렇지 않다. 4년 연애한 끝에 결혼한 황성빈 씨의 아내는 아들을 낳고 나니 잠자리를 거부하기 시작했다. 아내의 마음을 돌리려 갖은 노력을 다해봤지만 허사였다.

아내는 늘 정색하며 스킨십도 거부한다. 연애 때는 조심하느라 몰랐는데 결혼하고도 자꾸 자신을 거부하자 그는 자존심에 깊은 상처를 입었다. 두 사람은 아이에게는 한없이 다정했지만 부부로서는 남남과 다를 바 없었다. 다른 부부처럼 평범하게 살고 싶을 뿐이었다는 황성빈 씨는 요즘 하루에도 몇 번씩 이혼을 떠올린다고 한다. 과연 성관계 거부도 이혼사유가 될까?

• 부부간의 성, 즐기기 위한 전제조건

부부간의 성性, 아름답고 즐거운 일입니다. 부부간 갈등을 해결하는데 이만한 묘약도 찾기 힘듭니다. 돈도 별로 들지 않습니다. 하지만 전제조건이 있습니다. 두 사람의 몸과 마음이 잘 맞아야 합니다. 그게 안된다면 갈등을 조장하는, 아주 풀기 어려운 숙제가 될 수도 있습니다. 사연을 보내주신 황성빈 씨 부부처럼 말입니다.

부부간의 이혼사유 중 으뜸을 차지하는 '성격차이'가 실은 '성적차이'의 다른 표현이라는 우스갯소리도 있습니다. 성이 은밀하고 예민한 영역이다 보니 드러내놓고 얘기하는 사람이 드뭅니다. 따라서 성적 불만은 당사자만의 문제로 치부되는 편이고 그래서 고통은 더욱 큽니다. 이번 사연을 통해 부부간의 성적 갈등에 대해 터놓고 얘기해보죠.

성을 바라보는 시각은 남자와 여자가 다르고 부부마다 차이가 있습니다. 또 사람마다 가치관이 다를 수밖에 없습니다. 한 달에 한 번 성관계로 만족하는 부부도 있고, 1년에 한 번도 하지 않고서도 잘 지내는 부부가 있습니다. 그런가 하면 매일 밤 격렬하게(?) 사랑을 나누는 부부도 있겠지요.

2011년 어느 제약회사의 조사에 따르면 한국인의 성관계 횟수가 다른 나라보다 훨씬 낮은 수준인 것으로 나타났습니다. 미국, 영국, 캐나다 등 13개국 34세 이상 남녀를 조사한 결과인데요, 주당 성관계 횟수는 포르투갈(2.05회), 멕시코(2.03회), 루마니아(1.96회) 순이었고 한국(1.04회)은 조사국 중에서 최하위였습니다. 파트너가 성관계를 회피한 경험이 있다는 답변도 48%로, 세계 평균(33%)보다 훨씬 높았습니다. 주된 평계는 '피곤'과 '피로'였다고 합니다.

만일 부부가 서로 가치관과 취향이 달라서 성 문제를 원만하게 풀지 못한다면 어떻게 해야 할까요. 법이 개입하는 게 맞을까요. 전 바람직하지 않다고 봅니다. 법이 어떻게 개인의 성생활에 정답을 제시할 수 있겠습니까. 최대한 당사자끼리 해결책을 찾아야 합니다. 터놓고 불만을 얘기하는 게 최우선입니다.

하지만 원만한 해결이 어렵고, 성적 불만이 도저히 참을 수 없는 고통이 된다면 문제는 달라지겠지요. 부부간에는 동거의무가 있는데 여기에는 성적 교섭에 응할 의무가 포함된다고 해석됩니다. 그렇다면 성관계 거부는 이혼사유가 될 수 있을까요. 실제 사례를 통해 살펴보겠습니다.

• 성관계 거부로 결혼생활 파탄될 정도라면 이혼사유

사례 1 ▶ A씨(남, 30대) 부부는 결혼생활 7년이 넘도록 성관계를 하지 않았다. A씨는 "아내가 계속 성관계를 거부했기 때문"이라면서 이혼소송을 제기했다. 하지만 아내 B씨의 말은 달랐다. "신혼 초 남편(A씨)이 성관계를 시도하다가 실패한 후로 잠자리를 회피했다"면서 "아이를 갖자고 해도 경제적 이유로 반대했다"고 A씨에게 책임을 돌렸다. 결혼생활 동안 부부관계가 없었다는 사실을 부모들까지 알게 되면서 두 사람의 관계는 악화되었고 별거로 이어졌다. 하지만 "더 이상 결혼생활을 유지하고 싶지 않다"고 소장을 낸 A씨와 달리, B씨는 이혼을 원치 않는다고 맞섰다.

1심과 2심 법원은 이혼청구를 기각했습니다. 두 사람이 더 노력해서 잘 살아보라고 권고한 셈입니다. 법원은 "두 사람은 직접적인 성교만 없었을 뿐, 별거 전까지는 비교적 다정하게 결혼생활을 유지해왔다"는 점을 강조했습니다. 법원은 △성관계의 부재가 심각한 혼인파탄 사유로 작용하지 않은 점 △B씨가 전문가상담과 치료 등 노력하겠다는 의사를 표명한 점 등을 들어 파국은 피할 수 있다고 보았습니다.

하지만 대법원의 판단은 달랐습니다. 재판상 이혼사유인 '혼인을 계속하기 어려운 중대한 사유'에 해당하는지 더 따져봐야 한다고 밝혔습니다. 즉 부부관계가 돌이킬 수 없을 정도로 파탄되었고, 결혼생활을 계속하도록 강제하는 것이 한쪽에게 참을 수 없는 고통이 된다면 성적 불만도 이혼사유가 될 수 있다는 것입니다. 물론 이때도 이혼소송을 제기하는 쪽의 책임이 더 커서는 안 된다는 조건이 붙습니다.

• 성적 불만과 이혼, 대법원의 판단기준은

대법원은 성적 불만을 곧바로 이혼사유로 연결시켜서는 곤란하다는 신중론을 보였습니다. 일시적이거나 회복 가능하다면 이혼은 안 된다는 입장입니다.

"부부 중에 성기능의 장애가 있거나 부부간의 성적인 접촉이 부존재하더라도 부부가 합심하여 전문적인 치료와 조력을 받으면 정상적인 생활로 돌아갈 가능성이 있는 경우에는 그러한 사정은 일시적이거나 단기간에 그치는 것이므로 '혼인을 계속하기 어려운 중대한 사유' 가 될 수 없다 (2010. 7. 15. 선고 대법원 2010므1140 판결 등)."

그러나 이 단계를 넘어서서 심각한 상황, 즉 다음 중에 한 가지에 해당한다면 이혼사유가 될 수 있다고 보았습니다.

대법원은 이런 경우 "부부간의 성관계는 혼인의 본질적인 요소임을 감안할 때 이혼사유가 될 수 있다"고 보았습니다. 사례를 볼 때 A씨의 아내 B씨가 ①에 해당한다는 증거가 없더라도 ② 또는 ③에 해당하는지 더 따져봐야 한다는 말입니다. 대법원은 원만한 성생활이 이루어지지 않은 부부관계에서 아내가 성관계를 거부한 증거가 없다는 이유만으로 이혼청구를 기각한 것은 위법하다며 사건을 2심(서울가정법원)으로 돌려보냈습니다.

2007년에 제기한 소송은 2012년이 돼서야 끝이 났습니다. 그 기간 동안 두 사람은 이미 멀어질 대로 멀어져 버렸습니다. 법원은 결국 이혼 판결을 내렸습니다. 법원은 A씨에겐 "성관계 부재 등 불만을 회피함으로써 부부 사이를 악화시키고 아내와의 대화나 만남을 회피했다"고 지적했습니다. 또한 B씨의 잘못으로 △7년 동안 성관계가 없었음에도 적극적인 조치를 취하지 않은 점뿐만 아니라 △암 투병 중인 시부모 간호에 소홀한 점 △부부 갈등을 해결하려는 노력이 부족한 점 등을 거론했습니다. 두 사람은 성적 불만이 컸을 뿐 아니라 서로 믿음이 사라

짐으로써 완전히 헤어지게 되었습니다.

또 다른 사례를 소개합니다. 아내가 신혼여행부터 잠자리를 거부해서 1년 넘게 부부관계가 없었다는 이유로 남편이 이혼을 청구한 사건입니다. 법원은 "정당한 이유 없이 아내가 성관계를 거부하여 혼인파탄에 이르렀다"며 이혼판결을 내린 적이 있습니다.

그런가 하면, 정반대의 판결도 있었습니다. 부부 사이가 좋지 않아서 잠자리에 응하지 않았다는 이유 등으로 제기된 이혼소송에서 법원은 "부부 사이에 성관계가 원만하지 않은 것은 서로 대화로서 해결하도록 노력해야 할 것으로서 어느 부부 일방에게 그 책임을 전가할 수 없는 문제"라며 이혼청구를 기각했습니다.

단순히 성관계 부재를 이혼으로 연결시키는 것도 무리입니다. 이른바 '욕구불만'으로 남편이 이혼을 청구했으나 법원이 기각한 사례도 있습니다. 부부 사이에 직접 성관계가 없더라도 다정하게 결혼생활이 유지되고 심각한 혼인파탄 사유로 작용하지 않았다면 이혼하지 말고 잘 살라는 취지의 판결입니다.

• 대화나 치료로 회복 가능성 있다면 "이혼 안 돼"

성적 불만이 이혼사유가 될 수 있을까요. 답은 "사건마다 다르다"입니다. 정리하자면 이렇습니다. 성관계 거부나 성적 불만이 혼인파탄으로 인정될 만큼 심각하다면 이혼사유로 인정됩니다. 하지만 불만이 일시적이거나 대화나 치료 등으로 회복될 가능성이 크다면 이혼하는 대신 부부가 더 노력하는 방법으로 해결해야 합니다.

사실 성적 불만 한 가지로 이혼을 청구하는 사례는 많지 않습니다.

상대방에 대한 무시, 폭행, 폭언, 외도 등으로 부부 사이가 벌어진 후에 그 결과로 성적 갈등이 나타나는 건 아닐까 싶습니다.

황성빈 씨, 다른 부부처럼 평범하게 살고 싶다고 하셨는데요. 그 심정 충분히 이해가 갑니다. 그렇더라도 부부 사이에는 자존심을 버릴 필요가 있습니다. 그리고 취미활동을 함께 하거나 전문상담을 통해 관계를 개선하는 일부터 시작해보시기 바랍니다. 만일 그래도 아내가 도저히 마음의 문을 열지 않는다면 그때 진지하게 이혼을 고민해도 늦지 않을 것 같습니다.

부부간에는 성적 교섭에 성실하게 응할 의무가 있다고 했습니다. 그렇다면 한쪽이 요구하면 다른 쪽은 당연히 응해야만 하는 걸까요. 다음 사연에서 부부간 성적 자기결정권을 중심으로 부부의 성 문제를 다뤄볼까 합니다.

술만 마시면 밝히는 남편, 못 살겠어요

부부의 성과 이혼 ② 부부도 성적 자기결정권 있다

✳✳ 남편과의 잠자리가 너무 싫은 최지숙(여, 34세) 씨의 사연

결혼한 지 5년이 돼 두 돌 난 딸이 있는 최지숙 씨는 남편과의 잠자리가 몸서리 쳐지도록 싫다. 남편의 적극적인 구애 끝에 결혼했지만, 결혼 후에는 대화도 거의 없고 무뚝뚝한 남편에게 큰 기대 없이 그저 딸 키우는 재미로 살고 있다.

바깥에서 힘을 쓰는 일을 하느라 고되다는 이유로 자주 술을 마시고 오는 남편은 술만 마시면 꼭 부부관계를 요구한다. 게다가 일주일에 서너 번은 해야 만족을 하는 탓에 그녀는 남편이 마치 중독자처럼 느껴졌다. 술 취한 남편과 하는 부부관계가 싫은 것은 물론이다. 응하지 않으면 화를 내고 막말을 일삼는 남편을 보면 무서울 때도 있다. 귀찮고 싫은 남편의 일방적인 요구, 부부라고 해도 싫을 때가 있는 게 아닐까? 지숙 씨는 고민스럽다.

• 남편과의 잠자리가 너무 싫어요

바로 앞 사연에서 부부 사이에 합리적인 이유 없는 성관계 거부는 이혼사유가 될 수 있다고 말씀드렸습니다. 부부는 동거의무가 있고 여기에 성적 교섭의무도 포함되기 때문입니다. 단, 결혼생활이 파탄될 정도로 아주 심각해야 이혼이 가능합니다. 따라서 성적 불만이 있다고 해서 최후 수단인 이혼을 너무 쉽게 떠올려서는 곤란합니다.

저에게 사연을 보내주신 분들 상당수가 성적 갈등을 중요한 부부문제로 받아들였습니다. 묘하게도 남녀 간에 차이가 좀 있더군요. 남편들은 주로 아내가 별다른 까닭 없이 성관계를 마다해서 힘들다고 하고, 반대로 아내들은 남편이 너무 밝혀서 싫다고 합니다. 부부간의 성이란, 너무 잦아도 문제, 너무 안 해도 문제, 감흥이 없어도 문제……. 이래저래 예민한 문제인가 봅니다.

부부간의 성적 불만이 전부 이혼사유가 되지는 않습니다. 그동안 법원이 이혼사유로 인정한 사례와 인정하지 않은 사례를 표로 정리해봤습니다.

성적 갈등과 이혼사유 인정 여부

	이혼사유 인정	이혼사유 불인정
성적 갈등 사례	• 합리적 이유 없이 성관계 거부 • 정상적인 성생활이 불가능한 경우 • 성적 불능을 숨기고 결혼한 경우 • 부당하게 피임을 계속하는 경우 • 일방적으로, 또는 폭력적인 방법으로 성관계를 강요하는 경우	• 성기능 불완전(무정자증, 심인성음경 발기부전증 등 성기능이 떨어지는 경우) • 일시적 성기능 장애 • 단기간 성적 접촉 단절 • 치료나 대화로 회복 가능한 경우 • 성관계 없이도 부부 사이가 원만

오늘은 최지숙 씨의 고민을 함께 풀어볼까 합니다. 남편의 일방적인 성관계 요구에 힘들어하는 아내들의 말 못 할 고민이기도 하죠. 먼저 비슷한 사례에서 어떤 판결이 내려졌는지 보겠습니다.

• 성관계 거부에 폭력행사 남편, 이혼에 위자료까지

사례 1 A씨는 직장생활이 끝나면 밤늦게까지 술을 마시고 귀가하는 날이 잦았다. 술에 취하면 아내 B씨에게 성관계를 요구했다. 심지어는 B씨의 남동생이 실종된 날에도 성관계를 요구했다. B씨는 남편 A씨의 요구가 지나치다고 여기면서 성관계를 거부한 적도 있었다. 그때마다 두 사람은 자주 다투게 되었다. A씨는 폭력을 행사했고 이에 맞서 B씨는 남편 식사를 차리지 않거나 친정집으로 가버렸다. 급기야 두 사람은 불신이 쌓여 부부생활을 이어갈 수 없었고 서로에게 책임을 넘기며 맞소송을 냈다.

법원은 "A, B씨 부부의 혼인관계가 파탄되었다"며 이혼판결을 내렸습니다. 부부관계에서 어느 한쪽만 잘못한 경우는 많지 않습니다. 이혼재판도 대부분 누구 잘못이 더 큰지를 따지게 됩니다.

이 사건에서 법원은 "성적 갈등을 거부 또는 피신으로 대응한 B씨의 잘못도 일부 있다"고 밝히면서도 주된 책임은 A씨에게 있다고 판단했습니다. "A씨가 아내를 배려하지 않은 채 빈번하게 성관계를 요구한 후, 거부당했다는 이유로 폭력까지 행사했기 때문"이라고 법원은 밝혔습니다. 또한 B씨가 남편 A씨를 물어뜯거나 식사를 제대로 차려주지 않은 잘못도 있지만 그것도 "A씨의 지나치고도 일방적인 성관계 요구와 무관하지 않다"고 판단했습니다.

결국 결혼생활에서는 성적 만족보다는 배우자에 대한 존중이 우선이라는 뜻입니다. 부부의 성은 육체뿐 아니라 마음까지 합해지는 과정이자 결과이기 때문입니다. 최근에 유사한 사례도 많습니다. 몇 가지만 소개합니다.

사례 2 40대 남성 C씨는 아내에게 성병을 전염시켰다. 아내 D씨는 성병이 나을 때까지 성관계를 하지 않겠다는 뜻을 밝혔다. 그러자 C씨는 성관계를 거부한다는 이유로 D씨의 얼굴을 심하게 때려 전치 2주의 상해를 입혔다. 법원은 D씨의 이혼청구를 받아들이고, 성병을 옮기고도 적반하장격으로 성관계를 요구한 C씨에게 위자료 1천만 원을 지급하라고 판결했다.

사례 3 E씨(남)는 60대에 들어선 후에도 하루에 2회 이상 성관계를 원할 정도로 성욕이 왕성했다. 하지만 아내 F씨는 갱년기를 맞은 후 성욕이 감퇴하고 성기능이 약화되었고 게다가 통증까지 심해서 잠자리를 거부하는 일이 늘어갔다. 두 사람은 서로 고통을 호소하며 이혼소송을 냈다. 법원은 "서로 상대방을 설득하거나 치료 등을 통해 성관계 회복을 위해 노력하지 않은 잘못이 있다"며 이혼판결을 내렸다.

사례 4 50대 남성 G씨는 자신의 성적 능력이 떨어진다고 여겨지자 성인용품에 집착하기 시작했다. 자신의 아내 H씨에게 수면제나 흥분제를 먹이고 다양한 성인용품을 이용하여 성관계를 시도했다. 아내 H씨는 "수치심과 고통을 느껴서 싫다"며 거절의 뜻을 수차례 밝혔으나 G씨의 요구는 그치지 않았다. 이혼법정에서 법원은 H씨의 손을 들어줬다. 법원은 "G씨가 비정상적인 성행위를 반복하면서 이를 중지할 것을 호소하는 아내의 요구를 묵살하고, 심지어는 수면제 등을 먹이면서까지 관계를 강요했다"며 "이는 심히 부당한 대우를 한 것에 해당한다"고 판시했다. G씨는 이혼을 당하면서 위자료로 1천 5백만 원까지 지급해야 했다.

다시 한 번 강조하지만 부부는 동거하면서 성생활을 할 의무가 있습니다. 이유 없이 성관계를 거절하는 것은 때로는 상대방을 유기하거나 부당하게 대우하는 일이 될 수도 있습니다. 성생활은 정상적인 부부관계를 유지하기 위한 일종의 무언의 약속임에 틀림없습니다.

그렇지만 부부라고 해서 언제 어디서나 상대에게 성관계를 강요할 수 있는 권리가 생기지는 않습니다. 어디까지나 서로 합의하고 동의를 구해야 합니다. 이른바 '성적 자기결정권'은 부부 사이에서도 인정됩니다. 성적 자기결정권이란 일반적으로 성행위를 할지 안 할지, 한다면 누구와 할지를 결정할 수 있는 권리를 말합니다. 다시 말해 적극적으로는 자신이 원하는 성생활을 스스로 결정할 권리를, 소극적으로는 자신이 원하지 않는 상대방과의 성관계를 거부할 권리를 뜻합니다. 부부 사이에서는 배우자와 성관계를 하는 방식과 시기 등을 스스로 결정할 권리 정도로 이해하면 되겠습니다.

• "부부 사이에도 성적 자기결정권 있다"

2009년 법원은 부부 사이에도 강간이 성립된다는 최초의 판결(부산지법 2008고합808 판결)을 내립니다. 그전까지 대법원은 실질적인 부부관계가 인정될 수 없는 명목상부부 사이에서만 강간이 인정된다는 입장을 취하고 있었습니다.

이 판결에서 법원은 "특별한 사정이 없는 한 처는 남편의 성적 요구에 응할 의무가 있다"면서도 "(결혼했다고 해서) 처가 성적 자기결정권을 포기하거나 권리가 상실된 것은 아니"라는 점을 분명히 했습니다. 즉 배우자가 자신의 의사와 인격을 존중하리라는 기대와 신뢰가 있기 때문에 "처는 혼인으로 인하여 남편에게 성적 자기결정권의 행사를 일단 유보하거나 완화한 것에 불과하다"고 했습니다. 따라서 그때그때 서로 이해와 협력, 사랑과 존중을 토대로 성생활을 해야 한다는 것입니다.

만일 성적 갈등이 생겼을 때는 "폭력적인 방법을 동원해 상대를 굴복시키려는 시도는 용납될 수 없고, 대화와 설득을 통한 해법"이 사용돼야 한다고 강조했습니다. 그래도 여의치 않다면 이혼으로 갈라서는 차선책을 택하라는 것이 법원의 해결책이었습니다. 실제로 최근에 남편이 아내를 성폭행했다는 이유로 유죄판결을 받는 사례도 늘고 있습니다.

부부의 성은 대다수 부부에겐 한없는 즐거움이지만, 어느 한쪽만의 욕구충족의 수단이 되는 순간, 고통과 저주가 될 수도 있습니다. 남성과 달리, 여성들은 준비되지 않은 성관계나 성적 만족만을 얻으려는 남편의 일방적인 요구에 마음이 끌리지 않는다고 합니다. 여성들은 부부 관계에서도 심리적인 요인이 강하게 작용하기 때문입니다. 게다가 성관계 시 즐거움을 느끼지 못하거나 오히려 통증을 느끼는 여성들도 적지 않기 때문에 남편이 세심하게 배려할 필요가 있습니다.

'다툼과 상처에서 벗어나 행복한 부부로 사는 법'이라는 부제가 붙은 《이럴 거면 나랑 왜 결혼했어(이수경 지음, 라이온북스 펴냄)》라는 책이 있습니다. 이 책에서 저자는 성적 불만을 해결하는 방법으로 6가지를 들고 있습니다. 여러분도 참고하시기 바랍니다.

성적 불만을 해결하는 6가지 방법

1. 스킨십을 자주 하라(성적 충동이 자주 일어난다)

2. 정기적으로 섹스하라(배우자의 성 복구·수기를 배려한다)

3. 부부간에 만족감을 가장 높일 수 있는 체위를 개발하라

4. 성 문제 대화를 많이 하라

5. 일상생활의 리듬을 조절하라(흡연·음주·과도한 업무·출장 조절)

6. 미리 예고하라(날짜를 정하라)

어느 여성분은 제게 메일을 보내 "10년간 성관계를 하면서 좋은 줄을 모르겠다. 남편에게서 부부의 애틋한 사랑을 느낄 수 없었다"고 한탄했습니다. 저를 비롯한 대한민국 남편들은 반성해야 합니다. 술에 취하면 성관계를 요구하는 최지숙 씨 남편과 우리의 모습이 크게 다르게 느껴지지 않습니다. 아내의 몸과 마음을 진정으로 사랑하는 법을 배워야겠습니다. 성관계 말고도 부부가 애틋한 감정을 느낄 수 있는 다양한 시도도 필요합니다.

"처음 만나기 시작했을 때에는 정열적인 섹스가 감정과 정신적인 사랑으로까지 두 사람을 묶어주는 역할을 한다. 하지만 그 강렬한 감정이 사라지고 나면 어떻게 될까? 그 정열을 보다 성숙한 사랑으로 가꾸어 나갈 수 있을까? 많은 커플들이 어려워하는 것이 바로 이 부분이다. 다음 단계로 그들의 관계를 진전시키기 위해 필요한 것들을 챙기지 못하는 것이다. 편안하고 진지한 대화, 알뜰하게 챙겨 주기, 애정과 격려와 같은 더 많은 기쁨들 말이다."
_ 《결혼 전에 꼭 알아야 할 101가지(시드니 J. 스미스 지음, 큰나무 펴냄)》 중에서

글을 쓰다 보니 남편을 성토하는 분위기가 돼 버렸습니다만, 대부분의 성적 갈등은 아내를 배려하거나 존중하지 못한 남편의 태도에서 비롯된다는 사실을 인정할 수밖에 없군요.

끝으로 최지숙 씨를 비롯한 아내들에게도 부탁드립니다. 남성들을 성적 욕구만 채우려는, '밝히는 사람'으로 치부해서는 더 멀어질 수밖에 없습니다. 힘들겠지만, 자식들에게 쏟는 관심 중 일부만 남편에게 돌려보십시오. 잠자리 얘기를 어렵게 꺼냈는데 번번이 거절당하고 나서 좌절하는 남편의 심정도 가끔은 헤아려보십시오. 그러면 대다수 남편들은 존중과 배려로 보답할 것입니다. 만일 도저히 성적 만족을 느끼지 못하거나 고통이 따른다면 부부가 함께 적절한 치료와 상담을 받아볼 것을 권합니다.

성생활이 부부관계에서 차지하는 비중이 높긴 하지만 살아갈수록 점점 비중이 낮아지는 게 사실입니다. 제가 보기엔 다른 생활과 어떻게 결합하느냐도 관건입니다. 일상생활에서 부부가 소소한 즐거움을 함께 나누다 보면 성적 교감도 자연스러워지지 않을까요. 예를 들어 운동이나 영화, 음악 등 좋아하는 것을 함께한다던지 술을 마시거나 함께 시간을 보내면서 가까워지는 연습부터 하는 건 어떨까요. 부부가 지향하는 바가 같으면 몸과 마음을 합하는 성관계야말로 축복이리라 확신합니다.

12

남편과 바람난 그 여자, 고소하고 싶어요

상간자의 민사 · 형사책임… 배우자의 불임과 이혼

✱✱ 무정자증 남편의 외도로 혼란에 빠진 유미숙(여, 38세) 씨의 사연

연애 도중 빨리 아이를 낳고 오순도순 살고 싶었던 유미숙 씨는 대학원 시절 지금의 남편과 서둘러 결혼했다. 부푼 꿈도 잠시, 결혼 후 남편은 무정자증 진단을 받았고 두 사람은 아이를 가질 수 없다는 생각에 실망에 빠졌다. 하지만 곧 서로를 위로하며 금실 좋게 지내고 있었다.

문제는 유미숙 씨가 공부 때문에 떨어져 지내면서 발생했다. 남편에게 여자가 생긴 것이다. 남편이 전에 알려준 그의 이메일 계정 안에는 민지영(가명)이라는 여자와 나눈 사랑의 밀어, 다정한 사진이 가득 차 있었다. 우연히 남편의 전화를 봤는데 메신저로 주고받은 대화수위도 장난이 아니었다. 뒤늦게 카드 내역을 살펴보니 남편은 거의 매일 밤 그 여자와 커피를 마시고 영화를 봤으며 백화점에서 그녀를 위한 명품을 사는가 하면 강원도와 경기도 근처 모텔과 펜션 결제 내역도 수두룩했다. 유미숙 씨가 남편을 추궁하자, 남편은 망연자실한 표정으로 오히려 헤어지자고 화를 냈다. 게다가 남편과 바람난 민지영을 찾아가서 외도 사실을 인정하는 각서를 받아오자 남편은 집을 나가버리고는 이혼을 요구해왔다.

화가 잔뜩 난 유미숙 씨는 외도는 물론, 무정자증으로 불임의 원인을 제공한 남편에게 손해배상을 청구하고 싶은 심정이다. 또한 일을 이 지경으로 만든 내연녀 민지영 역시 형사고소를 불사하며 복수하고 싶다. 그녀가 받은 정신적 피해, 전부 배상받을 수 있을까?

먼저 유미숙 씨에게 위로를 드립니다. 아이를 낳아 행복하게 살고 싶다는 소박한 바람을 남편이 받아주지 못했군요. 사랑하는 사람의 아이를 낳기 위해 결혼까지 서둘렀는데, 아이를 갖기는커녕 남편의 외도까지 겪어야 했으니 배신감이 크겠습니다.

남편의 행동은 누가 보더라도 이혼사유에 해당합니다. 법에 나오는 첫 번째 이혼원인이 배우자의 부정한 행위, 즉 외도입니다. 사연만으론 성관계가 있었다고 확신하기 어렵지만, 반드시 성관계를 해야 외도가 되는 건 아닙니다. 외도는 "간통보다 훨씬 넓은 개념으로 부부의 정조 의무에 충실하지 않은 일체의 부정한 행위가 포함된다"고 법원은 판단하고 있습니다. 문자와 사진, 카드결제 내역, 각서 등 사연에서 나온 자료만으로도 충분히 이혼사유가 되리라 봅니다. 위자료(정신적 손해에 대한 금전배상) 청구도 가능하겠지요.

남편이 무정자증이어서 아이를 낳지 못한 것도 이혼사유가 될 수 있을까요. 그건 어렵습니다. 신체적 결함이 남편이 의도한 잘못이라고 볼 수 없기 때문입니다. 법원은 유사한 사례에서 "남편이 무정자증으로 생식불능이고 성적 기능이 원활하지 못하다는 사실만으로는 혼인을 계속하기 어려운 중대한 사유에 해당한다고 보기 어렵다"고 판결한 적이 있습니다. 불임증은 이혼사유가 되지 않으니 당연히 손해배상이나 위자료를 청구할 사안도 아닙니다. 이건 부부 양쪽 모두에 해당합니다. 반대로 아내가 아이를 못 낳는다는 이유로 남편이 학대를 하고 이혼을 요구했다면 오히려 남편에게 책임이 뒤따를지도 모릅니다.

• 가정파탄 유책배우자는 이혼청구할 수 없다

그렇다면 유미숙 씨의 우려대로 남편이 먼저 이혼청구를 할 수도 있을까요. 물론 소송을 거는 것까지는 자유지만, 남편이 원하는 결과를 얻기는 어렵습니다. 남편은 혼인파탄에 주된 책임이 있는, 이른바 '유책배우자'이기 때문입니다.

다시 말해 외도한 남편의 이혼청구는 받아들여지지 않는 것이 원칙입니다. 만일 유미숙 씨가 이혼의사가 명백한데 오기로 거부하는 경우라면 이혼이 되겠지만, 지금은 그런 상황으로 보기 어렵습니다.

이제 민지영 씨와의 문제가 남았군요. 형사고소할 의사가 있다고 했으니 간통죄가 성립될지 따져봐야겠습니다. 민지영 씨가 남편이 유부남인 줄 알았고, 성관계를 했다면 간통이 되겠지요. 조금 노골적으로 얘기하자면 성기의 결합이 있었다는 사실이 입증돼야만 합니다.

또한 간통죄는 친고죄이기 때문에 배우자가 고소를 해야 책임을 물을 수 있습니다. 이혼이 전제가 돼야 고소를 할 수 있고 죄가 인정되면 두 사람 모두 처벌을 받게 됩니다. 따라서 남편을 제외하고 민 씨만 형사책임을 물을 수는 없습니다. 남편과 원만하게 해결하길 원하신다면 이 점도 고려하셔야 합니다.

• '간통' 고소는 이혼전제, 배우자와 상간자 모두 처벌

배우자 있는 사람과 외도를 한 상대방('상간자'라고 부릅니다)은 형사책임 외에 민사책임도 지게 됩니다. 간통은 물론이거니와, 그에 버금가는 부적절한(?) 관계만 했을 때도 마찬가지입니다. 그렇다면 어느 정도 책임을 지게 될까요.

사실 은밀하게 이루어지는 간통이 유죄로 인정되기란 쉽지 않습니다. A씨와 B양의 진도(?)가 어디까지 나갔는지는 두 사람만이 알겠지요. 어쨌거나 스무 살도 안 되는 소녀와 눈이 맞아 부부의 의무를 저버린 A씨는 이혼을 당하고 맙니다. 위자료 1천 5백만 원과 아들의 양육비 지급도 A씨가 자초한 일이었습니다.

B양은 어떻게 되었을까요. '배우자 있는 자와 부적절한 행위를 한 상간자는 배우자가 입은 정신상 고통을 위자할 의무가 있다'는 것이 법원의 기본 입장입니다.

이 사건에서 법원은 "B양은 A씨가 유부남인 걸 알면서도 연인관계에서나 가능한 문자를 주고받았으며 사적인 연락을 지속하고 사귀어 혼인관계 파탄에 책임이 있다"고 판결했습니다. 법원이 위자료로 지급하라고 명한 금액은 8백만 원. 비록 B양이 나이가 어리고 A씨와의 교제기간도 짧았지만 가정파탄의 책임을 피할 수는 없었습니다.

바람난 배우자와 상간자 중에서 누가 더 잘못이 클까요. 제가 보기엔 아무래도 부부의 의무를 저버린 배우자 쪽이 아닐까 싶습니다. 위자료 금액을 놓고 보자면 법원 판결도 대부분 배우자 쪽에 책임을 더 많이

지웁니다. 이 판결에서 보듯이 배우자 책임을 1로 본다면 상간자 책임
은 1/2~1/3선에서 결정이 납니다.

• 상간자 위자료 책임은 어느 정도?

유사한 사례 몇 가지를 더 살펴볼까요. 사례의 괄호 속 위자료 금액
은 배우자가 아닌 상간자가 지급한 금액입니다.

사례 2 주말 부부로 지내온 40대 남편이 다른 여성과 밤늦게까지 문자와 전화를 주고 받았고 스스로도 "평일에 살다시피 하는 여자가 있다"고 발언. 아내가 이 여성에게 주의를 주었으나 이 여성은 사과 대신 증거를 가져오라고 대응하여 아내는 이혼을 한 뒤 여성을 상대로 소송 제기(위자료 1천 5백만 원 지급판결).

사례 3 결혼 2년 후부터 부부관계를 거부해온 40대 남편이 회사 사택에서 거주한다고 속이고 오피스텔에서 지냈는데 그곳에서 2년 정도 다른 여성과 동거를 한 사실이 드러나 소송 제기(위자료 2천만 원 지급판결).

사례 4 부부 사이가 원만하지 못했던 50대 남편이 이혼소송 중에 다른 여성과 만나 간 통을 하다가 적발(위자료 1천만 원 지급판결).

최근 판결들을 보니 부부가 별거 중이었거나 부부관계가 다소 악화
된 상태라 하더라도 완전히 파탄에 이르지 않았다면 상간자가 책임을
면할 수는 없었습니다.

또 누가 먼저 유혹했는지도 중요하지 않다고 보고 있습니다. 그런데
아주 특별한 경우엔 상간자에게 상당히 무거운 책임을 묻기도 합니다.

법원은 F씨에게 거액의 위자료를 지급하라는 판결을 내렸습니다. 무려 5천만 원이었습니다. 법원은 △D씨와 E씨의 결혼기간이 15년이 넘고 △F씨의 부정행위가 혼인파탄에 결정적 기여를 한 점 △현재까지 동거 중이고 자녀까지 출산한 점 △아내 E씨가 상당기간 생활비를 지급받지 못한 점 등을 고려했다고 밝혔습니다.

정리하자면 상간자는 민·형사상 책임을 지게 됩니다. 다만 형사책임은 간통을 했다는 객관적인 증거가 있어야 하고 이혼을 전제로 하며 배우자도 함께 처벌받게 됨을 유념하시기 바랍니다. 민사책임(위자료)은 성관계 사실까지 인정되지 않더라도 녹취록, 문자, 통화내역, 사진 등의 자료로 부적절한 관계였음이 밝혀진다면 어렵지 않으리라 봅니다. 금전적인 이익이 목적이라면 민지영 씨를 상대로 소송을 해야겠지만, 법정공방은 시간과 노력이 필요하다는 점도 말씀드리고 싶습니다.

일단 소송을 하기 전에 유미숙 씨의 마음을 정리하는 게 중요합니다. 남편과 다시 합쳐서 잘 살아볼 뜻이 남았는지, 아니면 이혼을 하실 건지 결정을 해야겠지요. 이혼을 택하더라도 남편과 원만히 합의하여 서로 갈 길을 가는 것이 서로 정신적 피해를 줄이는 길이 아닐까 싶습니다.

간혹 '자동 이혼'을 하겠다고 법원을 찾아오는 사람들이 있습니다. 어떤 이들은 배우자가 가출하거나 행방불명된 지 오래 되면 법원에서 자동으로 이혼을 시켜주는 제도가 있다고 주장합니다. 누구는 가출 기간이 6개월이면 된다고 하고, 또 누구는 5년, 10년이 지나야 한다고 말합니다. 과연 그런 제도가 있을까요.

결론부터 말하면 자동이혼이란 없습니다. 배우자가 장기간 가출하여 소식이 없거나, 부부가 오랫동안 별거를 해도 법적으로는 엄연한 부부입니다. 강조해왔듯이 이혼을 하는 방법은 협의이혼과 재판상이혼(이혼조정 포함) 2가지밖에 없습니다. 이혼에 합의하여 협의이혼하지 않는 한, 재판으로 이혼하는 길밖에 없습니다. 가출이나 별거도 이혼소송 사유가 될 뿐입니다.

따라서 배우자가 딴 맘을 먹고 아무리 오랫동안 가출해도 자동이혼이 되는 법은 없습니다. 재판을 청구하려고 하는데 배우자의 소재를 도저히 알 수 없을 때에는 법원에 공시송달을 신청하여 상대의 출석 없이 재판할 수도 있습니다. 하지만 그 누구도 자동으로 이혼을 시켜주지는 않습니다.

13

우리 엄마를
간통죄로 고소합니다

배우자의 외도와 이혼소송 ①

*** **엄마를 간통죄로 고소하고 싶은 이하니**(여, 22세) **양의 기막힌 사연**

세 자매 중 맏언니인 여대생 이하니 씨는 부모님 문제로 골머리를 앓고 있다. 어릴 때부터 일에 빠져 산 아버지를 핑계로 바람이 나버린 엄마 때문이다. 출장이 잦아 집을 비우는 일이 많았던 그녀의 아버지는 가정에 소홀한 사람은 아니었다. 하지만 그녀의 엄마는 집을 비우는 남편을 빌미로 애인을 만들었고, 은밀한 문자를 주고받는 것은 물론 한밤중에도 통화를 일삼았다. 세 자매에게 자신의 남자친구를 소개할 정도였다.

안 그래도 집에 가끔 들르는 아빠를 차갑게 대해왔던 엄마는 최근에 남자친구를 또 갈아타면서 아예 이혼 결심을 굳힌 듯 보인다. "아버지가 자주 집을 비웠기 때문에 별거한 셈이어서 충분한 이혼사유가 된다"는 엄마의 말을 듣고 이하니 씨는 충격에 빠졌다. 아버지만 모르는 엄마의 애인, 이하니 씨는 아버지 대신 엄마를 간통죄로 고소하고 싶은 심정이다. 이하니 씨는 이도남에게 사연을 보내고 2가지를 물었다. 첫째, 바람을 피운 엄마가 아빠를 상대로 이혼청구를 할 수 있을까요? 둘째, 딸인 제가 엄마를 간통죄로 고소할 수 있나요?

• 아버지만 모르는 어머니의 애인

참 안타까운 사연이군요. 애인이 생긴 어머니가 아버지에게 이혼을 청구하려 한다는 내용인데요. 양쪽의 이야기를 들어봐야 알겠지만, 어쨌거나 착잡하네요.

일단 법대로 따져보겠습니다. 부부가 이혼하기로 합의에 이르렀다면 협의이혼을 할 수 있고, 합의가 되지 않았다면 재판으로 이혼할 수 있습니다. 법에 나오는 재판상 이혼사유 6가지 중 첫 번째는 배우자의 부정不貞 행위입니다.

한 남자와 한 여자가 서로 상대방을 바라보고 평생 살아간다면 문제가 없겠지요. 하지만 인간의 뇌구조 탓인지, 호기심 탓인지, 그것도 아니면 더 나은 이성을 찾으려는 심사 때문인지는 모르겠으나 적지 않은 사람들은 끊임없이 배우자가 아닌 '딴 남자' '딴 여자'에 관심을 갖게 됩니다. 관심까지야 별 상관이 없겠지만, 문제는 진도가 더 나갔을 경우입니다.

부정행위는 쉽게 외도를 떠올릴 수 있겠는데요. 어느 정도까지 돼야 이혼사유가 될까요. 법원은 배우자의 부정행위에 대해 "간통을 포함하는, 보다 넓은 개념으로서 간통에까지는 이르지 아니하나 부부의 정조 의무에 충실하지 않은 일체의 부정한 행위가 포함된다"고 보고 있습니다. 어디까지가 부정행위인지는 "각 구체적 사안에 따라 그 정도와 상황을 참작하여 평가하여야 한다"고 합니다.

즉, 부부 아닌 이성과의 성관계나 이에 버금가는 부적절한 관계가 있었다면 이혼사유가 될 수 있습니다. 신체적 접촉(?)은 말할 것도 없고, 사례에 나온 대로 한밤중에 통화를 하고 "사랑해" "보고 싶어"와 같은 애정을 담은 문자메시지를 주고받았다면 이혼사유가 되기엔 충분합니다. 함께 모텔에 투숙했다거나 여행을 떠났다는 사실이 밝혀지더라도 마찬가지입니다. 법원 판결을 보니 성행위를 직접 하지 않았더라도 다른 이성과 동거했다는 사실만으로 부정행위가 인정된다는 판례도 있었습니다.

외도는 은밀하게 이루어지기 때문에 입증하기 곤란한 점이 있기는 합니다. 따라서 문자메시지, 녹취, 사진, 중립적인 인물의 증언 등과 같이 외도를 추단하는 간접증거가 있다면 유력한 이혼 자료로 사용될 수 있습니다.

• 바람피운 배우자가 이혼청구를 할 수 있을까?

이렇듯 배우자의 외도는 전형적인 이혼사유입니다. 그런데 바람을 피운 배우자가 직접 이혼청구를 하는 것도 가능할까요. 법원은 "그렇지 않다"고 말합니다.

"혼인생활의 파탄에 주된 책임이 있는 배우자는 원칙적으로 그 파탄을 사유로 하여 이혼을 청구할 수 없다"는 것이 대법원 판례의 입장입니다. 즉 가정파탄에 책임이 있는 사람, 즉 유책배우자가 낸 이혼소송은 받아들여지지 않는 것이 원칙입니다. 외도나 폭행 등으로 잘못을 저지른 사람이 적반하장격으로 내는 이혼청구는 도의상 타당하지 않다는 이유에서입니다.

하지만 원칙에는 예외가 있기 마련입니다. 이어지는 판례를 보겠습니다.

"다만 상대방도 그 파탄 이후 혼인을 계속할 의사가 없음이 객관적으로 명백한데도 오기나 보복적 감정에서 이혼에 응하지 아니하고 있을 뿐이라는 등 특별한 사정이 있는 경우에만 예외적으로 유책배우자의 이혼청구가 허용된다."

이미 혼인생활을 유지하기 힘들만큼 관계가 악화되었고 상대방에게도 명백한 이혼의사가 있는데도 보복 차원에서 이혼을 거부하는 경우와 같이 특별한 사정이 인정되면 유책배우자도 이혼청구를 할 수 있다는 말입니다.

또 부부 양쪽에 거의 비슷할 정도로 혼인파탄 책임이 있는 경우에도 가능합니다. 실제로 부부 중 한쪽이 이혼청구를 하면, 상대방도 당하고 있을 수만은 없다면서 맞소송을 내는 경우가 많습니다. 이때 소송을 당한 사람(피고)이 반대로 원고가 돼 소송을 제기하는 것을 반소라고 합니다. 이때는 소송에서 서로 원고이면서 피고가 됩니다. 법원은 누가 잘못을 했는지, 누구 잘못이 더 큰지를 따지게 됩니다. 만일 양쪽 모두 책임이 있다고 법원이 판단한다면 이혼이 가능하겠지요.

사례로 돌아가 봅니다. 이하니 씨의 어머니가 법원에 이혼소송을 낸다면 어떻게 될까요. 아버지가 이혼에 동의하지 않는다면 "유책배우자의 이혼청구는 인정되지 않는다"는 원칙에 따라 이혼이 받아들여질 가능성은 극히 낮습니다.

• 별거는 이혼사유가 될 수 있을까?

그렇다면, 어머니의 주장대로 별거(아버지의 오랜 부재)가 이혼사유가 될 수 있을까요. 재판상 이혼사유 중 이와 가장 유사한 부분으로 "배우자의 악의의 유기"를 들 수 있겠습니다. 여기서 '유기'란 부부가 서로 보살필 의무를 다하지 않는 것을 말합니다. 판례는 이렇게 정의합니다.

"배우자가 악의로 다른 일방을 유기할 때라 함은 배우자가 정당한 이유 없이 서로 동거, 부양, 협조해야 할 부부로서의 의무를 포기하고 다른 일방을 버린 경우를 뜻한다."

가출이나 별거가 대표적인 경우가 되겠습니다. 상대방을 집에서 쫓아내는 것도 해당되겠죠. 하지만 별거는 별다른 이유나 연락도 없이 집을 나가거나 생활비를 지급하지 않는 때라야 이혼사유가 됩니다. 단순히 직업 때문에, 혹은 건강상 치료를 위하여 부득이하게 별거를 선택한 사례는 여기에 해당하지 않는 것이지요.

만일 아버지가 가족의 생계를 위해서 장기간 집을 비우게 되었다면 그것 자체만으로 이혼사유가 된다고 보기는 어렵습니다. 단순히 집을 비웠느냐 아니냐가 아니라 무슨 이유로 따로 살았는지, 가정불화가 원인인지 아닌지 등등을 따져봐야죠. 이하니 씨의 말이 사실이라면 열심히 살아온 아버지가 이혼당할 일은 없을 것 같군요.

이런 사정으로 볼 때 사례에 나오는 어머니가 이혼청구를 낸다면 받아들여질 가능성은 낮습니다. 아버지가 생계를 위해 집을 떠난 것을 별거로 보기 힘들며, 혼인파탄에 책임이 있다고 보기 어렵기 때문입니다. 이런 점은 누구보다 부모를 지켜봐온 딸들이 잘 알고 있겠지요.

따라시 첫 번째 질문에 대한 답번은, "유책배우자는 이혼청구를 할 수 없다"입니다.

• 딸이 어머니를 간통죄로 고소할 수 있을까?

그렇다면 두 번째 질문에 대한 답변입니다. 딸이 어머니를 간통죄로 고소할 수 있을까요. 답은 "없습니다"입니다. 형사소송법(224조)에는 "자기 또는 배우자의 직계존속을 고소하지 못한다"는 조항이 있습니다. 법에 따르면 (조)부모나 장인·장모, 시부모를 고소할 수 없으니 고소장을 내는 것 자체가 불가능합니다(다만, 친족 간의 성폭력범죄에 대해서는 고소할 수 있도록 예외를 두고 있습니다).

그런데 간통죄는 법률이 복잡하게 얽혀 있어 이 설명만으로는 부족하네요. 다음 글에서 말씀을 드려야겠습니다. 다음 이야기에서는 외도에 대한 다른 사례와 함께 '간통죄의 허와 실'에 대해 파헤쳐 보겠습니다.

14

아내와 각방 쓴 지 오래인데, 형사처벌 받아야 하나요?

배우자의 외도와 이혼소송 ②

∷ 각방 쓰던 아내에게 이혼소장을 받은 나훈남(남, 30대) 씨 이야기

5년 전 결혼해 아내, 두 아이와 살고 있는 나훈남 씨에게는 부부생활이 아무런 의미가 없다. 결혼 초부터 성격이 맞지 않았던 아내와는 각방을 쓴지 한참 돼 이제는 아이들 보는 낙을 빼면 아내와는 남과 다를 바 없는 사이다. 그러던 중 그는 우연히 친한 직장 여자 후배 A와 단둘이 술자리를 갖게 되었고, 넘지 말아야 할 선을 넘고 말았다. 그 후로 가끔씩 깊은 관계(?)를 유지하고 있다.

그런데 아내가 두 사람의 관계를 알아차리면서 모든 게 뒤틀리기 시작했다. 급기야는 둘이서 모텔에서 나오는 장면을 아내에게 들키기도 했다. 그로부터 며칠 후 나훈남 씨는 법원에서 이혼소장을 받았다. 아내는 나훈남 씨를 간통죄로 형사고소 하겠다고 말했다. 그는 아내에게 미안한 마음이 들지만, 사실상 별거나 다름없이 살아온 지난 세월을 생각하니 억울하다는 생각이 앞섰다.

• 나훈남 씨가 불쌍하게 느껴지시나요?

여러분은 사연 속의 나훈남 씨를 보고 어떤 생각이 드시는지요. 연민의 정이 느껴지시나요. 아니면 처벌받아야 마땅하다고 보시나요. 의견이 분분하겠지만 논쟁은 뒤로 미루고 현실을 봅시다. 법은 냉혹합니다. 제가 보기엔 나 씨는 이혼만 당하면 그나마 다행인 상황입니다. 형사처벌까지 받게 생겼으니까요.

냉정하게 따져보겠습니다. 나 씨의 행위는 '배우자의 부정한 행위'로 민법 840조에 나오는 재판상 이혼사유에 해당합니다. 또한 직장 후배와 성관계가 있었다면 형법상으로는 간통죄에 해당합니다. 간통은 벌금형이 없고 징역형(2년 이하)만 있는 죄입니다.

• 특별한 범죄 '간통죄', 가정을 보호할 수 있을까

그런데 과연 간통죄가 부부간의 애정과 가정을 지킬 수 있을까요. 저로서는 회의적입니다. 그 근거를 들어보겠습니다. 간통죄는 여러모로 특별한 범죄입니다.

첫째, 간통죄는 외도 중에서도 직접적인 성관계, 노골적으로 말하자면 성기의 결합만을 처벌합니다. 그러니 아무리 바람을 피워도 성관계를 갖지 않았다면 죄가 되지 않습니다. 모텔에서 옷을 벗고 있는 상태로 현장에서 적발된 '불륜남녀'가 성관계만은 하지 않았다고 잡아떼는 것도 이 때문입니다. 간통죄는 처벌의 정당성을 떠나 성관계를 제외한 모든 외도나 불륜을 전혀 막지 못한다는 한계가 있습니다.

실제로 간통현장을 적발하기도 매우 어렵습니다. 법원은 이런 사정을 감안하여 간접증거로도 간통을 인정합니다.

"남녀 간의 정사를 내용으로 하는 간통죄의 경우, 그 행위가 통상 당사자 사이에 비밀리에 또는 외부에서 알아보기 어려운 상태 하에서 행해지므로 이에 대한 직접적인 물적 증거나 증인의 존재를 기대하기가 매우 어렵다. 따라서 범행 전후의 정황에 관한 제반 간접증거들을 종합해 범죄사실이 증명된 것으로 판단되면 이로써 범죄사실이 인정된다."

둘째, 간통은 배우자의 의사에 따라 죄가 될 수도, 안 될 수도 있습니다. 간통죄는 친고죄입니다. 친고죄란 쉽게 말해 피해자의 고소가 있어야 책임을 물을 수 있는 범죄입니다.

간통죄는 배우자가 직접 고소하지 않으면 처벌할 수 없습니다. 설사 고소를 했더라도 1심 판결이 나기 전까지 취소하면 다시 아무 일 없던 상태로 돌아가게 됩니다. 또한 배우자가 종용(사전에 허락)하거나 유서(사후에 용서)하면 죄가 되지 않습니다. 범인을 알게 된 뒤 6개월이 지나도 고소할 수 없습니다. 이렇듯 국가기관의 형벌권 행사가 지나치게 배우자의 뜻에 따라 좌우된다는 문제가 있습니다.

셋째, 간통죄로 고소하려면 이혼이 전제가 돼야 합니다. 형사소송법(229조)에는 "혼인이 해소되거나 이혼소송을 제기한 후가 아니면 고소할 수 없다"고 돼 있습니다. 고소한 배우자와 다시 결혼을 하거나 이혼소송을 취하해도 고소는 효력을 잃게 됩니다. 그러니까 간통죄는 가정을 보호하기보다는 바람난 배우자에게 이미 깨져버린 가정의 책임을 묻는 셈입니다.

• "법이 이불 안까지 들어와서는 안 된다"

2007년 간통사건 재판을 담당하던 도진기 판사는 간통죄 처벌조항에 대해 위헌이 의심된다면서 헌법재판소(헌재)에 위헌제청결정을 했습니다. 결정문에서 밝힌 장문의 이유가 주목할 만합니다.

도 판사는 "간통의 본질은 부부간의 성적 성실의무 위반이며 도덕위반이라는 점에 있다"며 부부의 의무위반은 계약상 책임에 가깝기 때문에 "간통행위는 배신행위일지언정 범죄행위일 수는 없다"고 지적했습니다. 따라서 "계약위반 책임 혹은 불법행위 책임을 묻고 이혼법정이나 민사법정에서 다루어져야 할 문제이지 형사법정에 세워야 할 문제는 아닌 것"이라는 의견을 제시했습니다. 그는 간통죄가 혼인제도를 지키기 위해 필요하다는 주장에 대해 "간통은 혼인파탄의 원인이라기보다는 혼인파탄의 결과"라며 "이미 부부간의 애정과 신뢰가 사라져 외피만 남은 혼인관계에서 성적 성실의무만을 형사처벌로까지 겁을 주어 강제한다고 혼인제도가 보호된다고 보기 어렵다"고 비판했습니다.

도 판사는 "간통죄의 위헌성 판단이 곧 간통의 정당성 인정은 아니며 민사적, 도덕적 책임은 면할 수 없다"면서도 "법이 이불 안까지 들어가서는 안 된다"는 뜻을 밝혔습니다.

그동안 간통죄는 성적 자기결정권 침해 등 위헌소지가 있다는 이유로 4차례 헌재의 심판을 받았습니다. 하지만 결과는 모두 합헌이었습니다. 다만 가장 최근인 2008년에는 위헌 5 : 합헌 4로 헌법재판관 다수가 위헌 판단을 내렸으나 위헌정족수(6명)에 이르지 못해 가까스로 명맥을 유지하고 있습니다. 제가 보기에 간통죄는 조만간 사라질 운명에 처해 있습니다.

물론 "간통죄 폐지는 시기상조"라거나 "상대적으로 약자인 여성의 보호를 위해 불가피하다"는 주장도 만만찮습니다. 일리는 있습니다만, 개인 의견을 묻는다면 저는 폐지 쪽입니다. 왜냐고요? 간통 고소가 상대를 향한 보복 수단이나 재산분쟁에서 유리한 고지를 차지하기 위한 수단으로 전락했기 때문입니다. 또 간통죄로는 가정을 지키기 힘들다고 보기 때문이지요. 오히려 이미 깨진 가정을 '확인 사살'하는 쪽에 가깝다는 겁니다.

부부의 의무를 다하지 않은 사람을 꼭 형사처벌하는 방식으로 복수해야 하는지 의문입니다. 차라리 민사상 손해배상액을 높인다거나 다른 금전적인 제재를 가하는 방식을 찾는 것이 바람직하지 않을까요. 저는 간통죄 처벌이 누구를 위한 것이고 무엇을 위한 것인지 묻고 싶습니다.

• 각방 쓰더라도 외도는 이혼사유… 형사처벌 받을 수도

다시 현실로 돌아와, 나훈남 씨의 사정을 살펴보겠습니다. 나 씨의 입장에선 다소 억울할 만도 합니다. 지금의 부인과 사실상 남남처럼 살아왔기 때문에 딴 여자를 만났다고 해서 형사처벌까지 받아야 한다니 부당하다고 느껴질 수도 있겠는데요. 하지만 안타깝게도 나 씨의 항변은 받아들여지기 어렵겠습니다.

물론, 배우자의 부정행위가 있더라도 사전 동의 또는 사후 용서하면 이혼사유로 삼을 수 없습니다. 간통죄에서도 종용이나 유서가 있다면 처벌할 수 없다고 앞에서 말씀드렸습니다. 문제는 어느 정도가 사전동의이고 사후용서인지입니다.

법원은 "당사자가 더 이상 혼인관계를 지속할 의사가 없고 이혼의사의 명백한 합치가 있는 경우" 비록 부부 사이라도 사전동의가 있는 것이라고 합니다. 비록 서류상 부부라 할지라도 사실상 이혼 상태였거나 이혼에 합의한 정도라야 외도를 용인하는 셈이라는 겁니다.

또 외도를 용서한 것으로 볼 수 있으려면 △부정행위를 확실하게 알고 자발적으로 한 것이어야 하고 △부정행위에도 불구하고 혼인관계를 지속시키려는 진실한 의사가 명백하고 믿을 수 있는 방법으로 표현돼야 합니다. 이런 기준에 따라 배우자의 외도사실을 알고 난 후에 외도한 상대방으로부터 배우자를 더 이상 만나지 않겠다는 각서를 받았다면 용서한 것으로 인정된다는 판결도 있고, "용서해줄 테니 자백하라"고 말한 것만으로는 진정한 용서로 보기 어렵다는 판결도 있습니다.

나 씨 부부는 각방을 쓰고 있고, 대화도 없으며, 애정도 별로 없는 것처럼 보이지만 그렇다고 외도가 용인될 정도는 아닌 것으로 보입니다. 무관심 혹은 단순한 묵인 정도로 볼 수 있습니다. 부부 사이에는 서로 부양·협조할 의무가 있고 혼인생활 유지를 위해 노력해야 하기 때문에 이혼하기 전까지 섣불리 새로운 이성을 만나는 것은 위험합니다.

이혼재판이 진행된다면 나 씨의 귀책사유로 이혼한다는 판결이 내려질 가능성이 높습니다. 더 나아가 나 씨의 아내가 이혼소장과 함께 고소장을 내고, 재판에서 성관계가 있었다는 사실이 인정된다면 나 씨와 후배 A는 모두 간통죄로 처벌을 받게 됩니다.

• 외도 남성, 해결책은 없을까

나 씨에겐 어떤 해결책이 있을까요. 제가 보기엔 지금의 부인과 원만하게 이혼하는 것이 상책입니다. 재판으로 가지 말고 협의이혼을 하되, 재산문제와 자녀 양육 문제를 원만히 합의하셨으면 합니다. 또한 아내에게 진지하게 용서를 구하고 간통죄 고소를 하지 않는 방향으로 잘 설득하라고 권유하고 싶습니다.

만일 필요하다면 재산문제와는 별도로 합의서와 같은 형식으로 형사고소를 하지 않는 대신 합의금 조로 얼마를 지급한다는 서류를 작성하는 것도 고민해볼 만합니다. 나 씨 입장에서는 이혼소송으로 가면 혼인파탄에 책임이 있으므로 위자료를 지급하라는 결론이 날 수도 있으니 조금 손해 보는 셈치고 소송 전에 끝내시는 게 나을 것 같습니다. 나 씨의 아내도 열린 마음으로 대화를 하여 두 사람이 마지막이나마 아름다운 모습으로 끝났으면 좋겠습니다.

미국의 철학자인 리처드 테일러는 '불륜에 숨겨진 부부관계의 진실'이라는 부제가 붙은 《결혼하면 사랑일까(리처드 테일러 지음, 부키 펴냄)》라는 책에서 "결혼한 사람이 불륜에 빠지는 것은 결혼생활에서 욕구가 채워지지 않았기 때문이지만 채워지지 않은 욕구가 성적인 욕구일 가능성은 거의 없다"고 말합니다. 우리의 상식과는 조금 다른, 다소 의외의 주장입니다.

그는 이어서 "성적 배신을 저지르는 여자들은 남편을 설명할 때 거의 항상 '지루하다'는 표현을 쓴다"면서 지루하다는 건 자신이 중요하지 않은 사람처럼 취급당하기 때문이라고 설명합니다. 또 불륜에 빠진 남자들은 새로 만난 여자와 비교해 아내를 '차갑다'고 표현하는데, 이것은 남편의 평범한 일상적 욕구를 거의 채워주지 않는다는 뜻이라고 합니다. 불륜의 원인은 성적 불만이 아니라 배우자에게 제대로 인정받지 못하기 때문이라는 분석입니다.

외도는 배우자에게 크나큰 정신적 상처를 주는 행동임에 틀림없습니다. 하지만 어찌 보면 외도 못지않게 서로 마음의 문을 굳게 닫고 있는 부부도 바람난 부부 못지않은 위험한 관계 아닐까요.

저는 간통죄가 가정을 보호하기 어렵다는 의견을 제시했지만, 엄연히 간통죄는 살아있습니다. 설사 부부 사이에 애정이 남아 있지 않다 하더라도 이혼 전의 외도는 현행법으로 형사처벌 대상이라는 점을 명심하십시오. 비록 '애정 없는 결혼'이라도 결혼이 유지되는 한 '결혼 없는 애정'은 용납되지 않습니다.

15

바람핀 남편 용서하고 살았더니 이혼할 수 없다고요?

배우자의 외도와 이혼소송 ③

❊❊❊ 자꾸만 바람나는 남편 때문에 고민인 정초희(여, 40대) 씨의 사연

스무 살 무렵에 결혼해서 20년 넘게 지금의 남편과 살고 있는 정초희 씨의 얼굴에는 어두운 그림자가 가실 날이 없다. 정초희 씨는 남편을 너무나 사랑했고, 지금도 그 마음은 변함이 없다. 하지만 남편은 그녀와 다르게 끊임없이 다른 여자에게 눈을 돌린다. 잠자리를 함께하는 것은 물론이다.

처음 외도 사실을 알게 되었을 땐 남편이 죽이고 싶을 정도로 미웠고 싸우기도 많이 싸웠다. 하지만 '그래도 참고 살아야지' 하면서 여태껏 지내왔다. 그럼에도 남편의 바람기는 시들지 않았고 거듭되는 외도에 사과와 다짐을 받고 용서하기도 여러 차례, 이제는 남편이 정신을 차린 줄 알았다. 그러나 정초희 씨는 남편이 최근에도 다른 여자를 만나고 있다는 사실을 알게 되었다. 신경쇠약과 불면증에 시달리고 있는 정초희 씨는 계속 이렇게 살아야만 하는 걸까?

• "부부는 성적 교섭을 독점할 권리와 의무 있다"

제게 이혼상담 메일을 보내주시는 내용 중에 정초희 씨와 비슷한 하소연이 너무 많았습니다. 반대로 아내의 외도 사실을 알게 된 남편이 아이들을 생각해서 참고 살아야 하느냐고 되묻기도 했습니다.

참 어려운 문제지요. 복습 차원에서 이혼과 관련된 법률상식부터 다시 말씀드립니다. 부부가 갈라서기로 합의했다면 협의이혼을 하면 됩니다. 합의가 안 된다면 이혼소송(재판상이혼)을 청구해야 합니다. 재판상이혼은 법에 나오는 이혼사유가 있어야 합니다. 배우자의 외도·부정행위는 명백한 이혼사유 중 하나입니다.

여기서 부정행위란 이성과의 성관계뿐만 아니라 부부 간의 동거·정조 의무에 충실하지 않은 일체의 행위를 뜻한다는 점도 지난 글에서 말씀드렸습니다. '정조'라는 말이 고리타분하거나 고지식해 보인다고요? 어쨌거나 대한민국 법과 판례는 부부에 서로 성적인 교섭을 독점할 수 있는 '배타적'인 권리와 의무를 주고 있는 것만은 확실합니다.

정조 의무를 어긴 부정행위는 어느 정도를 의미할까요. 성관계나 그에 버금가는 행위 정도로 보시면 됩니다. 외간 남성(여성)과 애무 등을 하거나, 은밀한 문자·사진을 주고받았거나, 모텔에서 나오거나, 단둘이 여행을 떠났다거나 한다면 이혼사유가 되고도 남습니다. 부정행위는 꼭 상습적이어야 하는 것도 아니어서 단 한 번만으로도 이혼사유가 될 수 있습니다.

부정행위는 반드시 '성적 능력이 있는지'를 따지는 것도 아닙니다. 대법원은 "정교(성행위) 능력이 없어서 실제로 정교를 갖지는 못했다 하더라도 배우자 아닌 자와 동거한 행위는 배우자로서의 정조 의무에 충실치 못한 것으로서 부정한 행위에 해당한다"고 판결한 적이 있으니 말입니다.

하지만 부부 아닌 이성과 술을 마셨다거나 차를 함께 탔다는 것만으로 모조리 부정행위가 되지는 않습니다. 전후 사정을 따져서 만남의 목적이 무엇인지, 다른 동행인이 있었는지에 따라 이혼사유로 인정되지 않는 사례도 있습니다.

• 배우자가 외도해도 이혼청구할 수 없는 경우

그런데, 상대방에게 외도 사실이 있어도 이혼청구를 할 수 없는 경우가 있습니다. 먼저 상대방이 바람피우는 것을 미리 동의했거나 나중에 용서해준 경우입니다. 즉 사전 동의나 사후 용서를 해준 다음에는 이혼청구권이 소멸됩니다. 서류상 부부라도 아예 갈라서기로 작정해 더 이상 혼인의사가 없다는 점이 명백하다면 사전 동의가 있었다고 볼 수 있겠지요. 물론 동의나 용서를 받았다는 점은, 이를 주장하는 쪽에서 입증해야 합니다.

또 부정행위를 안 날을 기준으로 6개월, 사유가 있는 날을 기준으로 2년이 경과하면 더 이상 이혼사유로 삼을 수 없습니다.

혼인 전에 일어난 '스캔들'은 어떻게 될까요. 책임을 물을 수 없습니다. 동거·정조 의무는 애인이 아닌 부부 사이에만 발생하기 때문이죠. 대법원도 "약혼 단계에서 부정한 행위를 했을 때에는 이혼사유에 해당할 수 없다"고 판시했습니다. 그러니까 배우자의 화려한 과거는 가슴 아프더라도 잊어야 합니다.

정조희 씨의 사연으로 돌아가서 만일 사연이 모두 사실이라면 이혼사유가 되기엔 충분합니다. 다만 예전의 외도는 이미 용서해줬기 때문에, 현재 바람을 피운 부분만 해당이 되겠지요. 이 같은 사실을 안 지 6개월이 되지 않았다는 점도 밝혀야겠죠. 다만 예전의 외도 사실도 그동안 가정에 소홀했다는 점을 뒷받침할 만한 자료가 될 수 있겠습니다.

또한 정초희 씨는 이혼소송과 함께 남편에게 혼인파탄의 책임을 물어 위자료를 청구할 수도 있습니다. 참고로 '위자료'란 부부 한쪽의 잘못으로 혼인관계가 깨짐으로써 상대방이 정신적 고통을 받은 것을 위로하는 성격의 금전입니다.

재판은 객관적인 자료를 통해 판사를 납득시켜야 하는 절차입니다. 당사자의 말만으로는 부족합니다. 따라서 증거 확보를 해야 유리한 결과를 얻을 수 있습니다.

• 바람난 남편, 용서할까 말까… 칼자루는 당신이 쥐었다

다만 그 전에 선결 과제가 있습니다. 남편과 계속 살아야 할지, 이혼해야 할지. 제가 섣불리 결론을 내릴 수는 없군요.

〈우먼센스〉 2012년 2월호에서 흥미로운 기사를 읽은 적이 있습니다. 남편의 외도를 경험한 아내들을 대상으로 남편을 용서했는지를 묻는 조사였습니다. 이 질문에 '용서하지 못하고 이혼했다'는 대답은 18%에 그쳤습니다. 오히려 용서했다고 답변한 비율이 30%로, 더 높았습니다. 용서하지 못했지만 이혼은 하지 않았다는 답변은 52%로 절반이 넘었습니다.

남편을 용서한 가장 큰 이유로는 ①자녀의 교육 및 미래 ②그동안 쌓아온 정 ③남편의 경제적인 능력 등의 순이었습니다. 물론 이 조사가 얼마나 믿을만한지는 생각해볼 문제지만 배우자의 외도 때문에 실제로 이혼을 감행하는 경우는 그리 많지 않은 것 같습니다.

법륜 스님은 결혼생활을 위한 조언을 담은 책《스님의 주례사(법륜 저, 휴 펴냄)》에서 정초희 씨와 같은 고민을 하는 분들에게 다음 두 가지 중 하나를 선택하라고 조언합니다.

① 라면 끓여 먹고 막노동을 하고 살더라도 이런 사람하고는 못 살겠다.
② 이만한 남자 구하기 힘드니까 그래도 같이 살아야겠다.

스님은 남편이 바람을 피우더라도 '그래도 남편에 대한 내 권리가 제일 크다'고 생각하라고 조언을 하는데요. 동의하실지 모르겠습니다.

어떤 결정을 하던 본인이 행복해질 수 있는 게 무엇인지를 고민하셨으면 합니다. 결혼 20년이 넘었다고 하지만 아직 40대 초반의 젊은 나이잖습니까. 앞으로 어떻게 사는 게 행복할지 고민해보십시오. 필요하다면 남편분과 진지하고 허심탄회하게 대화도 해보시고, 후회 없는 결정을 내리시기 바랍니다. 칼자루는 남편이 아닌 정초희 씨 손에 쥐어져 있으니 결코 우울해하지 않길 바랍니다.

이혼소송, 꼭 변호사 선임해야 유리한가요?

이혼소송에서 변호사가 득보다 실이 많은 까닭

✻✻✻ 이혼을 앞두고 변호사 선임이 고민인 장동하(남, 35세) 씨의 사연

장동하 씨에게 지난 결혼생활 5년은 절망만을 안겨준 시간이었다. 아내는 아이들을 키우느라, 그는 직장생활에만 신경 쓰느라 서로의 벽은 높아졌고, 이제는 부부라고 하기 어려울 만큼 관계가 단절된 상태다. 결국 아내는 이혼을 제안했고 그도 받아들이기로 했다. 두 딸(4세, 1세)은 아무래도 너무 어려서 아내가 키우게 할 요량이다.

문제는 돈이다. 재산이라고는 대출을 낀 전세금 1억 원과 10년 된 중고차가 전부인데 재산문제로 의견 대립이 있어 아내는 변호사를 선임했다. 그러면서 재산의 절반을 달라고 한다. 게다가 장동하 씨의 월급은 채 3백만 원이 안 되는데 양육비로 1백만 원을 요구해왔다. 이혼소송은 변호사 있는 쪽이 유리하다던데 장동하 씨도 형편은 안 되지만 변호사를 선임하는 것이 옳을까?

• 변호사 없으면 손해 본다고?

이혼을 결심하셨다니 잘 정리하시라는 말씀을 우선 드립니다. 그리고 이별을 정리하는 데 변호사가 도움이 될지 함께 머리를 맞대보죠(본격적으로 시작하기 전에 미리 말씀드립니다. 이 글에는 제 주관이 개입돼 있습니다. 선택과 판단은 각자의 몫입니다).

'이혼소송에서 변호사를 선임하느냐 마느냐.' 참으로 어렵습니다. 이혼을 앞둔 많은 이들이 고민하는 문제입니다. 잔병으로도 병원치료를 받듯이, 경제적 여력만 된다면야 소송의 난이도와 관계없이 전문가의 도움을 받을 필요도 있겠지요. 쉽게 생각하면 소송에서 법률전문가인 변호사를 선임해서 손해 볼 건 없다고 느껴지기도 합니다. 하지만 이혼소송은 일반 소송과는 다른 특수성이 있습니다. 바로, 감정이 강하게 개입된다는 점입니다.

결론부터 말씀드리겠습니다. 나눠야 할 재산이 아주 많거나, 배우자가 말이 안 통하거나 더 이상 상종 못할 인간이라고 판단된다면 변호사의 도움을 받는 편이 유리합니다. 그렇지 않다면 변호사를 찾아가기 전에 진지하게 고민해보시기 바랍니다. 변호사 선임이 오히려 득보다 실이 될 수 있으니까요.

• 이혼소장을 받는 순간, 상처는 커진다

요즘은 수년간 혹은 수십 년간 살을 맞대고 살았던 부부도 남남이 되는 장면을 어렵잖게 볼 수 있습니다. 통계청에 따르면 20년 이상 살다가 헤어진 부부도 2만 8천 쌍(2011년 기준)이 넘었답니다. 전체 이혼 중 24.8%에 해당하는 수치입니다.

결혼생활이 길건 짧건 이혼이 남긴 상처는 결코 작지 않습니다. 잘잘못을 떠나서 이혼 자체가 부부에게, 자녀에게 아픔을 주는 행동임에 틀림없습니다. 그러니 만에 하나 이혼을 하더라도 상처나 충격을 최소화하는 데 신경을 써야 합니다. 따라서 이혼 결심이 섰다면 나머지 문제들(재산이나 자녀 양육 등)은 배우자와 협의를 통해 해결하는 게 가장 이상적입니다. 소송까지 간다면, 상처가 덧날 가능성이 높습니다. 아직까지 우리 정서는 상대에게 이혼소송을 당하는 걸 수치로 여기고, 배신으로 여깁니다. 남편이 아내에게 혹은 아내가 남편에게 소송을 당했을 때 느끼는 심정이 어떨까요. 다음과 같지 않을까요.

어느 날 법원에서 이혼소장이라는 서류가 예고 없이 날아왔다. 아내(또는 남편)가 원고이고 나는 피고란다. 소장에는 내가 결혼을 파탄시켰다는 내용이 빼곡하게 적혀 있다. 많은 내용은 과장과 거짓이다. 심지어는 잠자리가 불만족스러웠다거나 시부모(또는 장인 장모)가 자기에게 뭘 잘못했다는 시시콜콜한 얘기까지 담겨져 있다. 그래서 내가 이혼을 당해도 싸고 게다가 위자료와 재산분할까지 책임지란다. 내가 잘한 건 없지만 한 마디 상의도 없이 변호사를 통해 이런 일을 꾸미다니. 분노와 배신감이 느껴진다. 나도 똑같이 복수하리라.

• 변호사가 개입되면 원만한 합의 어려워

소송의 목적은 상대를 이기는 데 있습니다. 그래서 이혼소장에도 다소 과장된 표현이 섞이게 마련입니다. 또 자신의 잘못은 최대한 감추고 상대의 약점이나 치부를 드러낼 수밖에 없습니다. 이혼소장을 내는 순간, 부부의 상당수는 '돌아올 수 없는 강'을 건너게 됩니다.

게다가 변호사가 개입이 된다면 원만한 합의는 더더욱 어려워집니다. 변호사의 관심사는 의뢰인이 얼마나 유리한 조건으로 이혼을 하느냐에 초점이 맞춰져 있기 때문입니다. 그건 변호사가 부도덕해서가 아닙니다. 의뢰인의 이익에 충실해야 하는 변호사로서 당연한 태도일지도 모릅니다. 변호사는 의뢰인에게 재산분할과 위자료로 얼마를 받아주겠다는 제안을 할 것이고 이를 지키기 위해 최선을 다할 것입니다. 이혼소송에서 변호사를 내세우는 건 상대에겐 전의를 불사르게 하는 일입니다.

이렇게 되면 상대 역시 변호사를 선임하여 반소를 제기하는 일도 생깁니다. 반소란 맞소송이라고 보면 됩니다. 반소를 내면 소송을 당하는 '피고'인 동시에 맞소송의 '원고'로서의 지위도 갖게 됩니다. 반소를 제기해야 이혼을 하더라도 상대의 잘못으로 이혼했다는 주장을 할 수 있고, 또 거꾸로 위자료를 청구할 수가 있기 때문입니다. 이때부터는 타협의 가능성도 거의 없어집니다.

이혼해서 살아가는 데 물론 돈이 중요하겠지요. 하지만 그리 많지 않은 돈을 놓고 변호사를 앞세워서 서로 줄다리기를 하는 모양새는 좋아보이지 않습니다. 더구나 자녀를 매개로 이혼 후에도 계속 만나야 하는 상황이라면 변호사 선임은 권하고 싶지 않습니다.

그런데 이건 비단 우리나라만의 문제는 아닌 것 같습니다. 미국의 철학자 리처드 테일러는《결혼하면 사랑일까》라는 책에서 "그 어떤 소송도 이혼소송만큼 인간의 영혼에 파괴적인 영향을 미치지 않는다"면서 이혼소송에서 서로를 파괴시키지 않기 위해서는 "변호사를 개입시키지 말라"고 조언합니다.

그에 따르면 변호사는 결혼상담가도 아니고 오로지 상대와 싸움을 벌이도록 훈련받았다는 것입니다. 따라서 "양측 변호사가 각기 고객에게 무기도 되고 방패도 되기 때문에 이들에게 많은 돈을 지불한다"며 "변호사는 상대편에 얼마나 많은 대가를 치르게 하든지 의뢰인을 위해 더 많은 승리를 거둘수록 좋은 변호사가 된다"고 꼬집습니다. 특히 그는 "부모가 치열한 다툼을 벌이면서 이혼하는 과정을 지켜본 아이는 부모와 사별한 아이에 비유할 수 있다"고까지 했는데 이혼을 앞둔 부부가 새겨들어야 할 내용입니다.

• 변호사 수임료, 생각해보셨나요

이제 좀 더 실질적인 변호사 수임료를 생각해봅시다. 수임료는 법으로 정해진 기준이 없습니다. 다만 '변호사 윤리장전'에 "변호사는 공공성을 지닌 전문직이므로 그 보수는 절대로 과다하여서는 아니된다"(39조)거나 "변호사의 보수는 사안의 난이, 소요되는 노력의 정도와 기간, 당사자의 이해관계 등 제반사정을 고려하여 적정하게 결정돼야 한다"(40조)는 조항만 있을 뿐입니다. 따라서 보수는 변호사와 의뢰인 사이에 계약에 따라 이뤄집니다.

변호사 보수는 보통 수임료와 성공보수금으로 구분됩니다. 이혼 사건도 마찬가지입니다. 대부분의 법률사무소는 수임료로 3백~5백만 원 정도를 받고, 재판결과에 따라 성공보수를 받는 방식을 사용합니다. 이혼 사건에서 성공보수는 위자료와 재산분할 금액을 합한 돈을 기준으로 5~10% 정도로 산정됩니다. 물론 성공보수를 받지 않고 선임료를 더 높게 받거나 그 반대로 계약하는 경우도 있긴 합니다만 흔한 일은 아닙니다.

잘 와 닿지 않는다고요. 예를 들어 보겠습니다. 2억 원 정도의 재산을 갖고 있는 부부가 이혼을 하기 위해 각자 변호사를 선임했다고 칩시다. 계약 조건은 5백만 원을 수임료로 지불하고, 차지하게 될 재산의 10%를 성공사례비 조로 지급하기로 했다고 가정해봅니다. 편의상 부부 모두 이혼에 동의하고 혼인파탄 책임과 재산기여도는 반반씩 있는 걸로 보겠습니다.

양쪽은 변호사와 함께 서로 치열하게 다툴 것이고 감정이 상할 대로 상한 상태에서 법정공방은 끝이 나게 됩니다. 판사는 부부가 이혼에 절반씩 책임이 있으니 이혼하고 위자료 없이 재산을 절반씩 나누라고 결론을 내릴 것입니다. 판결은 '부부는 이혼한다, 재산분할로 1억 원씩을 나눠 갖는다'가 되겠지요.

이제 변호사에게 지급되는 돈을 따져봅시다. 선임료 5백만 원과 성공사례비 1천만 원, 합계 1천 5백만 원이 됩니다. 각자 자기 변호사에게 따로 지급해야 하니 변호사 비용 총액은 3천만 원이 됩니다. 전체 재산의 15%를 차지하는, 결코 적지 않은 금액입니다. 어느 한쪽에게 재산이 많이 가더라도 양쪽 변호사에게 가는 총액은 큰 차이가 나지 않습니다.

그걸로 끝이 아닙니다. 한쪽이 이 판결에 불복하여 2심, 3심까지 재판이 이어진다면 비용은 훨씬 더 높아집니다. 변호사 보수는 각 심급마다 따로 지급해야 하기 때문입니다.

이혼소송은 어쩌면 제로섬게임과 같습니다. 내가 더 차지하려면 불가피하게 배우자 몫을 더 가져와야 합니다. 그러려면 법정이라는 공개된 공간에서 변호사를 내세워 상대를 사정없이 깎아내려야 합니다. 이렇게 해서 거액을 거머쥘 사람도 물론 있겠지요. 하지만 절대다수의 부부가 이렇게 이혼을 한들 행복해질 수 있을까요. 아니, 이혼 후에 서로 얼굴이라도 볼 수 있을까요. 좀 심하게 얘기하자면 양쪽 변호사들에게만 만족스러운 결과가 나올지도 모르겠습니다.

더구나 사연을 보내신 장동하 씨처럼 빚을 제외하면 1억 원이 채 되지 않은 재산을 놓고 양쪽이 변호사를 선임하는 건 어찌 보면 무모한 행동입니다. 재산분할에 대해 어느 한쪽이 압도적으로 우위를 차지하는 사례는 그리 많지 않습니다.

최근 판례를 보면 이혼 커플 10쌍 중 6쌍 이상은 재산분할의 비율이 40~60% 선에서 결정이 납니다. 이 중에서 부부가 함께 재산을 모으기 전인 결혼 초기에 이혼하는 커플을 제외하면, 절대 다수는 전체 재산 절반을 기준으로 10% 정도를 누가 더 차지하느냐를 놓고 다툼을 벌인다는 얘기가 됩니다.

장동하 씨의 사례에 더 깊이 들어가 볼까요. 이럴 땐 변호사 없이 원만하게 이혼에 합의하는 게 상책입니다. 두 사람은 이혼에 합의했고, 두 딸도 아내가 양육하기로 뜻을 모았습니다. 의견이 갈리는 건 재산분할과 양육비 정도입니다.

장동하 씨에게 당부합니다. 소송을 하더라도 재산분할이나 양육비 지급을 하지 않을 방법은 없습니다. 그러니 재산을 절반씩 나누고 아내가 직장을 얻을 때까지 당분간 원하는 만큼 양육비를 지급하는 것이 어떨지요. 아니면 남은 재산 중 상당 부분을 아내와 딸들의 미래를 위해 통 크게 양보하는 아량을 베푸는 방법도 있겠습니다. 그것이 변호사를 통해 해결하는 것보다 훨씬 현명한 방법일 수 있습니다.

• 굳이 이혼소송이라는 전쟁을 치를 필요는 없다

재산이 없는 사람들끼리 변호사를 선임해봤자 돌아오는 건 거액의 위자료가 아닌, 수임료와 악감정밖에 없는 경우가 많습니다. 특히나 재산보다는 이혼 자체가 목적이라면 가급적 변호사는 선임하지 않으시는 게 현명합니다.

이혼이 분노와 절망으로만 결론이 나야 할 이유가 있습니까. 서로 더 좋은 사람을 만나도록 격려해주거나 자녀를 키우는 쪽이 더 잘 키울 수 있도록 지원해주는 모습을 보여줄 수는 없을까요. 제가 너무 이상적이라고요? 이혼을 새 출발로 삼으려면 굳이 '변호사를 통한 이혼소송'이라는 전쟁을 치를 필요는 없지 않겠습니까.

지금 이혼을 고민하고 계신가요. 유능한 변호사를 찾기 전에 본인의 재산이 얼마나 있는지 생각해보세요. 그리고 마지막이라고 생각하고 배우자와 터놓고 대화를 하세요. 그 뒤에 법률사무소 문을 두드려도 늦지 않습니다. 끝으로 앞서 소개한 책의 한 구절을 인용하면서 마칩니다.

"격렬한 싸움의 양상을 띠는 모든 이혼소송에는 한 가지 분명한 사실이 있다. 즉 담당 변호사 외에는 모두가 패배자라는 점이다."

꼭 이혼하시겠다면, 이건 알고 계신가요?

이혼소송 하기 전에 알아야 할 몇 가지

∗∗∗ 이혼소송을 결심했으나 막막하다는 주리아(여, 35세) 씨의 사연

10년 전 남편과 결혼한 주리아 씨는 몇 차례 이혼 고비를 겪었다. 남편의 잦은 폭력 때문이었다. 결혼 초기 주리아 씨는 남편을 고소했고, 남편 역시 그녀를 상대로 이혼소송을 제기했다. 하지만 부모님들의 만류로 서로 취하한 채 결혼생활을 유지하게 되었다.

그러나 이미 두 사람의 마음은 멀어져 남편은 주리아 씨와 친정식구를 달갑게 여기지 않았고, 그녀 역시 가치관과 성격이 다른 남편에게 애정을 주지 못했다. 최근 어렵게 아이를 낳았지만 가장 노릇을 제대로 하지 못하고 가정에 전혀 신경을 쓰지 않는 남편에게 지친 주리아 씨. 결국 이혼소송을 결심하게 되었다. 하지만 어디서부터 어떻게 해야 할지 막막하기만 하다.

• 이혼이 많은 달, 적은 달은 언제일까

가벼운 얘기부터 해봅니다. 이혼 접수가 가장 많은 달은 연초일까요, 연말일까요. 아니면 명절 직후일까요. 또 가장 적은 달은 언제일까요. 궁금증을 해소하기 위해 대법원 통계를 뒤져봤습니다. 2010년 1월부터 2012년 12월까지 3년간 달별로 협의이혼과 이혼소송이 접수된 건수를 살펴봤습니다. 그리고 평균치보다 눈에 띄게 많거나 적은 달을 추렸습니다.

그랬더니 이혼 접수가 적은 달은 2010년 1월, 11월, 12월, 2011년 1월, 2월, 12월, 2012년 1월, 9월, 11월, 12월로 나타났습니다. 반대로 많은 달로는 2010년 3월, 8월, 2011년 3월, 6월, 8월, 9월, 2012년 5월, 7월, 8월, 10월이었습니다.

분석해보니 연초(1월, 2월 등)와 연말(12월)에 이혼을 하려는 부부는 확실히 평균보다 적었습니다. 반면 3월과 여름(7월, 8월)에는 늘었고 추석 직후(2011년 9월, 2012년 10월)에도 갈라서겠다고 법원을 찾는 부부가 많았습니다. 최근 3년간 통계만을 바탕으로 한 결과이긴 합니다만, 사이가 좋지 않은 부부도 연초에는 잘 살아보리라는 다짐을 하게 되나 봅니다.

그래도 주리아 씨처럼 이혼을 결심하신 분들에게 조언을 드리고자 합니다. 이혼을 하라, 마라 할 수 있는 자격이 누구에게 있을까요. 답을 갖고 있는 사람은 자기 자신입니다. 자신의 미래, 자신의 행복을 기준으로 결혼생활을 유지하는 게 나을지, 갈라서는 게 나을지 선택을 해야겠지요. 대신 결코 후회하지 않을 만큼 진지하게 고민 또 고민해야 합니다. 일생이 걸린 문제 아닌가요.

고민 후 결심이 섰다면 마지막으로 배우자와 솔직하게 대화를 나눠볼 것을 권유합니다. 처음이자 끝이리는 마음으로 터놓고 얘기해보십시오. 헤어지기 직전만이라도 비난을 멈추고 상대의 의견을 존중해줄 필요가 있습니다. 특히나 자녀들에겐 이혼을 하건 하지 않건 엄마 아빠 모두 소중한 부모니까요. 전문가의 상담을 받아보는 것도 하나의 방법입니다. 상담기관을 통해 부부 갈등을 원만히 해결했다는 얘기를 종종 듣게 됩니다. 꼭 전문가가 아니더라도 객관적으로 상황을 보고 조언해줄 수 있는 지인이라면 도움을 얻을 수 있겠지요.

법률전문가인 변호사를 찾는 건 어떨까요? 앞서 소개했듯이 많은 이들이 이혼 결정을 내리기도 전에 무작정 변호사의 도움을 얻으려고 합니다. 하지만 몇 년 혹은 십수 년 살아온 배우자가 아닌 생전 처음 본 변호사의 말에 의지해 이혼을 결정한다는 건 참으로 슬픈 일입니다.

• 이혼소송하려면, 먼저 이혼사유가 되는지부터 살펴야

저는 앞선 사연을 통해 이혼소송에서 변호사 선임이 득보다 실이 많다고 말씀드렸습니다. 물론 도움 되는 측면도 적지 않습니다. 변호사가 이혼소송에서 자녀 양육과 재산문제 등에서 법적인 권리를 짚어주고, 법정에 대신 출석해주는 역할을 하기 때문입니다. 하지만 배우자에게 거액의 재산을 받아내는 일이 주된 관심사가 아니라면, 이혼하기로 마음을 굳힌 뒤에 변호사를 만나도 결코 늦지 않습니다.

이혼 결심이 섰다면, 이제 현실로 받아들여야 하는 순간입니다. 무엇을 고민해야 할까요. 먼저 본인이 이혼하려는 이유가 이혼사유가 되는지부터 살펴야 합니다.

여러 차례 말씀드린 대로 이혼을 하는 방법은 협의이혼과 재판상이혼 2가지가 있습니다. 협의이혼은 서로 합의해서 재산과 자녀 양육을 결정하면 되는데, 문제는 재판상이혼입니다. 재판으로 이혼하기 위해서는 법에서 정한 사유가 있어야만 합니다. 앞에서 소개한 사연들로 풀어봤던 재판상 이혼사유를 자세히 정리해보았습니다.

재판상 이혼사유의 각 의미와 구체적 사례

재판상 이혼사유	의미	구체적 사례	비고
1. 배우자의 부정행위	혼인 외 성관계인 간통을 포함, 부부간 정조의무를 위반하는 일체의 행위	• 배우자가 다른 이성과 동거하거나 모텔에서 나온 경우 • 늦은 시각까지 수시로 이성과 전화나 문자를 주고받은 경우	단, 다음의 경우는 이혼사유가 될 수 없다 • 혼인 전의 부정행위 • 사전에 동의 • 사후에 용서 • 부정행위를 안 뒤 6개월 경과 • 부정행위를 한 뒤 2년 경과
2. 배우자가 악의로 다른 일방을 유기	배우자가 정당한 이유 없이 동거, 부양, 협조의무를 이행하지 않는 것	• 가출, 연락두절 • 생활비·양육비 등 지급중단	부득이한 사정으로 인한 일시 별거는 허용
3. 배우자 또는 직계존속으로부터 심히 부당한 대우를 받은 경우	'심히 부당한 대우'란 혼인관계를 지속하는 것이 고통스러울 정도로 폭행·학대·모욕을 당하는 것을 의미	• 장인, 장모의 폭행 • 시부모의 학대 • 배우자의 폭행·가혹행위	
4. 자기의 직계존속이 배우자로부터 심히 부당한 대우를 받은 경우		자기 부모가 배우자에게 폭행·학대·모욕을 당하는 경우	
5. 배우자 생사 3년 이상 불분명	배우자가 살아있는지 여부를 전혀 증명할 수 없는 상태		이혼청구 당시까지 3년 이상 계속돼야 가능
6. 그밖에 혼인을 계속하기 어려운 중대한 사유	원만한 부부공동생활관계가 회복할 수 없을 정도로 파탄돼 혼인생활의 계속을 강제하는 것이 참을 수 없는 고통이 되는 경우	• 배우자의 파렴치범죄, 자녀학대 • 알코올중독, 도박 • 성관계 거부 • 불치의 정신병	사유 안 날 기준 6개월, 사유 발생일 기준 2년 내 청구 가능

• 이혼소송, 어떻게 진행되나

그렇다면 이혼소송은 어떤 방식으로 진행되는지 알아보겠습니다. 일반적인 이혼소송의 흐름은 다음과 같습니다.

> **이혼소송 절차**
>
> ① 사건접수(이혼소장) → ② 가사조사관의 조사 → ③ 법원의 조정절차 →
>
> ④ 재판 → ⑤ 판결 → ⑥ 이혼 신고

이혼소송은 법원에 소장이 접수돼야 가능합니다. 즉 이혼을 원하는 쪽(원고)이 이혼을 청구해야 한다는 뜻입니다. 법원은 이혼소장을 상대방 배우자(피고)에게 전달합니다. 이때부터 소송이 시작되는 것입니다. 그러면 법원은 가사조사관을 통해 부부 사이의 관계, 가정환경, 양쪽의 주장 등을 조사합니다. 그 뒤 본격적인 재판에 앞서 양쪽이 원만하게 해결할 수 있도록 조정을 진행합니다. 조정으로 해결되지 않으면 법정 공방과 서류 제출을 통해 잘잘못을 따지게 됩니다. 이러한 재판 과정을 통해 법원은 최종적으로 원고의 이혼청구가 옳은지 그른지를 판결합니다. 이혼판결이 확정되면 부부관계는 종료되고, 관청에 이혼신고를 함으로써 행정절차도 마무리됩니다.

• 이혼소장, 어떻게 작성해야 하나

당연히 원고로서는 소장을 작성하는 게 가장 중요합니다. 몇 가지 유의할 점을 살펴보겠습니다. 이혼소장에서 중요한 부분으로는 3가지가 있습니다. 바로 ① 청구취지와, ② 청구원인, ③ 증거자료입니다.

① **청구취지**

청구취지란 소송에서 얻고자 하는 결론을 말합니다. 당연히 이혼을 원할 테니 '원고와 피고는 이혼한다'고 쓰면 간단합니다. 하지만 그걸로 끝이 아닙니다. 재산문제나 자녀 양육 문제 등이 남았습니다. 이혼과 함께 정리하고자 한다면 청구취지에 반드시 기재해야 합니다.

먼저, 재산청구 중 재산분할입니다. 결혼생활 중에서 부부가 공동으로 형성한 재산은 이혼하면서 나눠가질 수 있습니다. 합의가 되지 않으면 소송을 해야 합니다. 재산분할은 재산형성·유지에 따른 기여도와 이혼 후 부양문제 등을 따지게 됩니다. 일반적으로 결혼생활을 오래 한 부부의 경우 전체 재산을 40~60% 선에서 나누는 경우가 가장 많습니다. 따라서 이혼소장에는 재산분할로 돈을 달라거나, 아니면 부동산의 지분 1/2을 달라는 등의 청구를 할 수 있습니다.

상대에게 잘못이 크다면 위자료 청구도 가능합니다. 재산분할이 재산 기여도에 따라 돌려받는 성격의 청구라면, 위자료는 혼인파탄에 책임을 묻는 성격을 갖습니다. 위자료는 정신적 손해배상이라고 볼 수 있습니다. 판례를 보면 정신적 손해는 생각만큼 많이 인정되지 않습니다. 혼인파탄 책임이 인정될 경우에 위자료 액수는 보통 수백만~수천만 원 선에서 결정됩니다. 물론 재산분할, 위자료 청구는 이혼과는 별도로 소송을 제기할 수도 있습니다. 하지만 재산분할 청구권은 이혼한 날부터 2년, 위자료 청구권은 손해 및 가해자를 안 날로부터 3년이 지나면 소멸한다는 점도 기억하시기 바랍니다.

다음은 자녀문제입니다. 자녀문제도 부부가 합의해서 정할 수 있지만, 합의가 이루어지지 않으면 친권·양육에 관한 사항을 법원을 동해 해결해야 합니다.

친권은 결혼 중에는 부부가 공동으로 행사하지만 이혼하면 누가 친권을 행사할지를 정해야 합니다. 친권행사자는 부모 중 자녀를 실제로 키우는 쪽(양육권자)으로 정하는 게 바람직합니다. 따라서 자녀를 키우겠다고 결심했다면 친권행사자와 양육권자로 지정해달라고 청구취지에 기재해야 합니다. 참고로, 자녀를 양육하는 부모는 상대방에게 양육비를 청구할 수 있으며 양육하지 않는 부모는 정기적으로 아이를 만날 수 있는 면접교섭권이 있습니다. 청구취지에는 이런 내용을 담으면 됩니다.

청구취지의 기재례

1. (이혼만을 원하는 경우)원고와 피고는 이혼한다.

2. (위자료를 청구하는 경우)피고는 원고에게 위자료로 1천만 원과 소상부본 송달 다음날부터 판결 선고일까지는 연 5%, 그 다음날부터 다 갚는 날까지는 연 20%의 각 비율로 계산한 돈을 지급하라.

3. (재산분할을 청구하는 경우)피고는 원고에게 재산분할로 1억 원과 이에 대한 이 판결 확정일 다음날부터 다 갚는 날까지 연 5%의 비율로 계산한 돈을 지급하라.

4. (자녀를 직접 양육하고 친권자가 되고자 할 경우)사건본인에 대한 친권행사자 및 양육자로 원고를 지정한다.

5. (상대방에게 자녀 양육비를 청구하는 경우)피고는 원고에게 양육비로 2013. 1. 1.부터 사건본인이 성년이 되기 전날까지 월 ○○만 원을 매월 말일에 지급하라.

6. (자녀를 양육하지 않는 부모가 자녀를 정기적으로 만나기를 원할 경우)원고는 사건본인을 아래와 같이 면접교섭할 수 있고, 피고는 원고가 사건본인들을 원활히 면접교섭할 수 있도록 협조하여야 한다.

  가. 매월 둘째, 넷째 주 토요일 오후 1시부터 일요일 오후 5시까지 1박2일간

  나. 매년 사건본인의 여름방학과 겨울방학 중 원고가 정하는 각 7일간

  다. 매년 설 명절 연휴 기간

  라. 면접교섭 장소는 원고와 피고의 협의 하에 서울 또는 인천으로 정한다.

② 청구원인

다음은 ② 청구원인입니다. 청구원인은 육하원칙에 따라 이혼을 해야 하는 사유, 상대방에게 혼인파탄 책임이 있다는 점을 자세히 적습니다. 여러 차례 말씀드린 대로 재판으로 이혼하기 위해서는 재판상 이혼사유가 있어야 합니다. 또 법원이 보기에 이미 결혼이 파탄에 이르렀거나 더 이상 결혼을 유지하는 게 가혹하다고 여겨져야 합니다.

따라서 결혼생활부터 현재까지 지금까지 있었던 일들을 차분히 정리하고, 그중에서 상대방에게 책임이 있다는 점을 밝혀야 합니다. 사실관계를 잘 정리해야 소송을 유리하게 끌고 갈 수 있습니다.

③ 증거자료

마지막으로 ③ 증거자료입니다. 증거는 청구원인에 적은 사실을 뒷받침하는 자료가 됩니다. 재판에선 일방적인 주장만으로 원하는 결과를 얻기 어렵습니다. 상대방도 상반된 주장을 펼 수 있기 때문에 결국

그 주장을 확인할 수 있는 증거가 필수입니다.

사실 이혼사건은 부부 사이의 은밀한 생활이 쟁점이 되므로 증거가 그리 많지 않습니다. 그래서 객관적인 자료를 확보하는 것이 더 중요할지 모르겠습니다. 유능한 변호사보다 확실한 증거가 더 필요한 게 이혼소송입니다.

예를 들어 폭행이 있었다면 진단서나 치료확인서, 사진 등과 같은 자료가 필요하고 외도가 있었다면 외도를 인정하는 진술서나 녹취록, 현장사진 등도 유력한 증거가 됩니다. 최근에는 차량 블랙박스나 문자메시지 등의 자료도 자주 등장합니다. 또한 배우자가 "앞으로 폭행을 하지 않겠다" "바람을 피우지 않겠다"는 내용으로 써준 각서가 있다면 그것도 정황자료가 될 수 있겠습니다. 부부 사이에 일어난 일을 사실대로 이야기해줄 '중립적'인 인사도 법정에서 증인이 될 수 있습니다.

정리해보겠습니다. 이혼소송을 원한다면 청구취지, 청구원인, 증거자료를 잘 정리해서 이혼소장을 제출합니다. 그러면 상대방과의 재판이 시작됩니다. 법원은 일단 조정으로 원만하게 해결되도록 권유하고, 조정이 되지 않으면 법정공방을 통해 판결을 내리게 됩니다.

주리아 씨, 이혼을 원하지만 이렇게 복잡한 소송절차는 싫다고요? 하지만 법원이 부부 사이를 쉽게 갈라놓는 것도 바람직하지는 않다고 봅니다. 만일 소송 없이 이혼하고 싶다면 상대를 설득하여 협의이혼 하는 수밖에 없습니다. 다음 사연에서는 반대로 이혼소송을 당했을 때 대처하는 요령에 대해 살펴보겠습니다.

이혼소송 당하셨다구요?
이렇게 하세요

이혼소송에 현명하게 대처하는 방법

✱✱✱ 이혼하고 싶지 않은 남자, 김민호(40대) 씨의 간곡한 사연

30대에 접어들어 잘 다니던 대기업에서 구조조정으로 실직자가 된 김민호 씨. 그 뒤로 제대로 된 직장을 잡지 못해 근 10년간 아내의 벌이로 살림을 꾸려왔다. 아내는 처음에 김민호 씨를 격려하며 자신감을 북돋웠고 그는 힘들게 일하는 아내를 위해 아이들 교육과 집안일에 신경 써왔다. 그 뒤 장사를 벌이거나 다른 사업에 손을 대봤지만 하늘이 돕지 않는지 번번이 실패만 맛봤다.

그래서였을까? 몇 달 전 아내는 그에게 "나도 고생할 만큼 했다. 더 이상 구질구질하게 살기 싫다. 당신에게 지쳤다"고 호소했고, 얼마 전에는 법원에서 이혼서류도 날아왔다. 아내가 소송을 낸 것이다. 이혼소장에는 김민호 씨가 그동안 경제적으로 무능했고, 수입을 얻기 위해 별다른 노력도 하지 않았으며 집안일에도 충실하지 않았다고 적혀 있었다. 아내는 이혼을 원하고, 열 살 난 아들도 김민호 씨에게 떠안긴 상태다. 결과적으로는 자신의 잘못을 인정하고 막노동이라도 해서 가장 노릇을 하고 싶은 김민호 씨. 이혼하고 싶지 않은 그는 어떻게 해야 할까?

• 이혼소송에 대처하는 요령

앞에서 이혼소송을 하기 전에 준비할 몇 가지 사항을 알려드렸습니다. 이번에는 이혼소송에 대응하는 요령을 말씀드려야겠군요.

혹시 여러분은 소송을 당해보셨나요. 웬만한 강심장이 아니고서는 대부분 두렵고, 당황스럽고 혼란스럽기 마련입니다. 그런데 믿었던 아내(또는 남편)로부터 일반 소송도 아닌 이혼소송을 당한다면 배신감까지 더해지겠지요. 그야말로 '멘붕' 상태가 될 겁니다.

그렇지만 일단 진정하고, 마음을 가라앉히십시오. 제일 중요한 건 마음입니다. 흥분하면 소송을 그르치게 됩니다. 승자도 패자도 없는 이혼소송은 더더욱 그렇습니다.

이제 '배우자가 이혼을 원한다'는 현실을 인정하고 냉철하게 대응해야 합니다. 한 가지 다짐할 일이 있습니다. 어떤 결론이 나더라도 배우자를 원수로 여겨서는 곤란합니다. '내상'을 덜 입도록 마음을 다스려야 합니다. 이혼이 안 되고 다시 함께 잘 살면 좋겠지만, 설사 이혼이 확정되더라도 행복을 빌어줄 마음의 준비를 해야 합니다. 그럴 준비가 되었다면 제가 법적인 조언을 해드리겠습니다.

• 이혼소송, 패소 안 하려면 이것을 반드시 기억하라

소송을 당하는 쪽(피고)이 반드시 기억해야 할 2가지가 있습니다.

첫째, 이혼소장을 받은 뒤 30일 이내에 답변서를 써내야 합니다. 이혼소송은 이혼을 원하는 쪽(원고)이 법원에 낸 소장을 피고가 받으면서 시작됩니다. 피고는 소장에 대한 의견과 주장을 담은 서면을 30일 내에 써내도록 돼 있습니다. 이 서류를 '답변서'라고 합니다. 답변서를 쓰지 않으면 법원은 원고의 소장을 근거로 하여 이혼판결을 내릴 수도 있습니다. 따라서 소장 내용을 인정하지 않는다면 반드시 답변서를 제출해야 합니다. 답변서를 낸 뒤에도 추가로 상대방의 주장을 반박하거나 새로운 주장을 담은 서면을 제출할 수 있는데 이 서류를 준비서면이라고 합니다.

둘째, 조정기일이나 재판기일에 빠지지 않고 참석해야 합니다. 재판에 불출석하면 우선 상대방이 법정에서 새로운 주장을 하거나 증거를 내더라도 적절하게 대응하기 곤란합니다. 또 판사에게도 재판에 불성실하다는 인상을 심어줄 수 있습니다. 부득이하게 참석이 어렵다면 미리 사유를 밝히고 연기신청서를 제출하는 것이 바람직합니다.

답변서 제출과 재판 참석을 제대로 하지 않으면 배우자가 원하는 대로 이혼이 될 가능성이 높다는 점을 명심하시기 바랍니다. 소송에서 '무대응'은 '패소'와 친한 사이입니다.

답변서나 준비서면을 잘 써내기 위해서는 소장 내용을 유심히 살펴야 합니다. 특히 원고가 소송의 결과로 바라는 내용이 담긴 '청구취지'를 잘 봐야겠지요. 이혼만을 원하는지, 위자료나 재산분할 청구를 하는지, 자녀 친권과 양육권, 양육비 문제를 어떻게 청구하는지 파악해야겠습니다.

• 소송당한 피고가 이혼을 원하지 않는 경우

이 정도로는 부족하다고요. 그럼 좀 더 구체적으로 살펴보죠. 피고가 이혼을 원하지 않는 경우와, 양쪽 모두 이혼을 원하는 경우로 나눠서 말씀드리는 편이 알기 쉽겠군요.

먼저 김민호 씨처럼 피고가 이혼을 원하지 않는 경우입니다. 당연히 적극적인 의사를 밝혀야 합니다. 일단 답변서를 통해 원고의 주장이 사실과 어떻게 다른지, 왜 이혼이 부당한지를 상세히 적어냅니다. 그리고 유리한 증거가 있다면 함께 제출합니다. 여기서 주의할 점, 배우자를 감정적으로 자극하는 표현이나 대응방식은 삼가야 합니다. 배우자의 주장을 반박하는 것이 목적이 아니고, 이혼하지 않고 잘 사는 것이 최종 목표이기 때문입니다. 이와는 별도로 배우자를 잘 설득할 필요도 있겠습니다. 이혼을 하겠다는 배우자의 마음을 돌릴 수만 있다면 무릎이라도 꿇어야 하지 않을까요.

법원은 어떨 때 이혼판결을 내릴까요. 법에서 정한 이혼사유가 있고, 가정이 회복하기 어려울 정도에 파탄에 이르렀다고 판단했을 때입니다. 그러니까 이혼을 원하지 않는 피고는 부부 사이에 이혼할 사유가 없고, 혼인파탄 상태가 아니라는 점을 분명히 밝히면 됩니다. 법정에서도 말이나 태도를 통해 앞으로도 결혼생활을 계속 이어가겠다는 점을 자연스럽게 드러내야 합니다.

• 피고도 이혼을 원하는 경우

다음으로 원고와 마찬가지로 피고도 이혼을 원할 때입니다. 이때는 조금 복잡한데요, 몇 가지 경우를 생각해볼 수 있겠습니다.

먼저 배우자를 설득하여 소송을 취하하고 협의이혼하는 방법을 생각해볼 수 있겠습니다. 서로 이혼하기로 뜻을 모았다면 번거로운 소송절차 대신 협의이혼으로 해결하는 것도 나쁘지 않습니다. 다만 협의이혼을 하더라도 재산이나 자녀 양육 문제까지 함께 합의해야 깔끔합니다.

하지만 이 방법은 나중에 어느 한쪽이 협의이혼 절차에 협조하지 않거나, 재산문제가 해결되지 않으면 또다시 소송을 거쳐야 한다는 단점이 있습니다.

이혼 조정을 택할 수도 있습니다. 피고도 이혼을 원한다는 취지의 답변서를 제출한 뒤 법원에서 권하는 이혼 조정에 응하는 방법입니다. 이혼과 재산문제 등에서 양쪽이 의견일치를 본 뒤 조정결정이 내려지면 이혼 확정판결과 똑같은 효력이 생깁니다. 참고로 현행법은 이혼판결 전에 조정절차를 거치게 돼 있습니다. 조정은 판결보다는 감정이 덜 다치는 방식이라고 볼 수 있습니다. 일단 조정이 이뤄지면 두 번 다시 조정사항을 번복할 수 없으므로 재산·자녀친권문제 등도 신중하게 결정해야 합니다.

그렇다면 이혼을 원하되 상대방이 제시한 이혼조건을 받아들일 수 없다면 어떻게 해야 할까요. 이때는 답변서를 제출하고 적극적으로 대응해야 합니다. 재산분할을 어떻게 할 것인지, 자녀를 누가 키우고 양육비는 얼마나 부담할 것인지도 중요한 문제입니다. 또한 위자료는 결혼 파탄에 책임을 지는 쪽이 부담하기 때문에 사실과 다른 부분이 있다면 반박을 해야 합니다.

적극적인 반격에 나설 수도 있습니다. 원고에게 오히려 이혼책임이 더 크다고 주장하면서 원고를 상대로 위자료나 재산분할 청구를 하는 방법입니다. 이때는 반소를 제기해야 합니다. 반소란 소송 도중에 피고가 원고에게 거꾸로 제기하는 소송으로, 맞소송이라고 생각하면 됩니다. 그렇게 되면 양쪽이 모두 원고이자 피고가 되는 셈입니다. 반소 제기는 그다지 권하고 싶지는 않습니다만 이혼소송에서 적반하장이라고 판단될 때 쓸 수 있는 방법입니다.

　이렇듯 이혼을 원하더라도 가만히 있으면 불리합니다. 이혼뿐 아니라 자녀문제와 재산문제에서도 불리한 판결이 내려질 수 있기 때문입니다.

• 부부는 서로 부양할 의무가 있다

　이제 김민호 씨의 사례를 다시 보겠습니다. 아내의 이혼청구는 받아들여질 수 있을까요. 짧은 사연만으로는 판단하기 어렵다는 점을 전제로 말씀 드립니다.

　부부는 서로 동거·부양·협조해야 할 의무가 있습니다. 부양의무는 법적인 의무입니다. 최근 대법원은 투병중인 아들의 병원비를 부담한 어머니가 며느리(아들의 아내)를 상대로 낸 부양료청구 소송에서 부부간의 부양의무가 부모나 형제보다 앞서는 1차석 의무라고 판결한 바 있습니다. '부부간 상호부양의무'는 "혼인관계의 본질적 의무로서 부양을 받을 자의 생활을 부양의무자의 생활과 같은 정도로 보장하여 부부공동생활의 유지를 가능하게 하는 것을 내용으로 하는 제1차 부양의무"라는 것입니다.

　이런 부양의무는 어느 한쪽이 아닌 양쪽 모두에게 있습니다. 남녀를 불문하고 경제적 능력이 되는 쪽이 부양비나 생활비를 부담하는 것은 당연합니다. 만일 김민호 씨가 의도적으로 가정에 불성실하거나 경제활동을 위해 아무런 노력을 하지 않았다면 그건 문제가 될 수 있겠지요. 그렇지 않고 단순히 현재 수입이 없거나 직장이 없다는 사실만으로는 곧바로 이혼사유가 되지 않습니다.

　물론 아내 입장에서는 긴 세월동안 육체적, 정신적 부담을 느껴왔을 겁니다. 이 때문에 재판결과를 떠나서 지친 아내의 마음을 돌리기가 쉽지는 않겠습니다. 결혼생활을 계속하겠다면 김민호 씨가 그야말로 각고의 노력을 기울이는 수밖에 없습니다. 막노동이라도 하겠다고 다짐하셨으니 아내에게 그 의지를 보여주십시오. 아무쪼록 부부가 신뢰를 회복해서 좋은 부부, 좋은 부모로 잘살 수 있기를 바랍니다.

다단계에 빠진 남편, 헤어질 수 있을까요?

경제적 문제와 이혼사유

*** 다단계에 빠져 온통 빚뿐인 남편 때문에 고민인 박복녀(여, 48세) 씨

박복녀 씨는 단칸방에서 신혼살림을 시작했다. 그리고 지난 20년간 악착같이 모은
돈으로 지금의 아파트를 얻게 되었다. 하지만 최근 남편 때문에 아파트가 날아가
게 생겼다. 대기업을 잘 다니던 남편이 홀연 보험설계사로 전향하는가 싶더니, 다
단계 사업에 뛰어든 것이다.

이름만 대면 누구든 알 만한 다단계회사인데 남편은 수입은커녕 지출만 늘리면서
갖고 있던 예금, 주식, 퇴직금을 모두 다단계 사업에 몰아넣었다. 그가 다단계에 빠
진 지 벌써 10년. 몇 푼 안 되던 재산은 모두 사라지고 남은 것이라고는 카드 연체
대금, 친인척에게 갚아야 할 빚, 그리고 집에 빼곡하게 쌓인 다단계 상품들뿐이다.
조만간 성공한다며 다단계에서 손을 떼지 못하는 남편과 이혼하고 싶지만, 남편은
"정 이혼하려면 남은 재산을 분할하자"고 나섰다.

남편의 무책임한 행동이 이혼사유가 될 수 있을까? 만약 이혼한다면 박복녀 씨는
기껏 모은 재산을 홀라당 날려먹은 남편에게 남은 재산마저 덜어줘야 하는 걸까?

• 남편의 경제적 무능, 이혼사유일까

안녕하십니까, 이도남입니다. 행복한 결혼생활을 가로막는 장애물에는 어떤 게 있을까요. 애정 결핍? 자녀 교육? 시댁·처가와의 갈등? 물론 다 해당될 겁니다. 그런데 결코 무시할 수 없는 게 또 하나 있습니다. 바로 돈입니다. 경제적 문제가 잘 풀리지 않으면 부부 사이도 멀어질 수밖에 없습니다.

박복녀 씨는 다단계 사업을 하는 남편 때문에 이혼까지 고려할 정도로 심각한 고민을 하고 계시는군요. 제가 보기에도 남편께서 이젠 다단계를 접고 다른 일을 시작해보셨으면 좋겠는데요, 고집이 만만치 않으신가 보군요.

사연에 소개된 다단계 사업 얘기를 꺼내기 이전에 한 번 고민해볼 게 있습니다. 과연 남편의 경제적 무능이 이혼사유가 될 수 있는지 여부입니다. 법과 판례를 보면 부정적입니다. 많은 가정이 박복녀 씨 부부처럼 남편이 직장생활을 하고 아내가 가사와 육아를 분담하고 있긴 합니다. 하지만 남편만이 경제적 문제를 모두 떠안아서 해결하란 법은 없습니다. 함께 노력해야 하는 것이지요.

법원은 "혼인은 남녀의 애정을 바탕으로 하여 일생의 공동생활을 목적으로 하는 도덕적, 풍속적으로 정당시되는 결합으로서 부부 사이에는 동거하며 서로 부양하고 협조하여야 할 의무가 있는 것"이라고 합니다. 민법 826조도 부부 사이에 동거·협조·부양의무를 들고 있습니다.

민법 제826조(부부간의 의무)

① 부부는 동거하며 서로 부양하고 협조하여야 한다. 그러나 정당한 이유로

일시적으로 동거하지 아니하는 경우에는 서로 인용하여야 한다.

② 부부의 동거 장소는 부부의 협의에 따라 정한다. 그러나 협의가 이루어지지 아니하는 경우에는 당사자의 청구에 의하여 가정법원이 이를 정한다.

• 부부 사이에도 의무가 있다?

남편이 구직 중이거나 학업 등의 이유로 취업준비 중이라서 경제활동을 못한다고 해서 이것이 바로 이혼당할 사유가 될 수는 없습니다. 이때는 아내라도 직장생활에 나서는 것이 맞겠지요. 따라서 경제적 이유 때문에 부부 사이에 갈등이 빚어진다면 이것은 함께 책임지고 노력해야 하는 문제입니다.

진짜 문제는 경제적 어려움 자체에 있는 것이 아니라, 그것을 풀어나가는 방식입니다. 만일 남편이 정당한 이유 없이 가족들의 어려움을 외면하거나 방치한다면, 또는 방탕한 생활로 경제활동에 관심을 갖지 않는다면 충분히 이혼사유가 될 수 있겠지요.

• 다단계 사업으로 불화가 생긴 가정들

부부 중 한 사람이 다단계 사업을 하는 바람에 불화가 생기는 일은 적지 않습니다. 물론 다단계 사업에 종사하는 것 자체가 이혼사유가 된다고 보기는 어렵겠습니다. 불법으로 운영되지 않는 이상 그것도 직업으로 인정될 수 있기 때문입니다.

하지만 계속 금전적인 손실을 보면서도, 남은 재산을 축내면서까지 사업에 뛰어든다면 가족의 생계를 위협하거나 부부의 의무를 방기하는 결과가 빚어질 수도 있습니다. 실제로 다단계 사업 때문에 이혼까지

간 사례 몇 가지를 살펴보겠습니다.

먼저 이혼이 받아들여진 A씨(남편)와 B씨 부부 사례입니다. A씨는 다단계 사업을 하다가 거액의 채무를 지고, 전혀 가정경제를 돌보지 않아서 부부 사이에 갈등을 겪었습니다. 급기야 두 사람은 합의하에 몇 년 동안 별거를 하게 되었습니다. 하지만 남편 A씨는 별거 기간 동안에도 생활비나 자녀 양육비를 전혀 지급하지 않았고 B씨는 오로지 자신의 수입만으로 자녀를 키우고 생활을 꾸려갔습니다.

법원은 "두 사람의 혼인관계는 경제적인 문제로 인한 오랜 기간의 별거생활 등으로 인하여 더 이상 회복되기 어려울 정도로 파탄에 이르렀다고 판단된다"며 B씨의 이혼청구를 받아들였습니다.

얼마 전 대구가정법원에서도 이와 비슷한 판결이 있었습니다. 두 자녀와 아내(D씨)를 둔 40대 C씨는 다단계 사업을 하다가 가사를 탕진했습니다. 거액의 빚을 진 C씨는 2004년경 무단으로 가출을 하여 현재까지 가족과 연락을 끊어 버렸습니다. 기다리다 지친 D씨는 C씨를 상대로 소송을 제기했고 법원은 "이혼하는 것이 옳다"며 원고승소판결을 내렸습니다.

• "배우자가 다른 일방을 악의로 유기할 때"란?

이혼재판에서는 민법 840조에서 정한 여섯 가지 사유에 해당해야 이혼이 가능합니다. 앞서 소개한 두 사건에서 법원은 재판상 이혼사유 중 '배우자가 악의로 다른 일방을 유기한 때'에 해당한다고 판단했습니다. '악의로 유기한다'는 말은 "배우자가 정당한 이유 없이 서로 동거, 부양, 협조하여야 할 부부로서의 의무를 포기하고 다른 일방을 버린 경우"를 뜻합니다.

부부 한쪽이 장기간 무단으로 가출하거나 상대방을 내쫓는 경우가 대표적입니다. 물론 일시적인 감정으로 잠시 집을 비운 정도로는 이혼 사유가 되지 않습니다. 가정생활을 유지할 의사가 없거나 부부공동생활을 할 뜻이 없을 정도로 부재가 오랜 기간 계속돼야 합니다. 즉 법원은 다단계 사업을 했다는 것 자체보다는 그 이후 가정을 방치하거나 책임지지 않으려는 태도가 이혼사유에 해당한다고 판단한 것입니다.

위 두 가지 사례는 악의의 유기와 함께 '기타 혼인을 계속하기 어려운 중대한 사유'로 볼 수도 있습니다. 법원은 "부부공동생활관계가 회복할 수 없을 정도로 파탄되고 그 혼인생활의 계속을 강제하는 것이 일방 배우자에게 참을 수 없는 고통이 되는 경우"에 이혼을 허용해야 한다고 판시해왔습니다.

반면, 남편이 다단계 사업을 했지만 아내의 이혼청구를 기각한 사례도 있습니다. 60대 여성인 E씨는 "남편 F씨가 다단계 사업과 종교에 빠져서 가정에 소홀히 했고, 거의 집에 들어오지 않으면서 대화를 거부해왔다"며 가정법원에 이혼소송을 냈습니다.

하지만 법원은 "F씨가 가정에 소홀히 한 점은 있으나 자신의 생활을 반성하고 E씨가 바라는 바대로 노력하겠다고 다짐하고 있는 점 등을 고려하면 혼인이 돌이킬 수 없는 정도로 파탄되었다고 인정하기에 부족하다"며 이혼판결 대신 당부의 말을 남겼습니다.

"부부는 애정과 신의 및 인내로써 서로 상대방을 보호하여 혼인생활의
유지를 위한 최선을 노력을 기울여야 하는 것이고, 혼인생활 중에 그 장

애가 되는 여러 사태에 직면하는 경우가 있다 하더라도 부부는 그러한 장
애를 극복하기 위한 노력을 다하여야 할 것이다.”

법원은 두 사람에게 아직 관계가 개선될 여지가 있다고 본 것입니다.
그렇다면 박복녀 씨의 경우는 어떨까요. 사연으로 다시 돌아가 봅니다.
박 씨의 남편이 무리한 다단계 사업으로 가정에 어려움을 주고 있는
것은 사실입니다. 하지만 이것을 재판상 이혼사유 중 하나인 ‘악의의
유기’라고 보기는 어렵습니다. 다만 ‘기타 혼인을 계속하기 어려운 중
대한 사유’로 볼 수 있을지는 더 생각해볼 문제입니다. 만일 가족의 생
계가 곤란할 정도인데도 집을 팔아서 무리하게 다단계에 투자할 정도
라면 법원에서 이혼사유로 판단할 가능성도 배제할 수는 없습니다.

• 이혼할 때 누구나 재산분할 청구할 권리 있다

마지막으로 이혼을 전제로 한 재산분할 문제입니다. 원칙적으로 부
부는 이혼할 때 재산분할을 청구할 권리가 있습니다. 설사 한쪽이 잘못
을 했다 하더라도 재산분할을 안 해줄 수는 없습니다.
법원의 판례도 혼인파탄 책임과 무관하게 부부가 함께 협력하여 이
룩한 재산은 분할대상 재산에 해당된다고 보고 있습니다. 부부재산은
재산형성의 기여도 등을 고려하여 정하게 되는데 남편이 가정에 소홀
히 하거나 손실을 입혔다 하더라도 그 사정은 분할액수나 비율에 참작
이 될 수 있을지언정 재산분할을 거절할 이유는 되지 않습니다.
박복녀 씨, 힘드시겠지만 남편이 무단가출하거나 딴살림을 차리는
정도는 아니므로 명백한 이혼사유라고 말씀드리기는 어렵습니다. 일단

은 두 분이서 관계회복을 위해 노력해보셨으면 합니다. 남편이 마음을 돌리는 게 우선이겠지요. 이혼은 그 다음에 생각해보실 문제입니다.

만일 이혼할 결심을 굳혔다면 그동안 있었던 일을 잘 정리해두시고, 남편이 혼인파탄에 책임이 있다는 사실을 밝힐 만한 객관적인 자료를 첨부하여 재판을 하시는 수밖에 없습니다. 재판에서 이기려면 법원을 설득해야 하니까요. 부디 이혼까지 가지 않기를 바라는 마음 간절합니다.

20

효자 남편, 감당이 안 됩니다

시댁·처가와의 갈등과 이혼 ①

⁝ 시어머니, 시누이, 남편에 짓눌린 서명옥(여, 40세) 씨의 사연

서명옥 씨는 20대 초반 같은 직장에 근무하던 열 살 연상의 남편과 결혼해 아들 둘을 낳았다. 남편은 평소 술도 안 먹고 자상한 편이라 별 걱정이 없었는데, 결혼해 보니 문제는 남편이 지극한 효자(?)라는 점이었다.

시어머니는 젊은 나이에 홀로된 이후 자식 넷(남편 밑으로 여동생 셋이 있다)을 억척스레 키워냈다. 그 때문에 서명옥 씨는 결혼 초 맞벌이를 하면서도 주말이면 시어머니 댁에서 진종일 집안일을 도왔다. 시댁 행사라면 제사, 결혼은 물론 조카들 생일잔치까지 일일이 참석해야 했다. 오붓한 가족여행 한 번 가본 적 없는 그녀에게 가까이 사는 시누이 세 명은 그녀를 가정부 대하듯 하며 참견하기 일쑤였다. 최근에는 남편 사업이 어려워져 시어머니를 모시고 살면서 근처 큰 시누이 가게에서 남편과 시어머니와 함께 일손을 돕고 있다. 그러던 어느 날 몸이 안 좋아진 서명옥 씨는 큰맘 먹고 친정에 다녀왔는데 이것을 빌미로 불화가 발생했다. 억눌렸던 불만을 토해낸 서명옥 씨에게 시어머니는 어이없다는 표정으로 당장 나가라고 소리쳤다. 시누이들은 물론 남편도 그녀를 이해하지 못했다.

"어머니를 감당하기 힘들다"고 말하는 서명옥 씨에게 남편은 "이제껏 나를 위해 희생한 어머니가 아직도 고마운데 어째서 그런 말을 하느냐"고 윽박질렀다. 분가를 요구하자 "그냥 참고 살면서 어머니 요구를 받아주자"는 남편. 그러지 못하면 이혼을 하겠다고 선언했다. 서명옥 씨는 기가 차서 더 이상 할 말이 없었다. 남편은 아들 노릇, 오빠 노릇은 하면서 남편 역할은 버려둔 것이다.

• 남자는 결혼하면 효자가 된다?

여러분은 명절을 어디서 보내시는지요. 저는 왕복 2천리(800km) 거리인 고향을 찾습니다. 정확히는 아내의 고향이 아니라 제 고향이지요.

서명옥 씨의 사연을 보면서 명절 때만 되면 자기 부모를 두고 남편의 고향에 먼저 가야 하는 아내들의 심정을 헤아려봅니다. 이른바 '시월드'는 여자에게 고통만 안겨주는 존재일까요.

'남자가 결혼하면 효자가 된다'는 말이 있습니다. '효자 남편과 사는 여자는 괴롭다'고도 합니다. 이 속설들은 진실일까요. 이와 관련, 2011년에 흥미로운 조사 결과가 있었습니다. 결혼정보업체 '가연'이 기혼남녀 200명을 대상으로 결혼 후 가장 많이 변하는 배우자의 행동에 대해 조사했습니다. 남편 중 절반가량(51%)은 결혼 후 아내의 '잔소리가 늘어난다'를 꼽았습니다.

반면, 아내들의 대답은 달랐습니다. 무려 58%가 '남자들은 아내를 통해 부모에게 효도하려 한다'고 말했습니다. 여성들이 시부모를 모시거나 보살피는 일에 얼마나 부담을 느끼는지 알 수 있습니다. 그러니까 많은 여성들은 효자 남편 자체를 힘들어하는 게 아니라, 시부모에게 자기 부모처럼 효도를 하라고 요구하는 남편의 행동에 힘들어한다고 보는 게 맞겠습니다.

가족은 만나면 반갑고 서로 힘이 돼주어야 하는데, 시집이나 처갓집 식구들과의 마찰로 고통을 겪고 있는 분들이 의외로 많더군요. 수십 년간 다른 환경 속에 살아온 두 남녀가 함께 사는 것도 어려운데, 상대의 가족들까지 얽히게 되니, 그래서 결혼생활이 쉽지 않나 봅니다.

• 아내와 시부모 갈등으로 이혼했다면, 누구 책임?

서명옥 씨의 사연을 자세히 살펴봅시다. 여러분은 부부 갈등에 누가 가장 큰 책임이 있다고 보시나요.

① 결혼한 아들을 놓지 않으려는 시어머니

② 올케를 무시하는 시누이들

③ 시댁식구들과 원만하게 지내지 못하는 아내

④ 어머니와 아내 사이 갈등을 해결 못한 남편

입장에 따라 다르겠으나, 법원은 비슷한 사례에서 '④ 남편'의 책임이 가장 크다고 보았습니다.

사례 1 동갑내기 A씨(여성)와 B씨는 20대 초반에 눈이 맞았다. 두 사람은 하루라도 빨리 함께 살고 싶은 생각에 B씨의 군복무 중에 결혼하기로 합의했다. 그런데 둘은 결혼생활 계획을 놓고 난관에 부딪혔다. 특히 A씨는 "시부모와 함께 살 수 없으므로 분가를 해야 하고, 시부모들이 다른 결정을 한다면 따를 수 없다"는 뜻을 밝혔다. 이 사실을 알게 된 B씨 부모들은 격분하여 결혼식에도 나타나지 않고 몇 년간 대면조차 거부했다. 이 때문에 A씨는 임신한 상태에서 혼자 결혼준비를 도맡았다. 그 후에도 A씨는 남편과 함께 여러 차례 시부모를 찾아갔으나 퇴짜를 맞았고 화해는 끝내 무산되었다. 그 과정에서 부부 사이 갈등의 골이 깊어졌고 급기야 B씨는 폭력을 사용하면서 집을 나가고 말았다. 두 사람은 서로에게 책임이 있다며 맞소송을 냈다.

법원은 시부모와의 분가를 고집한 A씨보다, 아내와 부모 사이의 갈등을 원만히 해결하지 못한 남편 B씨의 책임이 더 크다고 보았습니다.

법원은 "혼인 과정에서 부적절하게 처신하여 시부모에게 상처를 주고 갈등과 불화를 심화시킨 A씨의 잘못이 적지는 않다"고 지적했습니다.

하지만 "혼인기간 내내 적절한 원칙과 처신을 밝히지 못한 채 우유부단하게 행동하여 A씨에게 아픔을 주고, 폭행과 욕설, 나아가 가출로 혼인을 파탄에 이르게 한 B씨의 잘못이 보다 근본적이고 중대하다"고 판단했습니다.

또한 A씨는 시부모와의 관계회복을 위해 나름대로 노력을 한 흔적이 보였는데, B씨가 적극적인 도움을 주지 못한 점도 파경의 원인이 되었다고 보았습니다. 두 사람의 결혼생활은 A씨가 위자료와 양육비를 받아 아이를 키우는 것으로, 3년 만에 막을 내렸습니다.

• 시댁 · 처가 갈등도 이혼사유?

시댁·처가와의 갈등도 법적으로 이혼사유가 될 수 있을까요. 민법 840조에서 답을 찾을 수 있겠습니다.

민법 제840조(재판상이혼원인)

부부의 일방은 다음 각 호의 사유가 있는 경우에는 가정법원에 이혼을 청구할 수 있다.

3. 배우자 또는 그 직계존속으로부터 심히 부당한 대우를 받았을 때

6. 기타 혼인을 계속하기 어려운 중대한 사유가 있을 때

(1, 2, 4, 5호는 생략)

먼저 3호를 보겠습니다. 배우자의 폭행이나 학대가 이혼사유가 된다

는 건 잘 알고 계실 겁니다. 그런데 배우자의 직계존속, 즉 시부모나 장인·장모가 이런 행동을 해도 마찬가지입니다. 하지만 한두 번 욕설이나 폭언을 했다고 해서 이혼사유가 된다고 보기는 어렵습니다. 판례는 3호를 "혼인관계의 지속을 강요하는 것이 가혹하다고 여겨질 정도로 배우자 또는 직계존속으로부터 폭행이나 학대 또는 중대한 모욕을 당하는 경우"라고 설명합니다.

그 다음은 6호 기타 이혼사유입니다. 이 조항은 이혼사유를 일일이 법전에 다 적을 수 없기 때문에 만든 조항입니다. 법원은 "부부공동생활관계가 회복할 수 없을 정도로 심각하게 파탄되고 혼인생활의 계속을 강제하는 것이 일방 배우자에게 참을 수 없는 고통이 되는 경우"를 뜻한다고 했습니다.

정리하자면 시부모나 장인·장모의 폭력, 모욕적인 언행이 계속되거나, 시댁·처가와의 갈등이 결혼생활을 유지할 수 없을 정도로 심각한 고통이 된다면 이혼소송도 가능하다는 말입니다.

• 고부간 갈등 중재할 책임은 남편에게

서명옥 씨, 법적인 조언을 드리자면 남편이 이혼소송을 제기하기는 어려울 것 같습니다. 서명옥 씨에게 이혼에 책임을 질만 한 잘못이 없기 때문입니다. 오히려 고부간의 갈등을 중재하지 못한 남편에게 책임이 더 커 보입니다.

더 갈등의 골이 깊어지기 전에 남편을 잘 설득해서 분가하는 것이 해결책인 것 같습니다. 가정의 중심은 부부가 돼야 합니다. 남편이 어머니나 여동생 못지않게, 아니 그 이상으로 아내를 배려하고 존중해야 한다는 사실을 깨달았으면 합니다.

　다음 사연도 '시월드'와 관련된 부부 갈등문제입니다. 명절 때 시댁에 자주 가지 않는 것도 이혼사유가 되는지, 시부모에게 불효한 아내에게 혼인파탄 책임이 있는지, 갈등은 어떻게 해결해야 하는지 함께 고민해보겠습니다.

21

아내의 불효, 용서할 수 없습니다

시댁·처가와의 갈등과 이혼 ②

✳✳ 어머니가 돌아가신 후 아내와의 이혼을 결심한 황금기(남, 55세) 씨

젊은 시절을 화려하게 보내고 지금은 자그마한 사업을 꾸린 황금기 씨는 최근 이혼을 고민하고 있다. 지난 해 어머니를 여읜 그는 살아계실 적에 어머니를 좀 더 찾아뵙고 따뜻한 밥과 반찬으로 대접해드리지 못한 점을 한으로 여기고 있던 터였다. 어머니를 잃은 실의는 아내에 대한 불만으로 드러났다.

아내는 거동이 불편한 어머니를 건성으로 대했고, 따뜻한 말 한마디 제대로 건네는 적이 없었다. 그래서 황금기 씨는 어머니가 돌아가신 후에 아내의 불효를 곱씹으며 마음이 차가워지는 것을 느꼈다. 아내와 더 이상 같이 살고 싶은 마음이 들지 않는 황금기 씨 아내와 갈라설 수 있을까?

• 내 부모에게 효도하지 않은 아내, 이혼할 수 있을까?

지난 사연에 이어 이번에도 시댁·처가와의 갈등 이야기를 해볼까 합니다. 사연을 보내주신 황금기 씨는 돌아가신 어머니 때문에 상심이 크시군요. 하지만 그 상심 때문에 아내를 향한 증오를 키워서는 곤란하지 않을까요.

일단 마음을 가라앉히시기 바랍니다. 사연에 대한 답변을 바로 드리는 것보다 최근 판결을 몇 가지 소개해드리는 게 낫겠습니다.

부부가 결혼을 한 뒤에는 명절 기간을 어디서 보내는지도 중요한 사안이지요. 부부가 서로 자기 입장만 고집하다가 이혼까지 간 사례가 있습니다.

사례 1 결혼 10년차 부부 A씨(남, 40대)와 B씨는 5년 전부터 명절 때마다 싸우는 일을 반복하고 있다. 명절을 누구 집에서 얼마나 보내느냐가 싸움거리였다. B씨는 해마다 추석 다음날인 친정아버지 생일과 설 다음날인 할아버지 제사에 참석하지 못하는 것이 마음에 걸렸다. 그래서 시댁 측에 명절 다음날에는 시댁에 오지 못하겠다고 선언했다. A씨가 반대하자 A씨의 아버지가 며느리의 제안을 받아들이자고 중재에 나섰다. 그런데 B씨는 앞으로 계속 명절에 시댁에 오지 않아도 된다는 뜻으로 받아들였고, A씨는 일시 허락한 것으로 여겨 두 사람의 다툼은 끝없이 이어졌다. 가사와 육아 분담을 둘러싼 의견차까지 보인 두 사람은 결국 각자 편하게 살자는 이야기까지 하게 되었다. 말이 씨가 되었는지 두 사람은 별거를 시작했고 다시 합치지 못한 채 이혼법정을 찾았다.

• 시댁 먼저냐, 친정 먼저냐, 결국 이혼법정까지

이중 누구 잘못이 더 클까요. 법원은 "책임이 누가 더 중하다고 할 수 없을 정도로 대등하다"고 판결했습니다. 명절 연휴를 어디서 주로 지낼 것인지, 맞벌이 부부의 가사와 육아 분담은 어떻게 할 것인지를 정하는 것은 쉽지 않은 문제입니다. 따라서 "서로 애정과 인내를 갖고 대화와 타협을 통해 합리적인 방안을 제시하여 문제를 해결해야" 한다고 법원은 지적했습니다. 그런데도 "서로 입장만을 고수한 채 다툼만을 반복하고, 쉽게 별거에 들어가 이혼소송을 제기한 것은 양쪽 모두의 잘못"이라는 게 법원의 결론이었습니다.

• 명절 · 제사 때 시댁 가지 않은 것만으론 이혼사유 안 돼

그렇다면 명절이나 제사 때 시댁에 가지 않은 것도 이혼사유가 될까요. 판례를 보면 부정적입니다.

> **사례 2** 50대 여성 C씨는 남편 D씨의 사업 실패로 돈벌이에 나섰다. 공장에 근무하면서 일주일은 주간에, 일주일은 야간에 교대로 근무했다. 그런데 몸이 피곤하다 보니 명절에 시댁에 가지 않고 잠을 자거나 시아버지 제사에 참석하지 않은 날도 있었다. 평소에 밥을 잘 차려주지 않는다는 불만까지 있던 D씨는 집을 나간 뒤 C씨를 상대로 이혼소송을 냈다.

법원은 D씨의 이혼청구를 기각했습니다. 법원은 "C씨가 교대근무를 하면서 피곤 등의 이유로 D씨와 많은 대화를 나누거나 적극적으로 시댁식구들과 어울리지 못한 것으로 보인다"면서도 "이것이 혼인관계의 파탄을 가져올 정도의 잘못이라고 볼 수는 없고, C씨에게 귀책사유가 있다고 인정하기 어렵다"고 판단했습니다.

오히려 부부관계를 회복하기 위한 노력을 하지 않은 채 이혼을 요구하며 집을 나간 D씨에게 주된 책임이 있다고 꼬집었습니다.

• "아내보다 부모" 효자 아들, 마마보이 남편 이혼당하기도

아내의 입장을 이해 못한 '효자 아들'이나 '마마보이' 남편이 이혼당한 사례도 있습니다.

사례 3 E씨(남, 50대)는 고생하며 자신을 길러준 부모에 대한 마음이 각별했다. 항상 부모를 잘 모시겠다는 생각뿐이었다. 하지만 아내 F씨는 소극적인 성격이어서 시댁을 방문할 때마다 혼자 책을 보는 등 어울리지 못할 때가 많았다. F씨는 형편이 넉넉지 못한 상황에서 시댁에 생활비를 주는 것도 부담스러워했다. 그때마다 E씨는 아내를 심하게 비난했다. 반면, F씨는 남편이 시댁식구들에게 하는 것만큼 친정 식구들에게도 잘 해주길 바랐으나 기대에 크게 못 미쳤다. F씨는 자신의 마음을 전혀 헤아리지 않는 남편과 결별을 원한다며 이혼소장을 제출했다.

법원은 부부관계가 회복 불가능하고 두 사람 모두 노력도 하지 않는다며 이혼판결을 내렸습니다. 법원은 "E씨가 F씨를 충분히 이해하지 못한 채 비난하고 무시한 점이 주된 원인"이라고 진단하면서 정신적 피해를 입은 F씨에게 위자료를 지급하라고 했습니다.

사례 4 G씨(남, 30대)는 결혼을 하고도 부모의 말을 거스르지 못하는 전형적인 '마마보이'였다. 항상 부모에게 의존하고 어린 아이처럼 행동했는데, 부모들은 2세를 갖는 문제도 간섭했다. 아내인 H씨는 그게 불만이었다. H씨가 아들을 낳은 뒤 또 다시 쌍둥이를 임신한 사실을 알게 된 G씨 부모는 '내 아들은 애를 많이 키울 능력이 없는 아이다. 둘은 몰라도 셋은 우리가 책임져줄 수 없다'라면서 낙태를 권유했다. H씨는 시부모의 말에 큰 충격을 받았는데, 남편인 G씨가 부모에게 아무런 대꾸도 하지 못하는 모습을 보면서 더 큰 슬픔에 빠지게 되었다. H씨는 '더 이상 저런 사람을 의지하고 살 수 없겠다'는 생각으로 이혼을 결심했다.

법원은 "G씨의 부모가 낙태를 권유했고, G씨가 적극적으로 대응하지 못한 점이 인정된다"며 이혼판결을 내렸습니다. H씨는 시부모의 반대를 무릅쓰고 쌍둥이를 낳아서 자신이 기르고 있다고 합니다. 이밖에도 아내가 낯선 곳에서 시부모를 모시며 직장생활과 자녀 양육을 병행하는데도 위로해주기는커녕 폭언을 일삼은 남편에게 법적 책임을 물은 판결도 있습니다.

• 결혼은 아직까지 남자에게 유리… 여성에 배려를

저는 대한민국의 결혼은 여자보다는 남자에게 유리한 제도라고 생각합니다. 아직까지 남성에게 유리한 사회분위기도 그렇고 육아나 가사에 대한 부담이 여성에게 쏠리는 것도 그렇습니다.

배우자의 부모에 신경을 쓰는 일도 여성의 짐이 무겁습니다. 사위는 처갓집에서 주로 대접을 받는 입장이지만, 며느리로서는 시댁에 가는 것 자체가 고통스럽고 힘든 일일 수도 있습니다. 이 때문에 남편의 배려·이해·양보가 반드시 필요하다고 봅니다.

이제 황금기 씨의 사연을 살펴보겠습니다. "아내가 어머니를 잘 모시지 못해서 이혼하고 싶다"고 하셨는데요. 하지만 며느리의 시부모 봉양은 남편이 협조를 구해야 할 일이지 이혼으로 풀 일이 아닙니다. 부부 갈등이 아니라 고부간의 문제로 이혼에까지 이르는 일이야말로 커다란 불효 아닐까요.

법으로 따지더라도 폭행·학대·심각한 모욕 정도에 이르렀다면 모를까, 단지 '시부모나 장인·장모에게 쌀쌀맞게 대했다' '자주 찾아보지 않았다'는 정도는 혼인파탄 사유로 볼 수도 없습니다. 황금기 씨, 부디 아내와 관계를 회복하셔서 함께 노후를 잘 보내시길 기원합니다.

물론 배우자가 자기 부모에게 살갑게 대하지 않을 때 서운한 감정이 드는 건 사실입니다. 하지만 저는 현실을 인정하자고 말씀드리고 싶습니다.

사위나 며느리도 자식이고, 시부모나 장인 장모도 부모라는 말이 있습니다. 반은 맞고 반은 틀리다고 생각합니다. 자식 사랑은 맹목적이지만, 며느리나 사위 사랑은 그렇지 않습니다. 이혼할 때를 떠올려보십시오. 대부분의 부모는 일방적으로 자기 자식 편을 들고 며느리나 사위를 비난합니다. 현실은 현실입니다.

• 현실적인 대안, 효도는 셀프다!

그래도 서운한 마음이 가시지 않는 분들께 현실적인 대안을 제시해봅니다. 효도를 하고 싶거든 자기 부모는 자기가 알아서 하자! 효도는 셀프다!

너무 냉정한가요. 그래도 이혼을 택하는 길보다 낫지 않을까요. 어쨌거나 배우자를 향한 기대치를 낮추어야 합니다. 혹시 아내나 남편이 효도를 거든다면 감사하게 여기자는 말입니다. 그리고 자기 부모에게 대하는 만큼 상대 부모에게도 똑같이 대하려는 노력도 해야 합니다.

가족의 우선순위는 부부라는 사실을 기억합시다. 결코 부모나 자식이 중심이 돼서는 안 됩니다. 특히나 남편들로서는 결혼한 뒤에는 자신이 부모형제에게서 독립하여 가정을 꾸렸다는 사실을 기억해야 합니다. 고부간의 갈등이 생기는 밑바탕에는 결혼 후에도 부모를 중심으로 하는 자기 집안의 둥지에서 벗어나지 못한 남편의 태도가 자리 잡고 있다고 봅니다.

끝으로 고부간의 갈등으로 힘들어하는 여성분들에게 한 말씀 드립니다. 한 번쯤 입장을 바꾸어 놓고 열린 마음을 가져보시길 바랍니다. 여성분들은 지금은 며느리지만 앞으로는 시어머니나 장모가 될 수도 있습니다.

애지중지해서 키운 아들과 딸이 결혼한 뒤에도 나에게 잘한다면 어떻겠습니까. 아마도 자식 키운 보람이 있다고 느낄 겁니다. 그런데 만일 이 문제로 아들과 며느리가, 사위와 딸이 서로 다툰다면 기분이 어떨까요. 때로는 남편의 부모 사랑을 인정해주는 아량도 베풀었으면 합니다.

22

끊기 힘든 쇼핑중독,
차라리 남편 위해 갈라설래요

이혼법정에 선 쇼핑중독과 과소비

✼✼✼ 남편과 아이를 위해 이혼을 택한 쇼핑중독 정다혜(여, 39세) 씨

결혼 14년차로 열 살배기 딸을 둔 정다혜 씨는 쇼핑중독에서 헤어나지 못하고 있다. 결혼 초 남편의 수입이 없어 시부모님이 주신 몇십만 원의 생활비로 근근이 살아온 부부. 이후 남편은 다단계에 손을 댔다가 빚만 늘었고, 정다혜 씨는 카드 돌려막기로 생활을 이어왔다. 여기에 겹쳐 유산을 한 정다혜 씨는 우울증에 홈쇼핑, 인터넷쇼핑으로 마음을 달랬고, 두 사람의 빚은 점점 늘어만 갔다.

그녀는 빚 5천만 원을 양가 부모님께 요청해 갚았지만, 자신에게 남은 어마어마한 카드빚은 차마 밝힐 수 없었다. 이런 상황에도 쇼핑중독은 여전히 고쳐지지 않아 카드대금이 눈덩이처럼 늘어났고 늘어난 빚을 남편이나 부모님들이 조금씩 갚아주는 악순환이 계속됐다. 결국 그녀는 이혼을 결심했다. 멈출 수 없는 자신이 원망스럽고 한심해서 견딜 수가 없었다.

남편은 그녀에 대한 신뢰는 잃었지만 여전히 그녀를 사랑하기에 이혼할 수 없다고 강경하게 버티는 상태, 하지만 그녀는 이혼만이 남편을 더 이상 불행하지 않게 해주는 길이라 생각하고 있다.

• 목석같은 남성도 단번에 사로잡는 무서운 홈쇼핑

여러분은 홈쇼핑, 인터넷쇼핑 자주 하시나요. 40대 남성인 저는 그다지 관심이 없는데요, 며칠 전 우연히 텔레비전을 보면서 충격적인 경험을 했습니다.

홈쇼핑에서 카메라를 팔고 있더군요. 처음엔 무심코 보았는데 점점 마음이 흔들리는 겁니다. 미모의 쇼호스트(진행자)가 '럭셔리한 디자인'에 '화려한 스펙'까지 자세히 소개하니 갑자기 카메라의 매력에 빠져들기 시작했습니다. 왠지 집에 꼭 있어야 할 것 같았습니다. 게다가 10개월 무이자에 5만 원 상품권까지 주고, 또 방송 중에 예약하면 추가로 1만 원을 할인해준다니 웬 횡재인가 싶더군요. "지금이 마지막 기회"라는 자막과 함께 친절하게 마감까지 남은 시간을 초 단위로 보여주니 제 마음도 초조해졌습니다.

바로 수화기를 들려는 순간, 무서운 눈초리로 아내가 제지했습니다. 카메라 구입은 무산되고 저는 현실로 돌아왔습니다. 나중에 알아보니 그다지 싼 가격도 아니고, 신제품도 아닌, 그저 평범한 디카에 불과했습니다. 더구나 저에겐 당장 필요한 물건도 아니었습니다. 홈쇼핑은 목석같은 제 마음도 움직여 놓더군요.

적지 않은 가정주부들이 고되고 어려운 현실을 잊으려고 쇼핑을 한다는 얘기를 들었는데요, 사연 속의 정다혜 씨는 심각한 수준입니다. 일상생활이 어려울 정도군요. 하지만 이혼을 한다고 모든 게 해결될까요.

• 낭비와 사치가 이혼법정까지 가려면

쇼핑중독이나 과소비, 사치, 낭비 등으로 파경을 맞는 부부를 어렵잖게 찾아볼 수 있습니다. 법적으로는 2가지 측면에서 고민을 해보게 됩니다. 이 2가지란 ①과소비와 사치가 어느 정도여야 이혼법정까지 갈 수 있는지, ②파경에 원인을 제공한 사람도 이혼청구를 할 수 있는지입니다.

먼저 ①과 관련된 내용을 살펴봅니다. 과소비나 사치의 기준은 부부의 경제력에 따라 달라질 수밖에 없습니다. 즉 수입이 많고 경제적 여유가 있는 가정과 그 반대인 가정이 다르다는 말입니다. 예를 들어 수백만 원짜리 밍크코트를 샀다고 가정했을 때 억대 연봉을 받는 부부에겐 감당할 수 있는 '적정한' 소비겠지만, 변변한 수입이 없는 부부에겐 과소비이자 낭비임에 틀림없습니다. 법원의 판결도 수입과 지출의 규모를 감안하게 됩니다.

최근에 한 남편이 "쇼핑중독에 빠져 과소비를 하는 아내 때문에 마이너스통장까지 쓰게 되었다"며 이혼소송을 제기한 적이 있습니다. 아내의 카드 이용액은 가장 많을 때가 월 1백만 원 정도였습니다. 여기엔 가족들의 보험료와 통신요금 등이 포함돼 있었습니다. 법원은 "생활비 지출 규모 등을 감안할 때 혼인관계 파탄에 이를 정도의 과소비가 있었다고 볼 수 없다"고 판단했습니다.

비슷한 사례는 더 있습니다. 40대 남성은 아내를 상대로 "살림을 가사도우미에게 맡긴 채 외제차를 타고 다니며 쇼핑중독에 빠져서 결혼생활을 유지할 수 없다"며 이혼과 위자료를 요구했습니다. 하지만 법원은 "쇼핑중독에 빠져 살림을 돌보지 않았다는 증거가 없다"며 이혼소송을 기각했습니다.

과소비나 낭비 등으로 이혼을 하려면 혼인파탄에 이를 정도로 심각해야 하고, 이를 뒷받침할 만한 자료가 있어야 된다는 것이 법원의 판단입니다. 그 전형적인 사례를 소개합니다.

•"홈쇼핑으로 빚까지 지게 했다면, 가정파탄 사유"

사례 1 40대 남성 A씨는 대기업에 오랫동안 근무하여 연봉이 5천만 원 이상이었고, 해마다 늘고 있었다. 그는 다른 지방으로 발령이 나자 살고 있던 아파트에 전세를 내주고 전세금은 아내 B씨에게 맡겼다. 가정주부 B씨는 그때부터 자기나 남편 명의로 발급받은 신용카드를 이용하여 쇼핑하는 재미에 빠졌다. 처음에 수만 원대 물건부터 사들이기 시작한 쇼핑 규모는 점차 수십만 원, 수백만 원대로 올라갔다. 무절제한 구매로 1년 남짓한 기간 동안 각종 홈쇼핑회사에 지출한 돈은 4천만 원에 달했고, 목걸이와 반지 등 귀금속을 사는 데 1천만 원 이상을 들였다. 현금서비스도 1년간 1천만 원을 넘게 받았다. 자연스레 A씨가 맡긴 전세금은 모두 사라졌고, B씨는 돈이 부족하자 카드 돌려막기를 하면서 홈쇼핑에 빠져들었다. 이 사실을 A씨가 알게 되었을 때는 이미 감당하기 힘들 정도로 빚이 불어난 상태였다. 분노한 A씨는 "아내에게 살림과 아이들을 맡길 수 없다"며 이혼소송을 걸었다.

A씨가 버는 돈은 결코 적다고 할 수 없습니다. 법원도 "A씨가 일정한 직업을 갖고 있었으며, 가족 구성·경제 수준 등을 감안할 때 A씨의 수입은 가정생활을 영위하는 데 크게 부족하지 않다"고 보았습니다. 법원은 "그런데도 B씨는 무분별한 홈쇼핑 등으로 인하여 가정경제를 궁핍하게 하고 다액의 채무를 부담하게 하는 결과를 초래했다"며 "B씨의 귀책사유로 혼인생활이 파탄되었다"고 했습니다. 따라서 두 사람은 이혼하고, 아이들도 A씨가 키우는 게 바람직하다고 결론 내렸습니다.

B씨는 "남편 A씨가 생활비를 제대로 주지 않았나"고 항변했으나 법

원은 "B씨가 신용카드를 발급받아 사용하고 현금서비스까지 이용했던 점에 비추어보면 생활비 미지급 주장은 받아들이기 어렵다"고 지적했습니다.

• "아내의 쇼핑 중독, 우울증 때문이라면 남편도 노력해야"

그런데 쇼핑중독이나 과소비에 빠진 당사자에게만 가정파탄의 책임이 있을까요. 중독에 빠진 상대를 배려하거나 이해하려고 노력하지 않은 배우자에게도 절반의 책임이 있다는 판결도 있습니다.

> **사례 2** 40대 가정주부 C씨는 결혼 후 몇 년이 지나면서부터 집안 청소를 제대로 하지 않고 인터넷이나 홈쇼핑을 통해 다소 과도하게 물건을 사기 시작했다. 병원에서는 '주요우울장애'라는 진단을 내렸다. C씨의 증상은 갈수록 심해져서 집안이 엉망이 되었고 쇼핑 물품은 늘어갔다. 심지어는 전신성형수술을 하겠다는 말까지 했다. 남편인 D씨는 수시로 C씨를 몰아붙였고, C씨도 더 이상 함께 살 수 없다며 가출했다.

법원은 장기간 별거상태가 이어져 부부관계가 회복될 수 없다면서 이혼판결을 내렸습니다. 하지만 잘못은 양쪽 모두에게 있다고 판시했습니다. 특히 "D씨는 평상시에 C씨에 대한 배려가 부족했고, 우울증을 앓고 있는 아내의 치료를 돕는다거나 갈등해결을 위한 노력을 하지 않은 채 비난만 하는 등의 잘못을 했다"고 지적했습니다.

부부 중 한쪽이 쇼핑중독이나 과소비에 빠졌더라도 결과만 보고 상대를 비난할 게 아닙니다. 우울증 등 질환이 있거나 부부 갈등 등 가정생활에서 생기는 심리적인 요인이 원인이라면 서로 배려하고 치료를 돕는 노력이 필요하다는 말입니다. 과소비나 사치는 가정에서 꼭 여성만이 하는 걸까요. 남편의 통큰 소비로 파경을 맞은 부부의 안타까운 사연도 법정까지 왔습니다.

• 한 달 수천만 원 '묻지마 소비'하던 남편, 알고 보니

사례 3 30대 남성 E씨는 결혼 전부터 씀씀이가 커서 아내 F씨를 놀라게 했다. E씨는 수시로 아내 F씨에게 명품가방, 옷, 보석을 즉석에서 사줬고 외제차를 선물했다. 결혼 후에는 신용카드를 쥐어주며 마음껏 쓰게 할 정도였다. 하지만 자신의 직장, 월수입, 금융기관 거래내역을 알려주지 않았고 F씨가 물으면 "사업을 한다"고 할 뿐이었다. 매달 2천~3천만 원의 카드대금은 신기하게도 연체된 적이 없었고 F씨는 그저 남편의 수입이 상상을 초월할 거라고 짐작할 뿐이었다. 하지만 호화로운 생활은 오래 가지 못했다. E씨의 돈은 모두 아버지에게서 나왔다. 그것도 사업을 하는 아버지가 분산관리하던 통장 중에서 자신과 어머니 명의로 된 돈을 아버지 몰래 사치와 주식투자에 사용한 것이었다. 불과 몇 년 사이 그가 지출한 돈은 무려 50억 원이었고 밀린 카드대금과 연체이자만도 1억 원을 넘었다. 쪽박을 차게 된 E씨는 자살을 시도할 정도였다. 아들의 실상을 알게 된 E씨의 부모는 생활비 등 모든 지원을 끊었고, 부부는 직장을 구해봤지만 매달 6백만 원으로 늘어난 생활 규모를 감당할 수 없었다. 결국 E씨는 이혼청구를 했고, F씨도 맞소송을 냈다.

한 달에 수천만 원을 척척 쓰던 두 사람의 화려했던 삶은 이렇게 막을 내리고 말았습니다. 이혼의 주된 책임은 누구에게 있을까요? 당연히 E씨입니다. 법원은 "제대로 된 직장도 없이 아버지 재산으로 온갖 사치를 누리며 살다가 사업이 실패하고 본가로부터 경제적인 지원이 끊기자 무책임하게 자살을 기도하고, 경제적 파탄의 책임을 아내에게 돌리

며 분란을 일으키다가 결국 가족을 버리고 집을 나가 동거 및 부양의
무를 저버린 E씨에게 잘못이 있다"고 판결했습니다.

이처럼 어느 한쪽의 과소비 때문에 일상적인 가정생활이 어려워진
정도라면 부부 사이의 부양 의무를 위반한 것이 될 수 있습니다. 이는
'배우자의 악의의 유기'로 보아 재판상 이혼사유에 해당합니다. 인터넷
쇼핑뿐 아니라 술, 도박, 유흥 등에 돈을 낭비한 것도 충분히 이혼사유
가 될 수 있습니다. 쇼핑도 정도가 지나쳐 중독 수준이 되고 이 때문에
불화가 자주 생기고 부부간 신뢰가 깨질 정도라면 '기타 혼인을 계속하
기 어려운 사유'가 될 수도 있겠지요.

이제 서두에서 제기한 2번째 문제, '②파경에 원인을 제공한 사람도
이혼청구를 할 수 있는지'를 따져봐야겠습니다. 정다혜 씨의 사연으로
살펴봅니다. 사연 내용으로만 본다면 생활에 지장을 줄 정도로 심각한
쇼핑중독 수준이어서 혼인파탄 사유가 될 가능성이 있습니다. 하지만
남편은 이혼을 원하지 않는다고 하셨는데요. 그렇다면 정다혜 씨가 이
혼소송을 먼저 걸 수는 없습니다. 판례는 유책배우자(이혼에 주된 책임이
있는 쪽)에게는 이혼청구권을 인정하지 않는 것이 원칙이기 때문입니다
(이 문제는 이어지는 사연에서 자세히 설명합니다).

• 쇼핑중독, 이혼보다는 상담 · 치료가 먼저

정 이혼을 원한다면 남편과 협의이혼을 하시는 방법이 있습니다. 딸
의 양육권을 정다혜 씨가 행사하는 쪽으로 매듭지을 수도 있습니다.
단, 남편과 반드시 합의가 돼야 합니다. 남편이 동의하지 않는다면 이
혼도, 딸을 키우는 일도 불가능합니다.

제가 보기엔 지금 정다혜 씨에게 이혼은 해결책이 아닙니다. 혼자서 아이를 키우는 일도 가능할까 싶습니다. 먼저 전문가의 상담을 받아보고 필요하다면 병원치료를 받아보시기 바랍니다. 아내가 쇼핑중독에 빠졌는데도 잘 살아보겠다는 착한 남편이 있는데 왜 파경을 먼저 떠올리시나요. 남편과 아이를 생각해서라도 반드시 착한 아내, 좋은 엄마로 돌아오시길 기대합니다.

23

잘못은 남편이 했는데 왜 제가 이혼당해야 하나요

유책배우자의 이혼청구 가능한가

⁂ 적반하장 남편에 속이 터지는 오윤하(여, 37세) 씨의 억울한 사연

얼마 전 결혼 5년 만에 시험관 아이로 아들을 낳은 오윤하 씨. 출산의 기쁨을 채 누리기도 진에 남편이 이혼하자고 닦달하는 통에 스드레스가 이만저만이 아니다. 정작 이혼을 요구해야 할 사람은 자신인데 되레 남편이 헤어지자고 하니 억울할 노릇이다.

오윤하 씨와 남편은 서로 종교가 달랐다. 남편은 신혼 때부터 주말마다 예배당에 데리고 나갔고 시댁식구들도 종교생활을 강요해왔다. 그러면서도 시어머니는 수시로 그들의 집에 찾아와 생활을 간섭하고 용돈을 요구했다. 한편, 남편은 그녀와의 잠자리도 거부해왔다. 오윤하 씨가 먼저 요구라도 할라치면 여자가 밝힌다고 무안을 주면서도 본인은 그녀 몰래 인터넷 채팅으로 여자를 만나고 다녔다. 휴대전화를 들여다보며 시시덕거리는 남편을 추궁하면 의부증 환자라며 매도하기 일쑤였다. 종교 강요, 성관계 거부에 시부모 간섭까지……

그렇지만 오윤하 씨는 어렵게 낳은 아이를 위해서라도 이혼할 생각은 전혀 없다. 그런 그녀의 마음도 모른 채 남편은 수시로 갈라서자고 했고, 안 되면 소송을 걸겠다고 윽박질렀다. 잘못은 주로 남편이 저질렀는데 그녀는 소송을 당하고만 있어야 할까? 오윤하 씨에게 이혼의사가 없는데도 이혼이 가능한 것일까?

• 재판이혼 기준 2가지, 유책주의 vs 파탄주의

오윤하 씨, 우선 2세 출산을 축하드립니다. 귀하게 태어난 아들이 부모의 사랑을 받으며 건강하게 자랐으면 좋겠습니다. 그런데 한참 행복해야 할 시기에 이혼 걱정을 하다니 서글프군요. 오윤하 씨 남편처럼 부부의 도리를 못하면서 되레 이혼을 요구하면 받아들여질까요. 적반하장식 이혼소송이 법적으로 가능한지 알아봅니다.

이혼은 원하면 아무 때나 할 수 있을까요. 부부가 이혼에 합의했다면 가능합니다. 이때는 이혼원인이나 책임 소재와 관계없이 협의이혼이 가능합니다. 하지만 한쪽이라도 이혼에 동의하지 않거나, 서로 상대방에게 책임이 있다고 주장한다면 그때는 달라집니다. 재판을 거쳐야 합니다. 법에 나오는 재판상 이혼사유가 있어야 하고, 소송에서 이겨야 한다는 뜻입니다. 이건 여러 차례 말씀드렸으니 잘 아실 겁니다.

재판이혼에서 이혼을 인정하는 기준을 놓고 크게 2가지 흐름이 있습니다. ‘파탄주의’와 ‘유책주의’가 바로 그것입니다. 유책주의란 상대방에게 책임(또는 잘못)이 있어야 이혼을 청구할 수 있다는 원칙입니다. 바꾸어 말하면 이혼을 청구하는 사람에겐 잘못이 없어야 한다는 말입니다. 이와 달리 파탄주의는 혼인이 파탄되었다고 판단되면 이혼청구를 받아주자는 원칙입니다. 가정이 깨졌다면 잘잘못을 떠나서 이혼을 인정하자는 점에서 유책주의와 차이가 있습니다.

미국, 영국 등은 파탄주의 쪽에, 일본은 유책주의 쪽에 가깝다고 볼 수 있습니다. 한국은 어떤 입장일까요. 한국 법원은 “혼인생활의 파탄에 대하여 주된 책임이 있는 배우자(유책배우자)는 그 파탄을 사유로 하여 이혼을 청구할 수 없는 것이 원칙”이라고 밝힘으로써 유책주의를 기본으로 하고 있습니다.

예를 들어 남편이 가정을 버리고 딴 여자와 살림을 차려서 가정이 깨지게 되었습니다. 그런데 그 남편이 도리어 아내를 상대로 이혼청구를 하고, 법원이 받아주기까지 한다면 어떻게 될까요. 가정의 평화를 깬 쪽이 책임을 지기는커녕 이혼을 주도하는 지위에 서는, 부당한 결론에 이르게 됩니다. 그런 이유로 유책배우자의 이혼청구는 인정되지 않는 게 원칙입니다.

• [원칙] 유책배우자는 이혼청구를 할 수 없다

사례 1 A씨(남, 50대)는 결혼 20년 만에 아내 B씨(40대)와 별거를 하게 되었다. 정확하게는 아내 B씨가 집을 나가 버렸다. 결정적인 계기는 한 통의 전화 때문이었다.

어느 낯선 남자가 A씨에게 전화를 걸어와 "아내가 바람을 피우니 단속 잘하라"는 말을 남겼다. 혹시나 하는 마음에 A씨는 B씨의 동의하에 가방과 전화를 확인했다. B씨의 휴대전화에는 누군가와 주고받은 '사랑한다' '보고 싶다'는 식의 밀어가 가득했다. 상대방은 40대 남성으로 밝혀졌다. B씨가 이 남성과 1년간 문자를 주고받거나 통화한 회수는 무려 1만 건이 넘었다. A씨가 어찌된 일인지 추궁하자 B씨는 집을 나가버렸다. A씨는 아내에게 "용서할 테니 돌아오라"고 여러 차례 전화와 문자를 했지만 답이 없었다. 대신 B씨는 별거상태에서 "A씨가 부당한 대우를 해왔다"고 주장하며 이혼소송을 제기했다.

법원은 이혼청구를 받아들이지 않았습니다. 우선 "두 사람의 결혼 기간이 20년이 넘고 3명의 자녀가 있는 점, 별거 이후에도 A씨가 돌아오라는 문자를 보낸 점 등을 볼 때 약 1년 별거했다는 사정만으로 혼인관계가 파탄되었다고 단정할 수 없다"고 보았습니다.

또한 법원은 "A씨가 부당한 대우를 했다는 증거가 없다"면서 "오히려 B씨의 외도를 둘러싼 다툼이 갈등의 직접적 계기가 되었고, 남편이 외도를 의심할 충분한 여지가 있음에도 B씨가 적극 해명하거나 관계회복을 위해 노력하지 않은 점 등을 고려할 때 파탄의 책임은 B씨에게 있다"고 판단했습니다. B씨는 패소판결을 받았습니다.

하지만 이혼문제는 이렇게 단순한 사례만 있는 것은 아닙니다. 이혼이라는 결과가 나오기까지 양쪽 모두에게 잘못이 있을 수도 있고, 유책배우자의 이혼청구를 수용하지 않는 것이 오히려 불행이 될 상황도 있습니다. 또한 민법에 나오는 이혼사유 중 하나인 '기타 혼인을 계속하기 어려운 중대한 사유'를 어떻게 해석하느냐에 따라 파탄주의 쪽에 가까운 판단을 할 수도 있습니다. 최근의 판례를 정리해보면 예외적으로 유책배우자의 이혼청구를 받아들이는 몇 가지 상황을 볼 수 있습니다.

• [예외] 유책배우자의 이혼청구를 인정한 사례

① 상대방도 이혼의사가 객관적으로 명백한 경우

상대에게도 이혼의사가 확실하다면 굳이 책임을 따지는 게 무의미할 것입니다. 표면적으로는 이혼을 거부하더라도 복수심으로 이혼을 하지 않겠다는 태도도 마찬가지입니다. 같이 살기는 싫지만 남 좋은 일 시켜주기도 싫다는 입장이라면 이혼의사가 있는 것이나 다름없겠지요. 법원은 "혼인을 계속할 의사가 없음이 객관적으로 명백한데도 오기나 보복적 감정에서 유책배우자의 이혼청구에 응하지 않는 경우"에는 이혼하는 게 타당하다고 판시했습니다.

② 부부 모두 혼인파탄 책임이 있는 경우

결혼생활에서 어느 한쪽의 일방적인 잘못으로만 이혼에 이르는 경우는 많지 않습니다. 다만 누가 더 잘못이 큰지, 더 근본적인 책임이 있는지 차이는 있겠지요. 따라서 이혼책임을 따져 봤더니 양쪽 모두 비슷하거나 상대에게 책임이 더 크다면 굳이 이혼판결을 주저할 까닭이 없을 겁니다.

그래선지 "이혼청구인에게 전적으로 또는 주된 책임을 물어야 할 정도가 아니라면 이혼청구는 허용돼야 한다"는 판결도 있습니다. 이혼책임이 동등하거나 상대에게 더 많을 경우는 이혼청구가 가능합니다.

③ 다른 원인으로 혼인이 파탄된 후 유책행위가 있을 경우

예를 들자면 부부가 이혼에 완전히 합의하여 별거한 상황에서 아내가 다른 남자와 동거한 경우를 생각해볼 수 있습니다. 이때 아내가 이혼소송을 냈는데 뜬금없이 외도를 이유로 이혼청구를 배척하는 것은 타당하지 않다는 말입니다.

④ 혼인이 파탄되고, 결혼유지가 참을 수 없는 고통인 경우

사례 2 C씨(50대 남성)는 전처 D씨와 이혼하고 E씨와 재혼했다. 그런데 이혼 후에도 D씨는 C씨 집을 드나들었다. C씨 아버지가 사망하자 D씨는 상갓집에서 며느리 행세까지 했다. 심지어 D씨는 E씨에게 C씨와의 관계를 끊을 것을 종용했다. C씨의 딸도 E씨를 어머니로 인정하지 않았고 C씨의 어머니도 E씨를 집에 들어오지 못하게 할 정도였다. 짧은 동거 생활 끝에 C씨와 E씨는 별거를 할 수밖에 없었다. 그 와중에 C씨가 E씨를 형사고소하는 등 관계는 악화되었다. 별거가 길어지면서 C씨는 이혼을 청구했다.

부부가 동거한 기간은 불과 6개월이고, 별거 기간은 10년이나 되었습니다. 이전에도 C씨는 몇 차례 이혼소장을 냈으며, 재판결과와 관계없이 재결합 의사가 전혀 없다고 밝히기까지 했습니다.

법원은 10년 넘게 별거하고 서로 애정이나 신뢰가 회복되기는커녕 갈등의 골이 깊어진 사실로 보아 더 이상 결혼생활이 불가능하다고 판단했습니다. 갈등을 방치한 C씨의 책임이 크긴 하지만 이혼청구를 기각한다고 하여 다시 애정이 싹트기도 힘들다고 보았습니다.

따라서 법원은 '혼인을 계속하기 어려운 중대한 사유'에 해당한다고 보아 이혼판결을 내렸습니다. 이렇듯 판례는 "혼인의 본질에 상응하는 부부공동생활관계가 회복될 수 없을 정도로 파탄되었고, 그 혼인생활의 계속을 강제하는 것이 일방 배우자에게 참을 수 없는 고통이 되는 경우" 유책배우자의 이혼청구를 인정합니다.

유책배우자의 이혼소송에 대한 판례를 정리합니다. 유책배우자는 이혼청구를 할 수 없는 것이 원칙입니다. 하지만 △상대방도 이혼의사가 객관적으로 명백한 경우 △부부 모두에게 혼인파탄 책임이 있는 경우 △혼인이 이미 파탄되었고 결혼유지가 한쪽에게 참을 수 없는 고통이 되는 경우 등에는 예외적으로 이혼청구를 받아주겠다는 것이 법원의 입장입니다. 법원은 유책주의 원칙을 다소 완화하는 흐름으로 가고 있습니다.

• 부부간 종교갈등도 이혼사유 되나

부부간의 종교갈등도 이혼사유가 되는지 살펴봅니다. 먼저, 부부 사이에도 신앙의 자유는 인정됩니다. 특정 종교를 강요당할 이유도 없습니다. 이와 관련해 대법원까지 간 사건이 있었습니다.

남편은 아내가 믿는 종교의 교리가 마음에 들지 않는다는 이유로 종교의 포기를 강요했습니다. 아내가 거부하자 남편은 아내를 집에서 쫓아내고 이혼소장을 냈습니다. 대법원은 종교를 강요한 남편에게 혼인 파탄 책임이 있다고 판단, 이혼청구를 기각했습니다.

참고로 신앙생활에만 전념하여 가정을 방치했다면 그것도 이혼사유가 된다는 판례도 있습니다. 종교활동은 가정생활과 조화, 양립되는 범위 안에서만 인정되니 이를 넘어서면 이혼소송을 당할 수도 있습니다.

오윤하 씨 사연을 보니 남편의 이혼청구는 법적으로도, 도의적으로도 부당합니다. 남편은 이혼을 당할 수는 있어도 이혼재판을 걸 수는 없는 상황입니다. 더구나 오윤하 씨가 결혼생활을 이어가겠다는 뜻이 확고하니 더더욱 그렇습니다. 그러니 이혼 걱정은 하지 않으셔도 되겠네요. 다만 남편이 마음을 돌릴 수 있도록 노력해서 아이와 함께 행복하게 사시길 바랍니다.

24

빚만 남기고
세상을 떠난 남편,
어찌 하오리까

부부와 상속 ① 상속, 받을 것인가 포기할 것인가

**✻✻✻ 10년간 남남으로 살아온 남편이 남긴 빚더미…
눈물겨운 정은교(여, 30대) 씨의 사연**

여덟 살 난 아들과 단둘이 살고 있는 정은교 씨는 남편과 지낸 날들을 떠올리면 눈물이 흐른다. 10년 전 결혼했지만 남편은 신혼 초부터 외박을 밥 먹듯 했고 사업을 한다는 구실로 술과 유흥으로 인생을 탕진했다. 돈을 벌어오기는커녕 임신한 그녀가 번 돈 몇 푼마저 갖다 쓰기 일쑤였던 남편 탓에 정은교 씨는 분노와 눈물로 밤을 지새웠다. 어느 순간 모든 것을 포기하게 된 그녀는 남편이 눈에 안 보이는 것이 편할 지경이 되었다.

남편은 "이혼하고 싶으면 알아서 하라"고 말했지만 실상 얼굴도 제대로 보기 힘든 남편과 이혼소송을 벌이는 것이 만만치 않아 그대로 뒀던 것이 화근이었다. 최근 남편은 사고로 세상을 떠났다. 남편에게 일말의 정은 없지만 안타까운 마음에 장례를 치르고 돌아오니 청천벽력과도 같은 소식이 그녀를 기다리고 있었다. 남편에겐 어마어마한 빚이 있었다. 금융권과 사채업자의 독촉장, 법원에서 날아온 소장을 보니 눈앞이 깜깜하다.

남편이 떠난 지 한 달, 이제라도 이혼을 할 수는 없는 걸까? 혹은 상속포기나 한정승인이라는 제도로 남편의 빚더미에서 벗어날 수 없는 걸까?

• 사실상 이혼 상태인 남편, 사망 후에도 이혼 가능할까

정은교 씨, 먼저 위로의 말씀을 드려야겠군요. 결혼 후 10년 넘게 힘들게 살아오셨을 텐데, 남편이 세상을 떠나면서까지 시련을 남겨준 것 같습니다. 그래도 남아 있는 아들을 위해서라도 살 길을 찾아봐야 합니다. 사연을 보아하니 착실하게 살아오신 것 같은데 법을 모르는 착한 사람이라고 해서 결코 법이 알아서 배려해주지는 않습니다.

먼저 첫 번째 질문부터 풀어보죠. 사망한 남편과 이미 부부 사이가 깨졌으니 이제라도 이혼을 확인받을 수 있는 방법이 있는지 질문하셨는데요.

결혼한 부부가 부부의 인연을 끊게 되는 길은 2가지가 있습니다. 2가지란 이혼과 사망을 말합니다. 이혼은 법원을 통해야 하고 협의이혼과 재판이혼의 2가지가 있습니다. 이혼을 하게 되면 배우자의 친족(인척)과도 남남이 되는 반면, 배우자가 사망하면 재혼을 하기 전에는 인척관계가 유지된다는 차이가 있습니다.

사연의 경우처럼 남편이 외박·가출로 집에 잘 들어오지 않고 생활비도 주지 않았다면 넉넉히 이혼사유가 되고도 남습니다. 재판상 이혼사유 중 '배우자의 악의의 유기'에 해당합니다. 남편은 정당한 이유 없이 부부의 의무인 동거·부양·협조 의무를 이행하지 않았기 때문입니다.

그런데 중요한 건 판사 앞에서 협의이혼을 하거나 이혼판결을 받았을 때 비로소 이혼이 인정된다는 사실입니다. 사실상 이혼 상태였다고 하더라도 그것만으로는 신분상 변화가 있거나 어떤 법적인 효과가 나타나지는 않습니다.

사망한 사람을 상대로 이혼소송을 하거나 이혼 확인을 받을 수 있을까요. 그건 현행법상 불가능합니다. 설사 부부 사이에 심각한 문제가 있어서 별거 중이었거나 이혼소송 중이었더라도 사망 전에 이혼판결이 내려지지 않은 이상 부부관계를 부정할 수는 없습니다.

법원의 판례도 마찬가지입니다. 설사 정은교 씨가 이미 이혼소송을 제기했더라도 판결 전에 남편이 사망했다면 이혼소송은 종료됐을 겁니다. 판사는 이혼이 필요한지 판단을 내릴 수 없다는 말이지요.

그래서 첫 번째 질문에 대한 답변은 '사망한 배우자와 이혼을 할 수 있는 방법은 없다'입니다. 안타깝게도 정은교 씨가 사망한 남편과 법적으로 갈라서는 길은 없어졌다고 봐야 합니다. 오히려 남편의 상속인이 되었으니 그 문제를 걱정해야 할 상황이군요.

• '재산'뿐 아니라 '빚'도 상속된다

자연스레 두 번째 질문을 통해 해결책을 찾아보도록 하지요. 원만한 부부 사이였거나 별거 중이었거나 혹은 사실상의 이혼상태였거나 가리지 않고 법적으로 부부관계가 유지된 상태에서 배우자가 사망하면 상대방은 상속인이 됩니다.

상속이란 무엇일까요. 사람들은 보통 재산을 물려받는 것 정도로 이해하고 있습니다. 틀린 말은 아닙니다만, 간과하는 사실이 있습니다. 법 조항을 통해 단서를 찾아보겠습니다.

민법에 따르면 "상속은 사망으로 인하여 개시"(민법 997조)되고 "상속인은 상속 개시된 때로부터 피상속인의 재산에 관한 포괄적 권리의무를 승계"(민법 1005조)합니다.

조금 어려운 말입니다만, 상속의 법적 의미를 풀어서 설명해본다면 이렇습니다. "한 사람의 죽음으로 그의 배우자나 자녀, 부모처럼 일정한 친족관계에 있는 사람이 망자의 재산상 권리와 의무를 모두 이어받는 것."

여기서 주목할 단어는 권리와 함께 나오는 '의무'입니다. 배우자나 부모가 사망하면 부동산, 예금, 주식과 같은 재산뿐 아니라 은행 대출, 사채와 같은 빚도 고스란히 물려받게 됩니다. 상속은 채권과 채무 모두 물려받는다는 말입니다. 정 씨의 남편처럼 거액의 채무를 지고 사망하면 아내와 자녀들이 채무를 그대로 승계합니다. 상속은 재산만 받는 것이 아니라 빚도 물려받는다는 사실을 기억해야 합니다.

그래서 상속이란 가진 자에게는 합법적으로 부의 세습을 안겨주고, 없는 자에게는 빚과 가난을 대물림하게 만드는 제도로 비춰질 수도 있습니다. 그나마 좋은 쪽으로 해석해보면 고인이 재산을 만들고 유지하는 데 가족들이 함께 기여했을 것이고 그 가족들도 생활을 해야 하기 때문에 상속제도가 필요하다고 볼 수도 있겠습니다.

어쨌거나 정은교 씨와 아들도 빚더미를 물려받은 실정입니다. 어떻게 해야 할까요. 도의적으로는 부모나 배우자가 남기고 간 빚을 남은 사람들이 정리하는 것이 맞겠지요. 하지만 현실이 어디 그런가요. 사연처럼 어린 아들이 아버지의 빚을 평생 떠안고 살아가야 한다면 잔인하다고밖에 할 수 없습니다.

• 상속의 3가지 유형, 단순승인, 상속포기, 한정승인

그래서 상속에는 상속받을 권리·의무와 함께 상속 자체를 포기할 자유도 있습니다. 쉽게 말해서 상속인이 선택할 수 있는 길은 상속을 받느냐, 마느냐로 나눌 수 있다는 말입니다. 좀 더 자세히 살펴보면 3가지의 길이 있습니다. 즉 ① 상속을 받느냐(단순승인), ② 상속을 받지 않느냐(상속포기), ③ 상속을 받되 채무는 상속재산 범위 내에서만 부담하느냐(한정승인), 이렇게 3가지 방법이 있습니다.

• 제한없이 상속받으려면 단순승인

먼저 단순승인입니다. 말이 어려운데 그냥 상속을 받는 것입니다. 사망한 사람(피상속인)의 재산과 빚을 아무런 조건이나 제한 없이 받는 것으로, 가장 일반적인 상속의 형태를 말합니다.

단순승인을 하는 방법은 무엇일까요. 그냥 가만히 있으면 됩니다. 상속재산을 자기 재산처럼 사용하거나 피상속인이 사망하고 3개월이 지나면 자동으로 상속이 됩니다. 고인 명의의 부동산에 상속등기를 하지 않거나 상속세를 내지 않고 있더라도 상속이 되기는 마찬가지입니다. 참 간단하지요. 그런데 문제는 재산뿐만 아니라 빚도 그대로 상속이 된다는 점입니다.

그래서 법은 상속인에게 선택할 기회를 줍니다. 3개월이라는 '고려기간' 동안 상속 재산이 얼마인지 빚이 얼마인지 알아보고 상속을 받을지 말지 결정하라는 말이지요.

3개월의 기산점은 언제일까요. 바로 '상속개시 있음을 안 날'인데 피상속인의 사망과 자신이 상속인이 된 사실을 알게 된 날로 해석됩니다. 어렵게 생각할 것 없이 일반적인 경우라면 고인의 사망일을 기준으로 삼으면 됩니다.

상속의 3가지 형태

구분	내용	기간	방식과 절차
단순승인	피상속인(사망한 사람)의 권리(재산)와 의무(채무)를 제한없이 승계 (일반적인 상속의 형태)	상속포기나 한정승인할 수 있는 기간을 경과하면 단순승인으로 본다	• 특별한 방식 필요없음 • 단순승인으로 보는 3가지 경우 −상속재산을 처분한 경우 −상속포기나 한정승인을 기간 내에 하지 않은 경우 −상속포기, 한정승인 후 상속 재산을 숨기거나 부정 소비
상속포기	상속재산에 속한 모든 권리와 의무를 포기 (처음부터 상속을 안 받은 상태가 되며 다른 상속인에게 재산과 채무가 승계됨.)	상속개시 있음을 안 날 (통상 고인의 사망일)로부터 3개월 내	① 상속포기심판청구서를 법원에 제출 ② 법원에서 심판문 받으면 완료
한정승인	상속받은 재산 한도 내에서 피상속인의 채무를 변제하는 조건으로 상속	① 통상한정승인: 상속포기와 동일 ② 특별한정승인: 상속채무가 상속재산을 초과한다는 사실을 안 날로부터 3개월 내	① 한정승인심판청구서를 상속재산목록과 함께 법원에 제출 ② 법원에서 심판문 송부 ③ 일간신문에 공고 ④ 상속재산 한도에서 채무 정리

• 상속재산보다 고인 채무가 많다면 '상속포기'

둘째, 상속재산보다 고인의 빚이 많은 것이 확실하다면 '상속개시 있음을 안 날'부터 3개월 내 상속포기를 해야 합니다. 상속포기란 상속재산에 따르는 권리와 의무를 모두 받아들이지 않겠다는 의사표시입니다. 상속포기를 하면 처음부터 상속인이 아니었던 상태가 됩니다. 만일 상속포기를 하지 않은 다른 상속인이 있다면 그에게 다시 상속재산과 채무가 넘어갑니다.

마지막으로, 상속받을 재산과 채무 중 어느 것이 많은지 불분명할 때는 한정승인을 하는 것이 현명합니다. 한정승인이란 상속을 받되, 채무는 상속재산 범위 안에서만 부담하겠다는 의사표시로 상속인에게 가장 유리한 절차입니다. 이것도 상속포기와 마찬가지로 3개월 내에 법원에 청구해야 합니다.

그런데 단순승인을 한 뒤에 뒤늦게 채권자가 나타나 상속인과 상속재산을 둘러싸고 분쟁이 생기는 일이 잦게 되자 법은 한정승인 신청 기준 시점을 한 가지 추가했습니다. 상속채무가 상속재산을 초과하는 사실을 중대한 과실 없이 알지 못한 경우에는 그 사실을 안 날로부터 3개월 내에 특별한정승인을 할 수 있도록 한 것입니다.

따라서 한정승인은 △상속개시 있음을 안 날로부터 3개월 또는 △상속채무가 상속재산을 초과하는 사실을 중대한 과실 없이 알지 못한 경우에는 초과사실을 안 날로부터 3개월 내에 청구할 수 있습니다. 여기서 중대한 과실이란 "상속인이 조금만 주의를 기울였다면 상속채무가 상속재산을 초과한다는 사실을 알 수 있었음에도 이를 게을리 함으로써 그러한 사실을 알지 못한 것"을 뜻합니다. 다만 중대한 과실이 없었다는 점은 상속인이 직접 입증을 해야 하기 때문에 상속포기건 한정승인이건 최대한 빨리 결정하는 게 좋습니다.

그런데 한정승인은 상속포기보다 절차가 복잡합니다. 법원에 상속재산목록과 함께 한정승인 청구를 해서 법원이 한정승인을 받아주면, 상속인은 5일 안에 신문에 공고를 내야 합니다. 이 공고를 통해 상속채권자(고인에게 돈을 받을 사람) 등에게 한정승인받은 사실과 일정한 기간 내에 채권을 신고하라고 알려야 합니다.

쉽게 얘기해서 이렇게 알리는 겁니다. "고인이 돌아가셔서 상속인늘은 상속받은 재산으로 빚을 갚으려고 합니다. 그러니 돈을 받으실 분은 언제까지 우리에게 알려주세요. 상속 받은 재산 한도 내에서 갚아드리겠습니다."

상속인들은 신고한 채권자들에게 상속재산으로 채무를 변제해야 합니다. 재산이 부족하면 금액 비율에 따라 똑같이 나누어주어야 합니다. 만약 신문 공고를 제대로 하지 않았거나 채무 변제를 잘못해서 손해를 본 채권자가 있다면 상속인이 손해를 배상해주는 일이 생길 수도 있습니다. 이처럼 한정승인은 절차가 번거롭기 때문에 빚이 많은 것이 확실하다면 상속포기를 하는 것이 바람직합니다.

유의할 점이 있습니다. 상속포기나 한정승인은 고인이 사망하기 전에 할 수는 없으며 설사 사망 전에 했더라도 무효가 됩니다. 더 중요한 한 가지가 있습니다. △상속인이 상속재산을 처분하거나 △상속인이 한정승인이나 상속포기를 한 뒤에 상속재산을 숨기거나 부정 소비했을 때는 단순승인으로 본다는 점입니다. 쉽게 얘기해서 상속받은 부동산을 처분하거나 예금을 몰래 빼돌린 다음에는 상속포기나 한정승인을 하더라도 빚까지 모조리 상속받은 것으로 본다는 말입니다.

결론적으로 상속재산과 채무 중에서 재산이 확실히 많다면 단순승인을, 채무가 확실히 많다면 상속포기를, 빚과 재산이 비슷하다면 한정승인을 하는 것이 바람직합니다.

• 고인의 빚과 재산이 비슷하다면 한정승인이 바람직

글이 길어졌습니다. 정은교 씨에게 조언을 드리면서 마칠까 합니다. 정 씨는 두말할 것 없이 상속포기를 선택해야 합니다. 다만 남편이 사망한 지 3개월이 지나면 자동으로 상속을 받게 되니 서둘러 법원에 서류를 내셔야 하겠습니다.

상속포기는 정은교 씨와 아들 두 사람 명의로는 반드시 해야 합니다. 또한 남편의 부모형제나 4촌까지도 상속포기를 해야 뒤탈이 없습니다. 상속포기는 포기한 사람에게만 효력이 있으므로, 나머지 상속인에게는 상속이 진행됩니다. 최종적으로 4촌까지 이어지게 됩니다(상속인의 범위와 순위에 관해서는 이어지는 글에서 자세히 설명을 드리겠습니다).

다음 사연도 상속 이야기입니다. 두 아이를 두고 아내가 사망했는데 남편과 아이들, 장인, 장모 중 누가 상속을 받게 되는지, 상속 순위는 어떻게 되는지 알아보겠습니다.

25

사망한 아내 명의의 아파트, 장인이 내놓으라는데

부부와 상속 ② 상속인들의 순위와 법정상속분

✱✱✱ 아내를 여읜 뒤 아파트도 뺏기게 된 최남신(남, 49세) 씨

15세 아들과 10세 딸을 둔 최남신 씨는 최근 아내를 불치병으로 떠나보냈다. 20년 가까이 살을 맞대고 살아온 아내가 지금이라도 돌아올 것만 같다는 최남신 씨. 하지만 아내를 그리워하기 전에 처리해야 할 일이 생겼다. 처가에서 그와 아이들이 살고 있는 아파트(시가 7억 원)를 넘겨달라고 한다.

아내 명의로 된 아파트는 가족의 유일한 재산이다. 처가 식구들과의 사이가 좋지도, 나쁘지도 않았던 그는 갑작스런 요구에 황당할 따름이다. 그의 장인은 "아파트가 딸 이름으로 돼 있고, 우리 식구들의 돈도 일부 들어갔으니 돌려주는 게 도리"라면서 "대신 아이들 교육비를 일부 부담하겠다"고 말했다(참고로 처가 쪽 식구로는 장인·장모, 아내의 오빠와 여동생이 있다). 마음 같아서는 아파트를 넘겨주고 싶지만, 본인도 변변찮은 수입으로 아이를 키워야 하는 입장이라 선뜻 결정할 수가 없다. 당장 나가서 살 집도 문제다. 어떻게 해야 할까.

• 법정상속, 1순위부터 4순위까지

부부와 상속 두 번째 사연이네요. 우문이지만, 아내를 잃은 남편의 슬픔이 클까요. 딸을 잃은 부모의 슬픔이 클까요. 요절한 반려자를 떠나보내는 일은 상상하기도 싫겠습니다만, 자식을 먼저 보낸 부모 마음도 헤아려보아야겠습니다. 깊은 상심을 하고 있을 최남신 씨께 감히 드리고 싶은 말씀입니다.

'재산이 많을수록 분쟁의 골도 깊더라.' 제가 법원에서 10년 넘게 일하면서 느낀 점입니다. 가족 사이에도 예외는 아닙니다. 아니 오히려 가족들이 거액의 재산 앞에서 더 치열하게 다투는 일을 자주 보았습니다. 최남신 씨와 처가 식구들도 부디 법원까지는 오지 않기를 바라는 마음입니다.

일단 상속에 대해 법이 어떻게 돼 있는지 알아야겠지요. 지난 글에서 말씀드린 대로 피상속인(사망으로 상속이 발생하게 하는 사람)이 사망하면 상속인들은 재산과 빚을 모두 물려받게 됩니다. 그런데 상속재산보다 빚이 확실히 많다면 상속포기를, 상속재산 한도 안에서 빚을 갚겠다면 한정승인을 법원에 청구해야 합니다. 또한 이 청구는 반드시 상속개시 있음을 안 날(통상 고인의 사망일)로부터 3개월 내에 해야만 합니다.

상속재산 분배는 어떻게 결정할까요. 제일 중요한 건 피상속인의 의사입니다. 즉 유언이 있다면 유언에 따르는 게 우선입니다. 유언이 없다면 법에서 정하는 방식에 따릅니다.

그렇다면 법에서 말하는 '상속인'의 범위는 어디까지일까요. 또 누가 얼마를 상속받게 되는 걸까요(자세한 내용은 표를 보시기 바랍니다).

상속순위와 법적상속분

상속순위	상속받는 사람		상속의 규칙
1순위	직계비속(아들, 딸, 손자, 손녀 등)	* 배우자(공동상속) • 1순위와 동순위로 상속 • 1순위가 없으면 2순위와 함께 상속 • 다른 상속인보다 50%를 가산	• 선순위가 있으면 후순위에게는 상속이 되지 않는다. (예시)피상속인의 딸(1순위)과 어머니(2순위)중 딸만 상속 • 동순위에서는 최근친만 상속을 받는다. (예시) 1순위인 아들과 손자가 있다면 촌수가 가까운 아들만 상속인이 된다. • 배우자는 다른 사람보다 50%를 가산한다. (예시) 7억 원의 재산이 있는 남편이 아내와 아들, 딸을 남기고 사망했다면, 아내:아들:딸=3억:2억:2억
2순위	직계존속(아버지,어머니,할머니, 할아버지, 증조부 등)		
3순위	형제자매(남녀 · 결혼 · 분가여부와 무관하게 동등하게 상속)	* 배우자(단독상속) 1순위 또는 2순위 상속인이 없으면, 3순위, 4순위가 있어도 배우자 홀로 상속을 받는다.	
4순위	4촌 이내 방계혈족((외)삼촌, 숙부, 이모, 고모, (외)사촌, 조카 등)		

• 직계비속, 직계존속, 형제자매, 4촌까지 상속인

상속순위는 4순위까지 있는데 다음과 같습니다.

> **법에서 말하는 상속순위**
>
> ① 피상속인의 직계비속(자녀, 손자 등)
>
> ② 피상속인의 직계존속(부모, 조부모 등)
>
> ③ 피상속인의 형제자매
>
> ④ 피상속인의 4촌 이내의 방계혈족(삼촌, 이모, 4촌형제 등)

1순위 직계비속과 2순위 직계존속에서 '직계'는 부모자식관계나 손자녀와 할아버지처럼 수직으로 연결되는 혈족을 말합니다(혈족이란 혈연관계로 연결되는 '피붙이'라고 보면 되는데 예외적으로 양자, 양부모관계도 포함됩니다). 비속은 항렬이 아래로, 존속은 위로 올라가는 걸 뜻하지요. 직계비속은 아들·딸, 직계존속은 부모를 생각하면 쉽습니다. 참고로 직계비속 중에서 양자나 혼외 출생자도 가족관계등록부에 자식으로 돼 있다면 다른 자식들과 동등하게 상속을 받게 됩니다.

3순위인 형제자매는 남녀, 결혼 여부, 분가 여부와 무관하게 동등하게 상속을 받게 됩니다. 이복형제들도 상속인에 해당합니다.

상속은 4순위에서 끝이 납니다. 4순위는 4촌 이내의 방계혈족입니다. 방계혈족이란 공동시조에서 갈라져 나간 혈족을 말합니다. 예를 들어 한 부모에서 갈라져 나온 형제자매, 조카(형제자매의 직계비속), 삼촌, 이모, 고모(직계존속의 형제자매), 사촌 형제자매(직계존속의 형제자매의 직계비속) 등을 일컫습니다. 이 방계혈족 중 형제자매(2촌)는 3순위이고, 3촌과 4촌이 4순위 상속인이 될 수 있습니다.

한 사람이 빠져 있습니다. 바로 배우자입니다. 배우자는 상속에서 특별 대우를 받습니다. 1순위가 있으면 1순위와 함께, 1순위가 없이 2순위가 있으면 2순위와 동순위로 상속을 받습니다. 1, 2순위 없이 3순위나 4순위가 있다면 배우자만 단독으로 상속인이 됩니다. 게다가 배우자에겐 다른 사람보다 50%를 가산해줍니다. 법에서도 배우자를 고인의 가장 소중한 사람으로 보는 셈입니다.

• 상속, 몇 가지 규칙만 알면 쉽다

그러면 이 모든 사람이 모두 상속을 받는 것일까요. 그렇지는 않습니다. 상속에도 몇 가지 규칙이 있습니다. 이 규칙만 알면 이해가 쉽습니다. 민법을 정리해보면 이렇습니다.

첫째, 선순위가 있으면 후순위는 상속을 받지 못합니다. 예를 들어 피상속인의 아들과 딸(1순위)이 있다면 부모(2순위)나 형제자매(3순위)까지 상속이 되지 않습니다. 여기에 배우자가 있다면 배우자와 아들과 딸만 상속인이 되겠지요.

둘째, 같은 순위에서는 촌수가 가까운 사람만 상속을 받습니다. 예컨대, 아들(1촌)과 손자(2촌)가 함께 있다면 아들만 상속인이 됩니다. 고인의 할아버지와 아버지 중에서는 아버지가 우선입니다.

셋째, 배우자는 1순위 또는 2순위와 함께 상속을 받고, 3순위나 4순위보다는 상속순위에서 앞섭니다. 또 나머지 상속인은 똑같이 나누지만 배우자는 다른 사람보다 50%를 더 받습니다.

넷째, 한 사람이 상속을 포기하면 나머지 동순위 상속인이 상속을 받고, 동순위가 없다면 다음 순위로 넘어가게 됩니다. 그러니까 빚이 많아서 상속을 포기하려면 결국엔 4순위인 4촌까지 포기를 해야 깔끔하게 마무리됩니다. 참고로 선순위가 한정승인을 하게 되면 후순위까지 상속채무가 넘어가지 않습니다. 이 점에서 한정승인과 상속포기가 다릅니다.

다시 상속인을 정리해봅니다. 상속순위는 고인을 기준으로 ①아들, 딸(직계비속) ②부모(직계존속) ③형제자매 ④4촌 이내 방계혈족 순입니다.

• 배우자는 특별대우… 1, 2순위와 동순위에 50% 가산

최남신 씨의 사례로 돌아갑니다. 아내가 남긴 아파트에 대한 상속은 어떻게 될까요. 아내가 유언을 남기지 않았으니 법정상속분에 따라야 겠지요. 1순위 직계비속인 아들과 딸, 그리고 배우자인 최남신 씨가 함께 상속을 받게 됩니다. 배우자에게는 다른 상속인보다 50% 가산이 되므로 부동산에 대한 권리를 금액(시가 7억 원 기준)으로 환산하자면 최 씨가 3억 원, 아들과 딸이 각각 2억 원의 지분을 갖게 됩니다.

아파트에 따로 상속등기를 하지 않더라도 3개월이 지나면 법에서는 상속을 한 것으로 봅니다. 다만 재산을 상속받은 사람은 상속개시일로 부터 6개월 내에 상속세를 신고, 납부해야 하는데 이 부분은 법무사 사무실이나 관공서에 문의하시기 바랍니다.

후순위 상속인인 장인·장모(2순위 직계존속), 아내의 오빠와 여동생(3순위 형제자매)은 상속을 받을 수 없습니다. 만일 아내의 백부, 사촌형제와 같은 4촌내의 친척이 있더라도 4순위여서 상속분이 없습니다. 따라서 최남신 씨 처가 쪽의 요구는 적어도 법적으로 타당하다고 보기는 어렵습니다.

이상, 저는 상속과 관련된 법을 알려드렸습니다. 이제 결정은 최남신 씨가 해야겠지요. 법대로 할 건지, 아니면 처가의 요구를 수용할 것인지 말입니다. 법이 사람에 우선할 수는 없습니다. 제가 결정을 해야 하는 상황이라면 처가의 요구를 어느 정도 수용하는 쪽으로 해결을 보겠습니다. 그것이 세상을 떠나는 아내에 대한 마지막 배려라고 여기기 때문입니다.

꼭 그 방법이 아니라도 소송 전에 원만한 해결책을 찾아보시기 바랍니다. 가족 간의 분쟁은, 때로는 법대로 처리하는 것이 정답이 아닐 수도 있습니다.

26

"거짓말하면
전 재산 주겠다"는
남편의 각서, 효력 있나요?

부부간 계약의 효력

✲✲✲ 거짓말 일삼는 남편과 헤어지고 싶은 이지현(여, 29세) 씨

한창 행복해야 할 결혼 2년차에 이지현 씨는 남편에게 깊은 실망만을 얻어 이혼을 결심했다. 평소 사람 만나고 술 마시는 것을 좋아하던 남편과 연애 때부터 많이 싸웠던 이지현 씨는 그때마다 "결혼하면 잘하겠다"는 남편을 믿어왔다. 하지만 결혼 후에도 남편의 성격은 고쳐지지 않아 술자리에서 전화를 안 받기 일쑤고, 새벽에 들어오는 날도 잦았다. 친구에게 몰래 돈을 빌려주고서 다른 곳에 돈을 썼다고 속이기도 했다.

3개월 전 임신한 이지현 씨는 매일 눈물로 지새우다 남편을 붙들고 "더 이상 못살겠으니 이혼하자"고 소리쳤다. 남편은 진심으로 사과하며 다음과 같은 각서를 써주었다. "만일 아내에게 거짓말을 했을 때, 자정을 넘겨서까지 술 마시고 귀가하지 않았을 때는 전 재산을 위자료로 지급하고 이혼하겠으며 자녀 친권도 포기한다." 그런데 그녀는 최근 남편이 야근을 핑계 삼아 새벽까지 술을 마신 사실을 알게 되었다. 또한 그녀 몰래 대출을 받아 친구에게 돈을 빌려준 것도 알게 되었다. 너무나 실망한 그녀는 이혼을 고민하고 있다. 만약 그녀가 이혼한다면 각서대로 전 재산을 받을 수 있을까?

• "결혼만 하면 여왕처럼 모신다"는 약속이 효력 없는 까닭

결혼을 하면서 부부는 서로 많은 약속을 주고받습니다. 특히 배우자에게 잘못을 저질렀을 경우 사죄의 뜻을 담아 각서를 작성해주기도 합니다. 이 각서는 효력이 있을까요. 오늘은 부부간 계약의 법적 효력에 대해 알아보겠습니다.

사람은 누구나 자유롭게 계약을 할 수 있습니다. 계약은 지켜져야 하고 위반하는 쪽은 책임을 져야 합니다. 부부 사이에도 마찬가지입니다. 하지만 부부간 계약은 여러 가지로 특별한 사정이 있습니다.

먼저, 이행을 기대하기 힘든 내용이 대부분입니다. 저도 결혼 당시에 아내에게 "결혼만 하면 여왕처럼 모시겠다"고 약속했지만, 안타깝게도 지키지 못했습니다. 아내는 여왕은커녕 시녀로 전락했다고 푸념합니다. 저 말고도 많은 남편들이 아내들을 잘 떠받들겠다는 의미로 다양한 약속을 수시로 하지 않습니까. 물론 아내들은 큰 기대를 하지는 않겠지요. 이것을 민법에서는 '진의 아닌 의사표시'라고 하는데 상대도 진의 아님을 알았다면 무효가 됩니다(물론 부부간의 결혼 전 약속이 모두 무효라는 뜻은 결코 아닙니다).

또한 선량한 풍속이나 사회질서에 위반한 내용, 현저하게 불공정한 사항 등은 당사자들의 자유 의사에 따른 것이라도 무효로 봅니다. 예를 들어 부부가 각서 등을 통해 "바람을 피우면 손가락을 자르겠다"거나 "상대의 잘못이 있더라도 절대로 이혼을 청구하지 않는다" "무슨 일이 있어도 이혼을 하거나 재혼하지 않겠다"는 약속을 했다면 법적인 효력이 있다고 보기 어렵습니다.

배우자 중 한쪽이 "외도를 했을 경우 자녀의 친권과 면접교섭권을 모두 포기하겠다"고 각서를 썼더라도 그 약속 자체가 유효하다고 볼 수 없습니다. 친권과 면접교섭권 등은 부모의 권리인 동시에 의무이고, 자녀의 권리라는 성격도 띠고 있습니다. 따라서 어느 한쪽이 포기하는 차원으로 해결할 수 없습니다. 부부의 협의 또는 재판을 통해 결정할 일입니다.

• 부부간 계약은 취소 가능하다?

부부 사이에 주고받은 각서나 계약이 지키기 힘든 약속이 되는 근거는 또 있었습니다. 지금은 사라진 민법 828조입니다.

"부부간의 계약은 혼인 중 언제든지 부부 일방이 이를 취소할 수 있다. 그러나 제3자의 권리를 해하지 못한다."

예를 들어 보겠습니다. 부부가 살고 있는 아파트가 아내 명의로 돼 있는데, 남편이 자기 명의로 바꾸기를 원합니다. 그래서 남편 명의로 넘겨주기로 계약서나 각서를 썼더라도 나중에 아내가 입장을 번복한다면 법률적으로 소유권을 넘겨달라고 청구하기는 어렵다는 뜻입니다.

이렇게 부부간 계약 취소를 인정했던 이유는 무엇일까요. 애정관계로 이루어진 부부 사이에 계약이행을 강제하면 가정생활이 제대로 이루어질 수 없다는 판단 때문이었습니다. 또한 부부 사이의 약속은 법이 개입하는 것보다는 부부가 자유로이 결정하는 것이 타당하다는 뜻이기도 합니다.

하지만 일각에서는 부부간 계약만 특별하게 대우할 필요가 있느냐는 반론도 끊임없이 제기되었습니다. 이런 움직임으로 2012년 2월 10일 이 조항은 삭제되었습니다. 따라서 현재는 부부간 계약도 혼인 전인지 혼인 중인지 가릴 것 없이, 일반 계약과 동일하게 취급하는 것이 맞습니다.

그런데 부부 사이에는 결혼생활에 금이 가지 않기 위해 마지못해 상대의 약속을 들어주는 사례도 빈번하지 않습니까. 실제로 부부간 계약이 이뤄지는 과정에서 한쪽의 종용이나 협박과 같은 방식이 동원되는 일도 흔합니다. 부부간 계약이행이 안 되면 불가피하게 소송으로 해결하라는 뜻인데, 부부 사이의 특수한 상황을 법원이 어떻게 가려내고 판단할지가 관건이라고 하겠습니다.

• 재산포기각서, 이럴 땐 유효하다

기존의 판례에 따르더라도, 혼인 중인 부부 사이에서 파경을 맞은 상태라면 취소권을 인정하지 않습니다. "혼인관계가 비록 형식적으로는 계속되고 있다고 하더라도 실질적으로 파탄에 이른 상태라면 (혼인 중) 계약의 취소는 할 수 없다"는 것이 대법원의 입장입니다.

그렇다면 이혼을 하지도 않고 결혼생활 중에 재산분할 포기각서를 썼다면 어떻게 될까요. 원칙은 무효입니다. 재산분할 청구권은 미리 포기할 수 없기 때문입니다. 하지만 예외도 있습니다. 우선 재산포기각서가 유효하다고 본 사례입니다.

> **사례 1** 30대인 A씨(남)와 B씨 부부는 결혼 2년 만에 파경을 맞게 된다. 남편 A씨가 동성애자라는 사실을 B씨가 알게 되면서다. 당시 부부에겐 아파트가 한 채 있었는데, B씨 명의로 돼 있었다. B씨는 이혼을 제안했고 이에 A씨는 용서를 구하면서 다음과 같은 각서를 작

법원은 재산분할 청구권을 인정할 수 없다며 각하했습니다. 각하란 재판이 형식적 요건을 갖추지 않아 실체 판단을 하지 않는 것을 말합니다. 법원은 "혼인이 해소되기 전에 발생하지도 않은 재산분할 청구권을 미리 포기하는 것은 그 성질상 허용되지 않는다"는 원칙을 밝혔습니다. 그러면서도 "다만 예외적으로 당사자들 사이에 협의이혼이 이루어질 것을 조건으로 재산분할 협의를 하고 약정한 대로 협의이혼이 이루어진 경우에는 재산분할 약정은 유효하다"고 했습니다.

A씨는 "향후 결혼생활을 잘하기 위해 작성한 문서이고, 동성애 사실을 알리겠다는 아내의 협박에 따라 작성했으며, 백지에 자필로 이름만 썼기 때문에 위조된 것이나 다름없다"고 주장했지만 받아들여지지 않았습니다.

법원은 △각서가 작성된 뒤 4일 만에 협의이혼 신청을 했고 협의이혼까지 이루어진 점 △A씨가 그 뒤에 "아무 것도 필요 없다. 네가 가진 건 다 네가 가져"라는 메일을 보낸 점 △각서가 위조된 사실을 인정할 증거가 없는 점 등을 들었습니다. 한편, 정반대의 결론이 난 사례도 있습니다.

E씨는 "남편이 재산분할 청구를 포기한 뒤 약 1년 뒤 다시 철회한 것은 타당하지 않다"고 주장했습니다. 하지만 법원은 "간통죄의 형이 감경되기를 바라는 목적에서 아직 혼인이 해소되기 전에 (재산분할 청구를 포기)한 것이므로 효력이 없다"고 판시했습니다. 두 사람은 이혼 재산분할로 재산을 절반씩 나눠 갖게 되었습니다(물론 혼인파탄의 원인을 제공한 C씨는 양육비로 그 이상의 돈을 물어야 했습니다).

정리하자면 이렇습니다. 부부가 협의이혼을 전제로 재산분할 약정을 했고, 실제로 협의이혼까지 이뤄졌다면 약정은 유효합니다. 하지만 각서를 쓴 뒤에도 결혼생활이 계속되었거나 협의이혼이 아닌 재판이혼이 되었다면 각서는 무효입니다.

• 각서는 유력한 이혼소송 증거가 된다

이혼재판에서 각서는 어떤 의미를 지닐까요. 중요한 증거자료가 된다는 점은 분명합니다.

이혼소송은 일반 민사소송과 유사한 측면이 있지만 민사소송과 달리 직권주의가 적용됩니다. 무슨 말이냐고요? 민사소송은 소송의 주도권을 당사자에게 맡기는데 이것을 당사자주의라고 합니다. 반면 이혼소송은 실체를 밝히기 위해 증거자료의 수집과 제출에 법원이 주도적으로 나서게 됩니다. 민사소송보다 법원이 개입할 여지가 많습니다.

따라서 부부 사이에 '거짓말을 하거나 외도를 하면 이혼을 한다'는 약속이 있었더라도 무조건 이혼판결이 나는 것은 아닙니다. 법원은 이혼사유가 되는지를 직권으로 조사해서 판단을 하게 됩니다. 재산문제에 관한 약정에서도 만일 '잘못을 저지르면 배우자에게 전 재산을 주겠다'는 각서를 썼더라도 전후 사정으로 보아 그것이 위자료인지, 재산분할의 성격인지, 금액은 타당한지 등을 살펴보게 됩니다. 법원은 재판을 통해 재량으로 위자료 액수를 조정할 수 있습니다. 무조건 각서대로 이행해야 하는 것은 아니라는 말입니다.

• 이혼재판, 각서와 다른 판결 날 수도

그렇더라도 객관적인 증거를 확보하기 힘든 이혼소송에서 각서는 중요한 증거자료가 됩니다. 이혼재판에서 각서의 의미에 대해 현직 판사에게 물어봤습니다. 판사는 "폭력이나 외도 사실을 인정하고 잘못을 뉘우치는 내용의 각서인 경우 위자료 판단에 중요한 자료가 될 것"이라고 답했습니다. 특히나 "부부가 이혼이 전제되지 않은 상황에서 스스로 진실하게 잘못을 자백하고 앞으로 잘하겠다는 의지를 담아 작성한 각서라면 중요한 증거일 수 있다"는 것입니다.

그는 "다만 작성자가 내용을 모른 채 서명만 했다거나 상대의 요구에 따라 어쩔 수 없이 작성해줬을 뿐이라는 주장을 재판 과정에서 하기도 하는데, 이때는 판사가 문서의 왜곡가능성과 진정성립(위조되지 않고 진실로 작성되었다는 사실) 여부를 신중하게 판단해야 할 것"이라고 설명했습니다.

이지현 씨에게 답변을 드려야겠습니다. 남편이 약속을 지키지 않고 술과 친구에 빠져 있어서 실망스러우시겠네요. 그런데 거짓말을 할 경우 전 재산을 주겠다는 각서를 썼더라도 그대로 법적인 효력을 인정받기는 어렵겠습니다. 부부가 작성한 각서는 일반적인 각서와는 달리 상징적인 성격을 지닌 것도 많습니다. 또한 계약을 이행하게 하려면 남편을 상대로 소송을 제기해야 하는데, 승소를 장담할 수도 없거니와 부부 사이에 소송을 통해 권리구제를 받는 것이 타당한지도 의문입니다.

늦게까지 술을 자주 마시고, 어려운 살림살이에 친구에게 돈을 빌려주는 일이 바람직하지는 않지만 그래도 남편이 나쁜 사람은 아닌 것 같습니다. 이혼을 결심할 만큼 심각한 상황도 아니라고 봅니다. 아직 결혼 초기인 만큼 극단적인 선택을 하기보다는 한 번 더 남편에게 기회를 주시면 어떨까 싶습니다. 사람을 좋아한다는 남편이 가장 좋아하는 사람이 아내 이지현 씨가 되길 바랍니다.

27

이왕 이혼하는 거 재산은 많이 받고 싶어요

이혼과 재산문제 ① 위자료와 이혼 재산분할 어떻게 다르나

✱✱✱ 이제는 피할 수 없는 이혼, 손해보고 싶지 않은 성보경(여, 37세) 씨

애정 없이 10년을 살아온 성보경 씨 부부는 최근 이혼에 합의했다. 아이는 그녀가 키우기로 했는데, 문제는 역시 돈이다. 방송이나 신문에 나온 연예인들은 수억 원 대 위자료를 받고 이혼에 합의했다는데 그녀는 자신이 위자료를 얼마나 받을 수 있는지 궁금하다. 한편 옆집 아줌마는 위자료보다는 재산분할이 중요하다고 조언했다.

이왕 이혼하는 거 손해 보지 않고 재산을 많이 받고 싶은 성보경 씨. 위자료와 재산분할은 어떻게 청구해야 할지, 재산 정리는 어떡해야 좋을지 궁금하다.

• 이혼 뒤 남는 재산문제 3가지

성보경 씨, 이혼을 결심하셨군요. 녹록지 않은 길을 가게 되셨네요. 이왕 마음을 정하셨다면 지금보다 더 행복하시길 기원합니다. 이혼을 하게 되면 자녀를 키우는 문제 다음으로 관심사로 떠오르는 게 부부의 재산 분배입니다. 사실, 이 험한 세상에서 잘 먹고 잘 사는 게 중요하기 때문이겠지요. 오늘은 이혼과 재산문제에 대해 말씀드릴까 합니다.

이혼 뒤 재산문제는 크게 3가지를 떠올려볼 수 있습니다. 위자료, 이혼 재산분할, 양육비입니다. 이 중에서 양육비는 자녀를 키우지 않는 쪽이 자녀가 성인이 될 때까지 양육부모에게 지급하는 돈을 말합니다. 보통 매달 일정액을 주는 방식이 됩니다. 그런데 양육비는 자녀의 교육과 부양을 위해 부담하는 부모의 의무이기 때문에 순수한 부부 재산문제로 보기는 어렵습니다. 여기서는 위자료와 재산분할에 집중해서 말씀드리겠습니다.

• 당신도 수억 원 위자료를 꿈꾸나요

외국의 유명 영화배우들이 수백만 달러의 위자료를 받고 이혼에 합의했다는 소식을 가끔씩 듣습니다. 한국에서도 재벌이나 연예인들이 이혼하면서 거액을 주고받았다는 소문이 들립니다. 하지만 안타깝게도 우리 같은 보통사람이 이혼을 하면서 수억 원의 위자료를 챙기는 일은 불가능합니다.

위자료란 혼인파탄에 책임이 있는 배우자(유책배우자)를 상대로 정신적 손해에 대해 배상을 받는 금전을 뜻합니다. 다시 말해 위자료는 부부 한쪽의 잘못으로 파경이 됨으로써 정신적 고통을 받은 것을 위로하는 성격의 돈입니다. 예컨대 배우자의 폭력, 외도, 가출 등으로 결혼생활 중에 고통을 겪을 수 있는데 돈으로라도 위로를 하고 손해배상을 해주겠다는 겁니다.

위자료 금액을 정하는 기준은 유책행위에 이르게 된 경위와 정도, 혼인관계, 파탄의 원인과 책임, 배우자의 연령과 재산상태, 혼인기간, 나이 등입니다. 이런 사정을 모두 감안한 후에 법원이 직권으로 정하게 됩니다.

중요한 건 액수인데요, 판례를 보면 위자료 액수는 절대 다수가 1천만 원~5천만 원 선에서 결정됩니다. 물론 아주 특별한 경우에 1억 원이 넘는 사례도 있지만 상한선은 5천만 원 정도라고 보시면 됩니다.

왜 이렇게 위자료 액수가 짜냐고요. 물질적 손해가 아닌 정신적 손해는 객관적으로 금액을 산정하기 어렵고 다소 추상적이기 때문입니다. 이 때문에 재판에서 생각만큼 많은 금액이 인정되기가 힘듭니다. 참고로 사망사고 손해배상 소송에서 사망자 유족들이 받은 정신적 고통에 대한 위자료도 1억 원이 넘지 않습니다. 이런 현실을 감안하면 이해가 좀 되실는지요. 그러니 혹시 위자료로 팔자를 고치겠다는 사람이 있다면 현실을 제대로 알려줄 필요가 있습니다. 또한 위자료는 이혼과 동시에, 또는 이혼 시점을 기준으로 적어도 3년 내에는 청구해야 합니다.

• 재산분할과 위자료의 가장 큰 차이

재산분할이란 부부가 결혼생활 중에 협력하여 이룩한 재산을 이혼하면서 나누는 절차를 말합니다. 결혼 후 늘어난 재산을 각자 기여도만큼 나눠 가지는 것입니다. 재산분할이란 부부가 공동재산을 청산하여 분배함과 동시에 이혼 후의 생활유지에 이바지하는 데 목적이 있다고, 법원은 판단하고 있습니다.

재산분할이 위자료와 가장 큰 차이가 나는 점은 무엇일까요. 그것은 바로 유책배우자도 청구할 수 있다는 것입니다. 쉽게 말해 바람피운 배우자도 이혼하면서 재산분할 청구를 할 수 있습니다. 조금 불합리하다고 느끼는 분도 있을 텐데요. 부부가 재산을 나누는 재산분할 절차에서는 결혼생활의 잘잘못을 따지지는 않습니다. 그건 위자료에 맡기자는 겁니다.

재산분할을 산정하기 위해서는 당연히 재산형성에 대한 기여도가 가장 크겠지요. 거기에다 혼인기간, 생활정도, 자녀 양육관계, 부부의 나이, 직업 등을 감안하여 정하게 됩니다. 여기서 재산이 누구 명의로 돼 있느냐보다 더 중요한 게 있습니다. 재산을 형성하고 유지하고 증가 및 감소방지하는 데 누가 얼마나 기여했느냐, 이게 관건입니다.

재산을 나누는 방식은 분할대상 재산을 합산하여 부부가 일정 비율로 나눠 갖는 방식이 가장 많이 쓰입니다. 예를 들어 결혼 후 아내 명의의 아파트(시가 2억 원)와 남편 명의의 예금(1억 원)이 부부의 재산이고, 50:50으로 나눈다면 어떻게 될까요. 각자 1억 5천만 원씩을 갖게 되는 것입니다. 재산분할은 부부 재산이 많을수록, 기여도가 클수록, 결혼생활이 오래될수록 유리하다고 볼 수 있습니다. 만일 부부의 재산이 수십억 원이 된다면 분할비율이 50%가 되지 않고 20~30%만 되더라도 상당한 금액이 될 수 있습니다.

재산분할은 부부 협의가 우선이고, 안 되면 재판을 통해 해결해야 합니다. 이혼할 때 협의가 되지 않았다면 이혼소송과 함께 또는 적어도 이혼 후 2년 내에 별도로 소송을 제기해야 합니다.

이혼 시 재산분할과 위자료 비교

구분	이혼 재산분할	위자료
의미	부부가 혼인 중에 협력하여 취득한 재산을 이혼하면서 각자 기여도에 따라 나누는 것	혼인파탄에 책임이 있는 사람(유책배우자)에게 상대방이 정신적 손해에 대한 금전배상을 청구하는 것
성격	부부 공동재산의 청산과 이혼 후 부양적 성격	이혼책임에 따른 정신적 손해배상
청구권자	이혼하는 부부 누구나 (유책배우자도 청구가능)	유책배우자의 상대방 (유책배우자는 불가능)
산정기준	• 재산의 기여도(형성·유지·증가·감소 방지등), 재산액수, 결혼기간, 소득 등을 참작하여 분할비율을 결정(부부 재산을 합산하여 부부가 일정비율로 나누는 방식) • 전체 재산을 40~60% 비율로 나누는 것이 일반적	• 혼인파탄의 원인과 책임정도, 재산상태, 혼인기간, 배우자의 나이 등을 감안 • 인정되는 액수는 통상 1천만 원 ~5천만 원 사이 • 파탄 책임이 양쪽에게 있으면 책임정도를 감안하고, 책임이 동일하면 청구 불가
청구기간	이혼 후 2년 이내	손해 및 가해자를 안 날(통상 이혼 기준) 3년 이내
참고사항	재산보다 빚이 많으면 청구할 수 없다	파경에 책임이 있다면 남편과 아내 구분없이 청구 가능

• 위자료보다 재산분할이 중요한 까닭

다시 정리해봅시다. 위자료는 유책배우자에게 책임을 묻는 손해배상의 성격을 띠고 있습니다. 정신적 손해를 배상하는 것이라서 금액이 그리 크지 않습니다. 이와 달리 재산분할은 부부가 혼인 중 함께 모은 재산을 기여도에 따라 나누는 절차입니다. 재산 규모와 기여도에 따라 수천만 원 혹은 수억 원이 될 수도 있습니다. 위자료와 달리 재산분할은 유책배우자도 청구할 수 있습니다. 위자료와 재산분할은 성격이 완전히 다르기 때문에 각각 따로 청구할 수 있습니다. 이혼 후 재산 분배에서 유리한 고지를 차지하려면 위자료보다는 재산분할에 신경을 쓰는 게 맞습니다.

성보경 씨, 이해가 되셨나요. 이혼하시겠다면 남편과 재산문제를 이렇게 합의하시면 어떨까요.

① 자녀 양육비로 매달 일정액을 받기로 한다(남편의 수입과 재산상태 감안).
② 부부가 각자 재산을 공개한 뒤 기여도와 각자의 소득상황을 감안하여
　 일정한 비율대로 나눈다(5:5가 가장 무난).
③ 협의이혼을 조건으로 위자료는 서로 포기한다.

이 정도가 서로 감정을 다치지 않고 해결하는 방법이라고 생각됩니다. 원만하게 합의가 되지 않는다면 재판을 하는 수밖에 없습니다. 남편에게 혼인파탄 책임이 있다고 인정된다면 별도로 위자료 청구를 할 수도 있겠습니다. 하지만 재판이혼보다는 협의이혼, 소송보다는 협의가 우선이라는 점을 명심하시기 바랍니다.

28

당신이 오해하고 있는
위자료의 진실

이혼과 재산문제 ② 위자료 제대로 알기

⁂ 매맞는 남편 주인상(남, 34세) 씨의 비통한 사연

주인상 씨의 아내는 친절한 여자였다. 다만 그가 다른 사람을 만나는 걸 유독 싫어했다. 그는 그저 아내가 자신을 좋아해서 그렇겠지 하며 단순하게 넘겼다. 그러던 것이 2년 전 아이를 낳고 나서 부쩍 심해졌다. 퇴근시간이 조금이라도 늦어지면 휴대전화를 뒤지고 무엇을 했는지 추궁하거나 그를 때리기 시작했다.

아무런 근거 없이 그가 바람을 피운다고 의심하던 아내는 급기야 직장에 찾아와 사무실에서 난동을 피웠다. 그에게 주먹질과 발길질을 하고 애먼 여직원들에게 "조심하라"고 경고하는 아내 탓에 주인상 씨는 직장을 그만두고 말았다. 달래도 보고 사정을 해봐도 변함이 없는 아내. 더는 아내와 살 수 없는 주인상 씨는 이혼과 함께 위자료를 청구하고 싶다.

• '아름다운 구속', 지나치면 위자료 책임진다

'아름다운 구속.' 어느 노래 제목입니다. 아마도 사랑을 달리 일컫는 표현일 텐데요. 연인을 위해 아름답게 구속되기를 자처하는 건 자유입니다.

하지만 결혼생활에서 부부 사이의 사랑은 구속이나 집착과는 다릅니다. 사랑이라는 이름으로 배우자를 묶어두려 해서는 안 됩니다. 정도가 지나치면 의부증이나 의처증이 되고, 이혼사유가 될 수 있습니다. 주인상 씨의 아내처럼 정도가 심하다면 위자료 책임을 지게 됩니다. 이번에는 위자료에 대해 한 번 살펴보겠습니다.

먼저 위자료의 의미부터 파악해봅니다. 위자료慰藉란 사전적 의미로 위로하고 도와준다는 뜻입니다. 법에서는 무얼 위로하고 도와준다는 걸까요.

배우자가 폭행이나 무시·배신을 했을 때, 혹은 외도나 무단가출 등으로 부부로서 의무를 저버렸을 때 그 고통은 이루 말할 수 없습니다. 이혼까지 되면 정신적 피해는 막심하지요. 예컨대 배우자의 외도 때문에 이혼을 했다면 손해를 본 걸로 인정하는데 재산상 손해와 구분하여 정신적 손해라고 합니다. 손해 중에서 정신적 손해를 배상하고 위로하기 위한 금전이 위자료입니다. 정신적 피해를 꼭 돈으로만 배상해주느냐고 묻는다면, 안타깝게도 달리 방법이 없다고 답변하겠습니다. 법원의 위자료 판결에 "금전으로나마 위자하기 위하여"라는 표현이 자주 등장하는 것도 이 때문입니다.

위자료는 혼인관계의 파탄 원인을 제공한 배우자(유책배우자)에게 상대방이 청구할 수 있습니다. 재판상이혼뿐 아니라 협의이혼이나 파혼,

혼인무효, 혼인취소 소송에서도 유책배우자 때문에 정신적 고통을 당했다면 청구할 수 있습니다. 단 3년 이내에 청구해야 합니다. 민법에 따르면 불법행위로 인한 손해배상은 손해 및 가해자를 안 날로부터 3년 내에 청구해야 하기 때문에 위자료 청구도 이혼과 동시에 또는 적어도 이혼 후 3년 내에 이뤄져야 합니다.

어느 정도 이해가 가셨다면 위자료와 관련, 많은 이들이 궁금해하는 사항 몇 가지를 통해 더 자세히 알아보지요.

• 위자료에 관한 오해와 진실

① 위자료는 남자가 여자에게 주는 돈이다?

위자료는 이혼하면서 남편이 아내에게 주는 돈일까요. 아닙니다. 그 반대의 경우도 적지 않습니다. 앞서 말씀드린 대로 파경에 원인을 제공했다면 남성이건, 여성이건 가리지 않고 위자료 책임을 집니다. 이런 착각이 왜 생길까요. 남편의 잘못으로 이혼하는 사례가 그 반대보다 훨씬 많기 때문입니다. 또한 배우자가 잘못하더라도 남편은 상대적으로 위자료 청구를 하는 사례가 적습니다.

② 위자료는 이혼을 먼저 제의한 쪽이 부담한다?

이것도 잘못된 상식입니다. 물론 당사자끼리 합의하여 이혼을 제의한 쪽이 이혼 합의금 등을 주는 방식으로 해결할 수는 있겠지요. 하지만 이것을 순수한 의미의 위자료라고 보기는 어렵습니다. 위자료는 이혼책임 소재에 따라 결정됩니다. 만일 부부가 원만하게 합의하여 이혼에 이르렀고 결혼 과정에서도 어느 한쪽에게 큰 잘못이 없다면 위자료는 인정되지 않습니다. 위자료는 이혼을 먼저 제의한 쪽이 아니라 가정을 깬 쪽이 부담합니다.

③ 위자료는 배우자에게만 청구할 수 있다?

위자료는 유책배우자에게 청구하는 것이 원칙입니다. 하지만 이혼의 원인을 제공한 쪽이 제3자라면 그에게 책임을 물을 수도 있습니다. 먼저 장인, 장모, 시부모 등 배우자의 직계존속이 학대, 폭행 등 부당한 대우를 했을 때를 생각해볼 수 있습니다. 장인, 장모가 사위를 노골적으로 무시하거나 인격적으로 모독했을 때, 시어머니가 며느리를 학대하거나 낙태를 강요하는 등의 행동으로 이혼까지 이르렀을 때는 위자료 청구가 가능합니다.

또한 배우자의 외도 때문에 이혼했을 때는 함께 바람피운 상대방(상간자)도 책임을 져야 합니다. '배우자 있는 사람과 간통을 하여 가정파탄에 이르게 한 경우 상간자는 배우자가 입은 정신상 고통을 위자할 의무가 있다'는 취지에서입니다. 상간자도 남녀를 가리지 않습니다. 최근 판결을 보면 상간자의 위자료 액수는 외도한 배우자에게 인정된 금액의 1/2~1/3 수준입니다.

④ 잘못이 크다면 위자료는 달라는 대로 줘야 한다?

많은 사람들이 위자료를 수억 원쯤 되는 거액으로 알고 있습니다. 또한 가정파탄에 잘못이 크다면 상대가 달라는 대로 줘야 한다고 생각합니다. 하지만 실제 법원에서 인정되는 금액은 그리 크지 않습니다.

일단 정신적 손해는 피해액을 돈으로 환산하기도 힘들고 피해가 눈에

보이지도 않기 때문에 금액을 산정하는 데 어려움이 있습니다. 또한 부부가 기여도에 따라 재산을 공정하게 나누는 재산분할이라는 제도가 있기 때문에 위자료가 재산 분배에서 차지하는 비중은 높지 않습니다.

그러면 위자료 금액은 어떻게 정하게 될까요. 법원은 △이혼에 이르게 된 경위와 정도 △혼인파탄의 원인과 책임 △당사자의 재산상태 및 생활정도 △나이와 직업 등 모든 사정을 고려해서 직권으로 금액을 정합니다. 따라서 혼인파탄 책임이 클수록, 결혼기간이 길수록, 배우자가 돈이 많을수록 금액이 높게 산정될 수 있습니다.

● 실제 위자료는 1천만 원~5천만 원 정도

실제 위자료는 얼마나 될까요. 최근 판결들을 보면 위자료는 1천만 원~5천만 원이 대부분입니다. 상한선이 5천만 원이라고 보면 됩니다. 물론 그 이상도 있고, 그 이하도 있지만 특별한 사례에 속합니다. 이혼 재산분할로 수억 원~수십억 원의 재산을 받는 일은 가능하지만, 일반인들이 수억 원의 위자료를 챙기기란 불가능에 가깝습니다.

단적인 예로 광주지방법원의 위자료 산정기준(2008년)을 보겠습니다. 이 기준에 따르면 기본 위자료 액수는 3천만 원입니다. 여기에 결혼생활이 30년 이상이면 50% 범위에서 가산하고, 반대로 1년 미만이면 그만큼 감액합니다. 또한 혼인파탄 책임이 클 경우 판사가 재량으로 금액을 높일 수 있고, 상대에게도 잘못이 있다면 과실 비율만큼만 인정하게 됩니다. 최대치를 뽑아도 위자료 5천만 원을 넘기 어렵습니다. 이런 기준은 법원이나 판사마다 차이가 있을 수 있습니다만, 전국적으로 대동소이합니다.

수도권에서 이혼재판을 하는 판사는 "개인적으로 2천만 원 선에서 위자료를 가감하는 방식을 사용한다"고 말했습니다. 그 이유를 묻자 "이혼에서 어느 한쪽의 잘못이 명백하게 큰 경우가 적고, 재산이 많지 않은 당사자가 많았기 때문"이라고 합니다. 하지만 "혼인파탄 책임이 명백한 경우 위자료 5천만 원을 인정한 사례도 있었다"고 이 판사는 밝혔습니다.

• "이혼 위자료 2억" 합의했으나 재판에선 '0원'

만일 이혼책임이 부부 쌍방에 있을 때는 과실 비율을 따져서 금액을 정하게 됩니다. 양쪽이 동등하게 잘못이 있다면 위자료는 '0원'이 되기도 합니다.

사례 1 30대 여성 A씨와 40대 남성 B씨는 10년 전 결혼했다. 결혼 뒤에 B씨는 A씨에게 상의하지 않고 부모형제들에게 돈을 사용하면서 다툼이 생겼다. 게다가 A씨는 시부모를 모시고 살다가 시부모로부터 "음식을 못한다, 가정교육을 제대로 못 받았다"는 말을 듣고 감정이 나빠져서 시부모와 따로 살기에 이르렀다.

그 뒤 A씨는 남편 가족들과 왕래를 거의 하지 않고 남편도 외면한 채 주중에는 취미활동을, 주말과 명절엔 자녀들을 데리고 친정에서 지내는 생활을 몇 년째 해왔다. 결혼만 했을 뿐 항상 혼자였던 B씨는 외로움을 견디지 못하고 한 여자와 교제를 하다가 A씨에게 발각되었고, A씨와 B씨 여동생과의 싸움까지 겹쳐 부부는 심하게 다투었다.

부부는 "B씨가 A씨에게 이혼 위자료로 2억 원을 지급한다"는 합의에 이르렀고, 그 직후 A씨는 혼자 친정으로 가버렸다. 두 사람은 서로 "상대에게 이혼책임이 있다"며 이혼과 위자료를 청구했다.

법원은 이혼에 대해 "두 사람은 이혼 합의를 하고 장기간 별거하고 있고, 서로 관계회복을 위한 별다른 노력을 하지 않으면서 이혼을 원하고 있다"며 이혼청구를 받아들였습니다.

그러나 위자료는 양쪽에 한 푼도 인정하지 않았습니다. 왜 그랬을까요. 부부가 똑같이 잘못이 있기 때문입니다. 법원은 A씨에게는 "갈등을 해소하기 위한 진지한 노력을 하지 아니한 채 장기간 남편을 소외시켜 갈등을 심화시키고 이혼 합의를 한 후 집을 나갔다"는 점을 지적했습니다. B씨에 대해서는 "아내와의 갈등을 회피하고 이성 문제를 일으켜 관계를 악화시키고 상대방의 잘못만을 탓할 뿐 관계회복을 위한 의지조차 보이지 않았다"고 꼬집었습니다.

비록 B씨가 A씨에게 위자료 2억 원을 주기로 합의했지만 법원의 판단은 달랐습니다. 양쪽 모두 잘못이 있고 그 책임도 대등하기 때문에 위자료를 한 푼도 인정할 수 없다고 본 것입니다. 다만 재산분할에서는 A씨와 B씨가 45 : 55로 나누기로 결정이 났습니다(이 사건은 2013년 4월 현재 2심 재판이 진행 중입니다).

• 결혼 전 사귀던 남성과 부적절한 관계, 위자료는?

위자료로 통상 인정되는 금액은 1천만 원~5천만 원 수준이라고 했습니다. 2, 3천만 원 정도면 위자료치고는 결코 적지 않은 금액입니다. 잘 감이 오지 않는다고요. 몇 가지 사례를 소개해볼까요.

결혼 전 교제하던 남성과 계속해서 문자를 주고받고 모텔에 가는 등 부적절한 관계(?)를 이어온 여성에 대해 법원은 위자료 2천만 원을 지급하라고 판결했습니다. 함께 바람을 피운 남성은 남편에게 손해배상으로 1천만 원을 물어야 했습니다. 물론 비슷한 사례에서 2배 정도의 위자료가 인정되기도 했으니 그때그때 사정에 따라 다르다고 볼 수 있습니다.

다음에 소개할 2가지 사례는 모두 남편에게 이혼책임이 있었고, 위자료 금액이 3천만 원이라는 공통점이 있습니다.

첫 번째 사례는 결혼생활 15년에 재산 3억 원 정도인 부부의 이야기입니다. 남편이 아내를 수차례 폭행하여 입원치료를 받은 적도 있었고, 남편은 '폭행이나 욕설을 하지 않고 외출에도 간섭하지 않는다'는 각서까지 작성했습니다. 하지만 그 이후에도 야구방망이로 때리는 등 폭행이 끊이지 않았습니다.

두 번째 사례도 비슷합니다. 결혼 20년 된 부부가 2억 원 정도의 재산이 있었습니다. 남편은 결혼 기간 내내 아내를 의심하여 바깥출입을 제한했습니다. 아내가 조금이라도 늦는 날이면 심한 욕설과 함께 폭행을 했는데 이를 보다 못한 아들이 말리자 아들까지 때려서 중상을 입혔습니다. 이 때문에 아내는 아들과 함께 집을 나가서 이혼청구를 하게 되었습니다.

• 어느 정도 잘못해야 위자료 5천만 원일까

이 정도로 부당한 대우를 했을 때의 위자료가 3천만 원 정도입니다. 그러니까 누군가 재판에서 위자료로 5천만 원을 받았다고 하면 배우자가 아주 큰 부정이나 잘못을 저질렀다고 이해해도 됩니다. 위자료 5천만 원이 인정된 사례들을 소개합니다.

사례 2 C씨는 스무 살이 되기도 전에 연상녀 D씨와 결혼했다. 결혼생활 10년 무렵 E씨(여, 30대)가 찾아오면서 불행은 시작되었다. C씨는 아내 D씨에게 E씨를 사촌누나라고 소개했다. 그는 "사촌누나가 남편에게 폭행을 당하여 갈 곳이 없으니 함께 살자"고 제안했고 D씨도 마지못해 승낙하면서 세 사람의 동거(?)는 시작되었다.

얼마 뒤 E씨가 남자 아이를 출산했는데, C씨는 일방적으로 자신과 D씨 사이에 낳은 자식으로 출생신고를 했다. 그런데 시간이 지날수록 D씨의 눈에는 아이가 C씨와 닮아보였다. 유전자 검사를 해본 결과는 충격이었다. 아이는 C씨의 친자로 밝혀졌다. 결국 E씨가 사촌누나라는 C씨의 말은 거짓이었고 C씨는 아내 D씨 몰래 자기 집에서 E씨와 잠자리를 가져서 아이까지 낳았던 것이다.

사례 3 40대 남성 F씨는 술버릇이 심했다. 결혼생활 20년 중 절반가량을 새벽에 귀가하거나 외박하면서 보냈다. 다른 여성과 교제하다가 아내 G씨에게 적발된 적도 여러 차례 있었다. 집에 들어와도 문제였다. 아내에게 주먹질과 발길질을 하는 일은 예사였고 아무데서나 용변을 보기도 했다. G씨는 "F씨를 더 이상 남편으로 인정할 수 없다"며 법원을 찾았다.

C씨와 F씨는 위자료 5천만 원을 물어줘야 했습니다. 두 사람은 재산이 아주 많은 것도 아니었지만 이 정도로 잘못했다면 배우자가 받았을 정신적 충격이 상당하다고 본 것입니다.

• 60대 노인 위자료 1억 원 물어준 까닭

5천만 원을 넘어서는 위자료 판결은 손에 꼽을 정도입니다. 특히 위자료가 1억 원을 넘어선 경우는 극히 이례적인 사례에 꼽힙니다. 어떤 경우일까요. 먼저 어느 노부부의 안타까운 사례입니다.

이쯤 되면 부부라고 부르기도 민망한 수준입니다. 법원도 부부관계가 더 이상 회복될 수 없을 정도로 악화되었다며 이혼판결을 내렸습니다. 그러면서 위자료로 1억 원을 지급하라고 H씨에게 명했습니다.

법원은 "H씨는 내연녀와 부정한 관계를 유지하면서 20여 년간 아내와 자녀를 유기했다"고 잘못을 밝힌 뒤 "혼인파탄의 원인 및 책임의 정도, 혼인기간, 가출기간, 나이 및 경제력 등을 참작했다"고 덧붙였습니다.

또한 법원은 재산분할로 H씨의 재산 절반을 I씨에게 지급하라고 판결했습니다. H씨는 결국 전체 4억 원 가량의 재산 중에서 2억 원을 재산분할로, 1억 원을 위자료로 아내에게 주고 갈라서게 되었습니다.

• 부부동반 여행에 '아내' 대신 '남자'를 데려간 남편

마지막으로 위자료 1억 5천만 원이 인정된 다소 충격적인 사건을 소개합니다.

J씨는 K씨가 동성애자라는 사실을 속여서 결혼했기 때문에 사기결혼이라고 주장했습니다. 하지만 법원은 "제출한 증거만으로는 K씨가 동성애자임을 인정하기에 부족하다"고 판단했습니다. 하지만 "K씨의 성관계 거부 및 부당한 대우로 J씨가 입은 정신적 고통은, 동성애를 속이고 결혼했다가 단기간 내에 혼인관계를 해소시키려 한 경우에 입었을 정신적 고통과 크게 다르지 않다"고 보았습니다.

법원은 "부부간의 성관계는 혼인의 본질적 요소인데도 사소한 신체접촉조차 거부하면서 개선 노력은 전혀 하지 않았고, 오히려 조심스럽게 성 문제를 제기하는 J씨를 무시하고 정당한 배우자로 대우하지 않았다"고 평가했습니다. 혼인관계가 K씨의 주된 귀책사유로 인하여 파탄되었고, J씨가 상당한 정신적 고통을 받았을 것임은 경험칙상 인정된다며 위자료 1억 5천만 원을 지급하라고 판결했습니다.

이밖에도 처가에서 5억 원이 넘는 돈을 얻어 쓰고, 외박과 낭비, 방탕한 생활로 아내를 유산까지 이르게 한 남편에게 위자료 2억 원을 지급하라는 판결도 나온 적이 있습니다.

하지만 이건 극단적인 사례일 뿐입니다. 일반인들에겐 많아야 수천만 원 수준입니다. 배우자가 수십억 원의 재산가가 아니라면 거액의 위자료는 꿈꾸지 않는 게 정신건강에 좋습니다. 위자료를 생각할 땐 2가지만 기억하면 됩니다. 위자료는 부부관계를 깬 쪽이 문다. 위자료는 생각보다 많지 않다.

사연 속의 주인상 씨도 아내의 행동 때문에 상처를 많이 받으셨겠군요. 배우자를 믿지 못하고 의심하는 의처증이나 의부증은 가정파탄의 원인이 됩니다. 이혼사유가 될 수 있고, 더구나 폭행까지 있었다니 위자료 청구도 가능해보입니다.

• 늘고 있는 '매 맞는 남편', 법원의 판단은

요즘 아내에게 폭행당하는 남편, 이른바 '매 맞는 남편'이 늘고 있다고 하는데요. 폭행 정도가 심할 때는 '배우자의 부당한 대우'로 보아 이혼판결이 내려지기도 합니다. 폭행은 남성이건 여성이건 어떤 상황에서도 용납되지 않습니다. 대법원은 아내가 불륜을 의심할 만한 행동을 했다는 이유로 남편이 폭력을 행사한 사건에서 "설령 그와 같은 사정이 있다고 하더라도 상호간의 애정과 신뢰를 바탕으로 하는 부부관계에 있어서 폭력의 행사는 어떠한 이유에서라도 정당화될 수 없다"며 남편의 폭행은 이혼사유가 된다고 판시한 바 있습니다.

하지만 돈이 능사는 아닙니다. 사연을 들어보니 설사 위자료가 인정되더라도 금액은 그리 크지 않겠습니다. 이혼을 하더라도 위자료 청구보다는 아내와 아름답게 헤어지는 길, 앞으로 딸을 잘 키우는 길을 고민해보시기 바랍니다.

29

바람피웠다고
전 재산을 주어야 하나요?

이혼과 재산문제 ③ 재산분할 제대로 알기

***** 외도는 했지만 전 재산을 넘기기는 싫은 조장혁**(남, 40대) **씨의 사연**

고등학교 동창회에서 20년 만에 만난 여자친구와 돌이킬 수 없는 강을 건넌 조장혁 씨. 아내가 외도 사실을 용서만 해준다면 어떻게든 잘 살아보고 싶은데 아내는 무조건 이혼을 요구하고 있다. 처음에는 재산을 절반씩 나누고 아이도 그에게 키우라고 하던 아내는 지금은 "재산은 그대로 두고 몸만 나가라"고 구박하고 있다. 불만이 있으면 소송을 걸라는 아내의 말에 조장혁 씨는 염치는 없지만 재산분할을 청구하고 싶은 심정이다. 법적으로 전 재산을 아내에게 다 주어야 하나.

• 재산분할은 혼인파탄책임과 무관하게 청구 가능

이혼을 하느냐 마느냐. 중요하고도 어려운 문제입니다. 그에 못지않게 이혼을 결정한 뒤 재산을 어떻게 공평하게 나누느냐도 중요하지요. 오늘은 부부가 재산을 합리적으로 나누는 절차인 재산분할에 대해 말씀드리겠습니다.

재산분할은 부부가 혼인 중에 갖게 된 공동재산을 나누고 이혼 후의 생활유지를 위해 필수적인 절차입니다. 재산분할은 이혼 후 재산을 청산하고 부양을 하기 위한 성격을 갖는다고 보는 것이 일반적입니다. 한마디로 이혼하면서 자기 몫을 가져가는 절차라고 할까요.

재산분할은 이혼을 하는 부부 모두에게 청구할 권리가 있습니다. 혼인관계를 파탄 낸 쪽도 청구할 수 있다는 점에서 위자료와 큰 차이가 있습니다. 사연 속의 조장혁 씨도 잘못이 적지 않지만 이혼 시 재산분할은 청구할 수 있습니다. 만일 재산이 조장혁 씨 명의로만 돼 있다면 아내 쪽에서 일정한 비율(또는 금액)을 달라고 청구를 해야겠지요. 위자료를 포함한 이혼으로 인한 손해배상과 재산분할은 구분됩니다. 그러니 혼인파탄 책임은 위자료를 통해 추궁해야 합니다.

재산분할은 당사자끼리 합의가 되면 가장 좋고, 안 되면 재판을 통해 해결해야 합니다. 청구 기간은 이혼 후 2년 내입니다. 법원은 재산의 취득경위와 이용 상황, 소득, 자녀부양 유무, 결혼기간, 생활능력 등을 토대로 재량에 따라 직권으로 결정합니다.

재산분할은 협의가 우선입니다. 그런데 협의이혼을 조건으로 재산분할 약정을 했다가 이혼이 되지 않거나 재판이혼을 하게 되면 어떻게 될까요. 이때 약정은 무효입니다. 판례는 "협의이혼을 소선으로 약정했으면 협의이혼이 이루어진 경우에 한하여 효력이 발생한다"고 보고 있습니다.

• 재산분할에서 중요한 건 기여도

재산분할에서 중요한 것은 누구의 명의로 재산이 돼 있느냐보다 재산을 늘리는 데 누가 얼마나 기여했는가입니다. 판례도 재산이 부부 한쪽 명의로 돼 있거나 제3자 명의로 명의신탁돼 있더라도 부부의 협력으로 얻은 재산이라면 분할대상이 된다고 봅니다. 재산을 취득하고 유지하는 데 공헌한 정도가 크게 고려되는 셈입니다.

그렇다고 단순히 누가 돈을 많이 벌어왔는가로 판가름나는 것도 아닙니다. 예컨대 부부 중 남편만 직장생활을 했더라도, 아내가 자녀 양육과 가사를 맡으면서 저축을 통해 재산을 늘려갔다면 양쪽 모두 재산 증가에 이바지한 것으로 볼 수 있습니다.

재산을 나누는 방법은 제한이 없습니다. 법원이 선택하는 가장 일반적인 방식은 분할비율을 정하는 것입니다. 구체적으로 보자면 남편과 아내의 순재산(재산에서 빚을 뺀 금액)을 더한 총액에서 분할비율을 정한 다음 정산하는 방식입니다. 쉽게 설명하자면 이렇습니다.

남편 명의로 1억 원의 전세금과 5천만 원의 은행 대출이 있고, 아내 명의로 시가 3억 5천만 원의 아파트가 있다고 칩시다. 남편의 순재산은 5천만 원, 아내의 순재산은 3억 5천만 원으로, 합하면 총 4억 원이 됩니다. 남편 대 아내의 재산분할 비율이 4:6으로 결정되었다고 가정하면 남편의 몫은 1억 6천만 원, 아내는 2억 4천만 원이 됩니다. 따라서 아내가 아파트를 갖되, 남편의 부족분 1억 1천만 원을 돈으로 지급하면 재산분할은 끝이 납니다.

• 분할대상이 되는 재산은 어디까지?

그렇다면 부부의 모든 재산이 분할대상이 될까요. 여기가 어려운 대목인데요.

재산분할은 혼인 중에 함께 협력하여 취득한 재산만이 대상이 됩니다. 결혼 후 늘어난 재산을 기여도에 따라 분배한다고 이해하면 됩니다. 따라서 △결혼 전부터 각자 소유하고 있던 재산이나 △결혼 중 자기 명의로 취득한 재산(상속, 증여 등)은 분할대상에 포함되지 않는데, 이것을 '특유재산'이라고 합니다. 또한 이혼을 하기 위해 별거하던 중 취득한 재산도 분할대상이 아닙니다. 즉 개인 소유가 됩니다. 민법은 부부별산제를 인정합니다. 결혼 전 부부재산계약을 따로 체결하지 않는 이상 자기 재산은 자기가 관리, 사용, 처분할 수 있다는 것입니다.

하지만 여기도 예외가 있습니다. 특유재산이라도 재산의 유지, 감소 방지나 증가에 기여했을 경우에는 분할대상이 될 수 있습니다. 판례를 보면, 남편이 결혼 전 마련해온 아파트는 특유재산이지만 아내가 생활비를 내고 가사노동을 하면서 재산(아파트)이 감소되지 않도록 기여했다면 분할재산에 포함된다고 했습니다.

편의상 부부 한 사람 명의로 돼 있더라도 실제로 부부가 협력해서 모은 재산이라면 이것도 분할재산이 되겠지요. 재산은 부동산, 예금, 주식, 채권(받을 돈) 등 종류를 가리지 않습니다. 가족공동생활에 필요한 물품 등도 당연히 포함됩니다.

부부는 재산만 함께 나누는 것이 아닙니다. 빚도 함께 부담해야 합니다. 병원비, 생활비 등 일상가사채무나 부동산 구입자금, 전세보증금 등 공동이익을 위한 채무 등도 '소극재산'으로 분할대상에 포함됩니다. 정리하자면 표와 같습니다.

분할대상이 되는 재산

재산분할에 포함 안 되는 재산		재산분할에 포함되는 재산
특유재산	결혼 전에 취득한 재산(고유재산)	상대방이 적극적으로 재산을 유지 또는 감소 방지했거나 증가에 협력했다면 특유재산도 분할대상에 포함
	상속, 증여재산	
	결혼 중 자기명의로 취득한 재산	부부 일방 명의로 돼 있더라도 실제로 부부가 공동으로 노력했다면 분할대상
이혼 위해 별거 중 취득한 재산		혼인 중 협력으로 증가, 형성된 재산
부부 일방이 제3자에게 유흥, 도박, 사치 등 명목으로 빌린 채무 · 대출 등		일상 가사채무(생활비, 병원비 등)와 공동 이익을 위한 채무(부동산 구입대출 등)

• 재산분할, 여성이나 전업주부에게 불리하다?

재산분할은 여자에게 불리할까요. 실제 재판에서는 그렇지 않습니다. 법원의 통계를 통해 살펴보는 게 좋겠습니다. 전주혜 판사가 2004년부터 2005년까지 서울고등법원과 가정법원에서 선고된 판결 113건을 토대로 작성한 〈재산분할에 관한 판결례 분석〉이라는 논문이 있습니다. 이 논문에 따르면 여성 10명 중 4명꼴로 50%이상의 재산을 분할받았습니다. 또한 전업주부의 경우도 31~40%의 비율이 가장 높았습니다. 통계로 볼 때 여성에게 31~50%를 인정한 판결이 절대 다수(80%)를 차지했습니다. 나이가 많을수록, 결혼기간이 길수록 상대적으로 높은 기여도가 인정되었습니다. 특히 여성의 경우 남자보다 수입이 많거나, 전업주부라도 적극적으로 재산증식에 노력한 경우에는 재산분할 비율에 큰 영향을 미쳤습니다.

더 최근 자료를 볼까요. 2009년 〈위자료 산정 및 재산분할 심리의 실무현황(차경환 판사)〉이라는 논문입니다. 이 논문은 2008년 12월부터 2009년 2월까지 전국 법원 1심 판결 227건을 분석대상으로 삼았습니다. 이 자료에 따르면 부부 재산 중 50%를 처(여성)에게 분할하라고 판결한 비율(26.4%)이 가장 높았습니다. 여성의 몫이 50%를 초과한다고 판단한 사례도 8.36%나 되었습니다.

처(여성)를 한 이혼재산분할 비율분석

처 기준	0~10	15~20	25%	30%	35%	40%	45%	50%	55%	60%	65~70	80~100	합
건수	6	15	15	24	13	56	19	60	1	10	5	3	227
%	2.64	6.6	6.6	10.5	5.72	24.6	8.37	26.4	0.44	4.4	2.2	1.32	100

출처: 차경환 판사(2009.3.25.자 '위자료 산정 및 재산분할 심리의 실무현황')

전체 재산 중 여성의 몫을 40~60%로 인정한 판결은 64.21%를 차지했습니다. 그러니까 재산분할 소송 10건 중 6건은 부부 한쪽이 적게는 40%, 많게는 60%를 차지하는 쪽으로 판가름난다는 뜻입니다.

차 판사는 "재산분할 비율이 35% 이하인 판결은 대부분 ① 혼인 전에 취득한 재산, ②부모로부터 증여, 상속받은 재산, ③ 혼인기간이 짧거나 재혼인 경우, ④가산을 주식, 도박 등으로 탕진한 경우, ⑤ 분할대상 재산규모가 수억 원에 달하는 경우 등의 사례였다"고 밝혔습니다. 또한 "순재산이 클수록 처에게 분할되는 비율이 줄어들었는데, 이는 재산분할 비율을 낮게 인정하더라도 부양적 측면이 충분히 고려될 수 있기 때문인 것으로 짐작된나"고 분석했습니다. 예컨대 분할대상 재산이 수억 원, 수십억 원 수준이 될 때는 분할 비율을 다소 낮추더라도 생계를 유지하는 데 지장이 없는 금액이 될 수 있다는 얘기입니다.

꼭 통계를 보지 않더라도 여성이나 전업주부의 재산기여도는 예전보다 높아지는 추세입니다. 특히 가사노동과 자녀교육의 중요성이 부각되면서 갈수록 전업주부도 재산분할에서 비율을 높게 인정받고 있습니다. 부부의 협력이나 기여도가 꼭 돈을 버는 것만 해당되는 것은 아니니까요.

• 분할재산보다 채무가 많으면 '0원'

재산분할은 위자료에 비해 판사의 재량도 많고 재산규모에 따라 금액도 천차만별입니다. 2가지 극단적인 사례를 소개할까 합니다. 먼저, 재산보다 빚이 많은 40대 동갑내기 부부의 사례입니다.

사례 1 남편 A씨는 개인사업을 하고 아내 B씨는 공무원이었다. A씨는 결혼기간 동안 수시로 인터넷 채팅 등을 통해 성매매를 해왔다. 이를 따지는 B씨에게 폭력을 쓰기까지 했다. 반복되는 외도와 폭행은 그칠 줄 몰랐다. B씨는 결혼 15년 만에 별거를 택했다. 아이들과 함께 살면서 이혼과 동시에 재산분할을 청구했다. A씨 명의로 돼 있지만 실제로는 공동재산인 상가(시가 7억 원)가 있었기 때문이다.

법원은 서로 이혼을 원하고 있고, 별거기간이 2년이 넘은 점 등을 감안하여 이혼판결을 내렸습니다. 문제는 재산분할이었습니다.

A씨 명의로 사둔 상가가 있긴 했습니다. 그런데 상가 시세가 떨어졌고 상가를 구입하느라 은행 대출금, 연체이자 등을 부담하느라 A씨가

진 빚은 7억 원이 넘었습니다. 빚이 오히려 4천만 원 더 많았던 것입니다. 원래 채무는 각자 책임지는 게 맞습니다. 하지만 가사채무(생활비, 병원비 등)와 공동재산을 구입·유지하기 위한 비용은 함께 부담하게 됩니다.

법원은 A씨의 채무에 대해서 "부부 일방이 혼인 중 제3자에게 채무를 부담한 경우에 그 채무 중에서 공동재산의 형성에 수반하여 부담하게 된 채무는 청산의 대상이 되는 것"이라고 판단했습니다. 따라서 "부부 일방이 청산의 대상이 되는 채무를 부담하고 있어 총 재산가액에서 위 채무액을 공제하면 남는 금액이 없는 경우에는 상대방의 재산분할 청구는 받아들여질 수 없다"고 결론 내렸습니다.

즉 재산분할 대상이 되는 채무가 재산보다 많은 경우에는 재산분할을 할 수 없다는 것입니다. B씨는 결혼생활 15년 만에 빈손으로 나와야 했습니다. 이와는 반대로 결혼 8년 만에 수십억 원을 재산분할로 받은 사례도 있습니다.

• 위자료는 4천만 원, 재산분할은 30억 원대

사례 2 40대 여성 C씨는 50대 남성 D씨와 결혼했다. 두 사람 모두 재혼으로, 동거 3년 만에 혼인신고를 했다. D씨는 알코올중독으로 가족들에게 욕설과 폭언을 일삼았다. 참다 못한 가족들은 D씨를 정신병원에 입원시켰는데 D씨는 C씨가 주도해서 자신을 입원시켰다며 이혼을 요구했다. 이에 맞서 C씨는 D씨의 폭력과 부정행위를 이유로 반소를 청구했다.

법원은 C씨의 손을 들어줬습니다. D씨의 폭언과 외도가 파경의 주된 원인이라는 것입니다. 따라서 두 사람은 이혼하고 D씨가 위자료로 4천만 원을 지급하라고 판결했습니다.

재산분할이 남았습니다. 법원은 기여도에 따라 전체 재산 중 C씨와 D씨가 30 : 70의 비율로 나누라고 판결했습니다. 법원은 "D씨의 재산은 대부분 부모로부터 물려받은 것이지만 C씨가 가사와 육아에 전념하며 공동재산의 유지와 감소방지에 협력한 점 등을 참작했다"고 판시했습니다. C씨가 재산분할로 받게 된 30%를 금액으로 환산하니 무려 30억 원이 넘었습니다. D씨 명의의 부동산과 주식 등이 100억 원대에 달했기 때문입니다.

위 사례에서 보듯이 재산분할 절차에서는 위자료와는 비교할 수 없을 정도로 큰 재산을 청구할 수도 있습니다. 따라서 이혼을 고려하신다면 위자료보다 재산분할에 신경을 써야 합니다.

끝으로 조장혁 씨에게 답변 드립니다. 이혼할 의사가 없다고 하셨지요. 그렇다면 아내에게 진지하게 용서를 구해야겠습니다. 그게 도저히 안 된다면 이혼을 받아들이는 수밖에 없습니다. 재산문제는 5 : 5 정도로 나누는 게 어떨지요. 그리고 아내가 아이를 키우게 된다면 아내 쪽에 더 많은 재산을 주거나 매달 양육비를 주는 것도 바람직하겠군요. 그전에 부디 아내의 마음을 돌릴 수 있기를 바랍니다.

30

이혼하면 딸아이를
제가 키우고 싶은데요

친권자와 양육자, 이혼하면 누구로 정할까

∷ 딸아이와는 함께 살고 싶은 정다은(여, 31세) 씨의 사연

연이은 남편의 폭행에 이혼을 결심한 정다은 씨. 그동안은 시부모가 대신 용서를 빌고, 재산을 물려주겠노라며 사정하여 참고 살아왔는데 이제는 한계에 다다랐다. 남편도 이혼에 동의한 터지만 행여나 나중에 다른 말을 할까봐 사진과 진단서도 챙겨놓은 상태다.

한 가지 고민은 다섯 살 된 딸아이를 자신이 꼭 키우고 싶다는 것이다. 하지만 정다은 씨는 현재 가진 것도, 직장도 없다. 남편도 아이는 자기가 잘 키울 자신이 있다면서 양보할 수 없다고 말한다. 차라리 형편이 나은 남편이 키우는 게 아이에게 도움이 될까? 정다은 씨는 고민스럽다.

• 이혼할 때 반드시 해결해야 할 자녀 양육 문제 3가지

이혼은 어른들의 선택입니다. 그런데 이혼 뒤에 가장 상처받고 소외받는 이들은 부부 자신이 아니라, 바로 자녀들입니다. 이혼 과정에서 아무런 목소리를 내지 못하는 아이들은 어른들이 상상할 수 없는 정신적 충격을 받는다고 합니다. 또한 이혼 가정의 아이는 공격적, 충동적, 반사회적 행동을 더 많이 보인다는 연구결과도 있습니다. 어쨌거나 부모는 이혼을 하더라도 자녀들의 상처를 어루만지고, 아이들이 행복하게 자라도록 노력해야 할 의무가 있습니다. 이혼을 한다고 해서 부모의 역할이 달라질 건 없습니다.

제가 가정법원에서 일할 때입니다. 10대 소녀가 상습적으로 절도와 성매매를 했다는 이유로 재판을 받게 되었습니다. 이 소녀는 가게에서 물건을 훔치거나 인터넷에서 어른들을 상대로 이른바 '조건만남'을 하다가 적발돼 법원까지 오게 된 것이지요. 사정을 들어 보니 어른들을 탓하지 않을 수 없었습니다. 제가 보기엔 어른 중에서도 조건만남에 응한 남성들보다 소녀의 부모가 더 문제였습니다.

소녀가 어렸을 때 부모는 이혼을 했습니다. 이혼 뒤 소녀는 엄마랑 살고 있었는데, 엄마가 재혼을 하게 됩니다. 새아빠가 소녀와 함께 사는 걸 부담스러워했던 까닭에 엄마도 소녀에게 눈치를 주더랍니다. 몇 년간 눈칫밥을 먹던 소녀는 중학생이 되자 할 수 없이 친아빠의 집을 찾아갔습니다. 그런데 친아빠도 반기지 않았습니다. 새 가정을 꾸리게 된 친아빠도 소녀에게 "엄마 집으로 가라"며 소녀를 돌려보냈습니다. 갈 곳이 없어진 소녀는 또래 남자친구의 자취방에 얹혀살기 시작했습니다. 학교를 그만 둔 소녀는 그곳에서 남학생들과 어울리면서 성관계를 하게 되었고, 생활비와 용돈이 필요할 때마다 어른들을 상대로 '조건만남'을 했던 것입니다.

그때 처음으로 부모의 중요성을 몸소 깨닫게 되었습니다. 사연을 보내주신 정다은 씨나 남편은 그래도 어떻게든 아이를 키워보겠다고 고민이신데요. 사실 제게 상담을 요청하신 분들 중에는 '이혼할 때 아이를 떼어놓고 올 수 있는 방법'을 알려달라고 하시는 분들도 적지 않습니다. 그때마다 참 씁쓸합니다. 이혼할 때 반드시 아이의 미래도 함께 고민해봐야 합니다.

이혼을 하면서 자녀 양육과 관련해서 고민해야 할 3가지 법적인 문제가 있습니다. 반드시 이혼 전에 해결해야 합니다.

① 엄마와 아빠 중에 누가 아이를 키울까(친권자, 양육자 지정)

② 아이의 양육비는 얼마를, 어떻게 지급해야 할까(양육비)

③ 함께 살지 않는 부모와 아이가 어떻게 만날까(면접교섭)

그중 첫 번째로 ① 친권자, 양육자 지정에 대해 살펴보겠습니다. 특히 최근에는 친권자나 양육자가 정해지지 않으면 이혼 자체가 불가능하게 돼 있습니다.

• 친권, 양육권 어떻게 다르나

친권과 양육권의 뜻부터 파악해봅니다. 먼저, 친권이란 무엇일까요. 친권이란 미성년 자녀의 신분과 재산에 관한 사항을 정할 수 있는 부모의 권리를 말합니다. 더 자세히 살펴보면, 신분상 권리로 △자녀를 보호 교양할 권리·의무 △자녀가 살 곳을 지정할 거소지정권 △징계권 등이 있습니다. 또 재산상으로는 △자녀 명의 재산 관리권 △법률행위 대리권, 동의권을 포함합니다.

쉽게 말하면 자녀를 대신해서 법적인 행위를 할 수 있는 권한이 친권입니다. 예를 들어 미성년자가 휴대전화를 개통하거나 전입신고를 하거나 여권을 발급할 때, 인터넷으로 물건을 구입할 때, 부동산·은행예금을 관리하거나 다른 사람과 계약을 체결할 때, 민사소송을 하거나 당할 때 친권자의 도움이 반드시 필요합니다.

친권은 부모의 권리인 동시에 의무입니다. 민법(912조)은 "친권을 행사함에 있어서는 자의 복리를 우선적으로 고려하여야 한다"고 규정하고 있습니다. 따라서 친권이란 자녀의 미래를 위하여 자녀의 신분과 재산에 관한 사항을 정할 수 있는 권리이자 의무라고 보면 틀림없습니다. 반면 양육권은 미성년 자녀의 양육에 필요한 사항을 결정할 수 있는 권리입니다. 달리 표현하면 자녀와 함께 살면서 자녀를 보호하고 교육할 권리·의무입니다. 아이를 직접 키울 수 있는 권리라고 하면 이해가 빠르겠습니다.

양육권과 친권은 어떻게 다를까요. 자녀의 신분과 재산, 양육 등에 관한 사항 전반을 결정할 권리인 친권이, 자녀와 함께 살면서 교육할 권리인 양육권보다 좀 더 넓은 개념입니다. 친권의 내용 중 △자녀 보호·교양 △거소지정권 △징계권 등은 양육권과 겹칩니다. 친권자와 양육자가 다르다면 이때 친권은 양육권을 제외한 부분에만 효력을 미친다고 보면 됩니다. 친권자는 가족관계등록부에 기재되는 반면, 양육자는 따로 기재되지 않습니다.

한편, 이혼 후 부모의 권리로 면접교섭권도 있습니다. 면접교섭권이란 이혼 후 미성년 자녀를 양육하지 않는 부모(비양육친)가 자녀와 직접 접촉할 수 있는 권리로서, 부모와 자녀 모두에게 인정되는 권리입니다.

• 친권자와 양육자를 한 사람으로 정해야 하는 까닭

친권과 양육권은 결혼 중에는 부모가 공동행사하는 것이 원칙입니다. 그런데 이혼을 하게 되면 누가 친권자와 양육자가 될지 반드시 정해야 합니다. 어떻게 정해야 할까요.

양육자와 친권자를 다르게 하거나 이혼 후에도 부모가 친권을 공동행사하는 것은 어떨까요. 불가능하지는 않습니다. 하지만 특별한 사정이 없다면 양육자와 친권자를 같은 사람으로 정하는 게 바람직합니다. 너무 번거롭기 때문입니다.

예를 들어봅니다. 이혼한 부부에게 열 살 된 아이가 있습니다. 양육자는 엄마인데, 친권자는 아빠(또는 엄마와 아빠)로 돼 있다고 가정해봅시다. 아이가 전입신고를 하거나 통장을 만들거나 휴대전화를 개설하려고 하면 이때 반드시 친권자의 동의나 대리가 필요합니다. 그때마다 엄마는 친권자인 아빠에게 도장을 받거나 인감증명을 받아야 합니다. 만일 연락이 되지 않거나 협조를 해주지 않으면 고생을 겪게 됩니다. 자녀가 학교나 가정생활에서 사소한 법률행위를 하는 데도 친권자의 동의나 대리를 받기 위해 수고를 하지 않기 위해서는 양육자를 친권자로 정하는 게 좋습니다.

그렇다면 친권자와 양육자를 누구로 정하는 게 바람직할까요. 부부가 협의하여 결정히는 게 가장 좋습니다. 그게 안 된다면 법원의 결정에 따를 수밖에 없습니다. 법원은 부부의 주장과, 자녀의 의견을 들어본 뒤 아이의 미래와 복지를 위한 결정을 하게 돼 있습니다. 법원의 기준은 어떤 것일까요. 경제적인 여건? 당연히 중요합니다. 하지만 그게 전부는 아닙니다.

• 부모 중 누가 친권자 적합? 법원이 따지는 조건은

사례 1 40대 후반 남성인 A씨는 띠동갑인 여성 B씨가 스무 살 무렵이던 때부터 동거하다가 몇 년 뒤 결혼했다. A씨는 동거 무렵부터 폭행과 욕설을 일삼아서 B씨가 임신 3개월 만에 유산한 적도 있었다. 결혼 몇 년 후 B씨는 인공수정을 통해 쌍둥이를 낳아서 길렀는데 남편의 폭력에 더 이상 견딜 수 없어서 집을 나왔다. 그는 경제적 능력이 없어서 친언니의 도움을 받아 아이들을 키우면서 식당일로 생계를 꾸려왔다. A씨는 택시운전을 하고 있어서 B씨보다는 형편이 조금 나았다. B씨는 법원에 이혼소장을 내면서 친권자와 양육자로 자신을 정해달라고 청구했다.

법원은 이혼청구는 받아들였습니다. 하지만 1심과 2심 법원은 "아이들의 복리를 위해서 아버지 A씨가 친권자 겸 양육자가 되는 게 타당하다"고 판결했습니다. 경제적인 여건으로 볼 때 A씨가 B씨보다 더 낫다고 보았기 때문입니다. 어려운 상황에서도 쌍둥이를 키우는 즐거움으로 살아왔던 B씨로서는 충격적인 결과였습니다.

다행히도 대법원은 이 결론을 뒤집었습니다. "자의 양육을 포함한 친권은 부모의 권리이자 의무로서 미성년인 자의 복지에 직접적인 영향을 미치는 것"이라고 전제한 대법원이 밝힌 기준은 다음과 같습니다.

"부모가 이혼하는 경우에 부모 중 누구를 미성년자인 자의 친권을 행사할 자 및 양육자로 지정할 것인가를 정함에 있어서는, 미성년인 자의 성별과 연령, 그에 대한 부모의 애정과 양육의사의 유무는 물론, 양육에 필요한 경제적 능력의 유무, 부 또는 모와 미성년인 자 사이의 친밀도, 미성년자인 자의 의사 등 모든 요소를 종합적으로 고려하여 미성년자인 자의 성장과 복지에 가장 도움이 되고 적합한 방향으로 판단하여야 한다(2008. 5. 8. 선고 대법원 2008므380 판결)."

쉽게 말하자면 이렇습니다. 자녀가 몇 살이고, 아들인지 딸인지, 부모 중 누가 더 키우겠다는 뜻이 강하고 친밀감이 있는지, 형편은 누가 더 좋은지, 자녀는 누구랑 살고 싶어 하는지 등을 꼼꼼하게 따져보고 아이에게 가장 도움이 되는 쪽으로 결론을 내리라는 말입니다. 열쇠는 '자녀의 복리'이지 부모의 경제력이 전부가 아니라는 겁니다.

대법원은 △B씨가 인공수정을 통해 어렵게 자녀들을 출산한 점 △지금까지 양육하는 데 특별한 문제가 없었던 점 △아이들이 6세 남짓 어린 나이라서 정서적으로 성숙할 때까지 어머니가 양육하는 것이 성장과 복지에 도움이 될 것으로 보이는 점 등을 들어 B씨가 키우는 게 타당하다고 보았습니다. B씨가 경제적으로 어렵지 않느냐는 지적에 대해서는 "B씨가 양육에 필요한 경제적 능력을 구비하고 있는지에 의문이 있을 수 있으나, A씨와 양육비를 분담함으로써 어느 정도 극복할 수 있다"고 해결책을 제시했습니다. 대법원은 이 사건을 2심으로 돌려보냈고 법원은 결국 B씨를 양육자 겸 친권자로 결정했습니다.

• 딸은 무조건 엄마가 키워야 한다?

딸을 부모 중 한 사람이 키워야 한다면 그래도 엄마가 낫겠지요. 하지만 항상 그런 결론이 정답은 아닙니다.

일반적으로 아빠보다 엄마가 자녀들과 정서적으로 유대관계가 더 깊고, 어린 아이들일수록 엄마의 손길이 필요한 게 사실입니다. 하지만 친권자나 양육자를 정할 때는 딸은 무조건 엄마가 키워야 한다는 기준은 없습니다. 자녀복리를 위해 종합적인 고려가 있어야 합니다. 대법원의 생각도 같았습니다.

대법원은 "아버지 C씨가 어린 딸을 잘 길러왔다"면서 "단지 어린 여아의 양육에는 어머니가 아버지보다 더 적합할 것이라는 일반적 고려만으로는 양육상태 변경의 정당성을 인정하기에 충분하지 않다"고 판시했습니다. 그러면서 한쪽 부모가 기르던 자녀를 다른 부모가 기르려면 "현재의 양육상태를 변경하는 것이 현재의 양육상태를 유지하는 경우보다 아이의 건전한 성장과 복지에 더 도움이 된다는 점이 명백하여야 한다"고 지적했습니다. 아빠가 딸을 잘 키우고 있다면 굳이 엄마로 친권자나 양육자를 다시 바꿀 이유는 없다는 뜻입니다.

이혼재판을 담당하는 수도권의 한 판사는 양육자를 정하는 데 현재의 양육상황과 부모와의 유대관계를 가장 크게 고려한다는 의견을 제시했습니다. 이 판사는 "부모가 이혼한다고 해서 아이의 양육상황이 갑자기 달라져서는 곤란하며, 아이와 부모의 정서적 유대가 중요하다"고 강조했습니다.

• 폭력 아빠, 매정한 부모는 친권상실되는 경우도

친권과 양육권은 부모 어느 한쪽이 절대적으로 행사할 수 있는 권리는 아닙니다. 의무의 성격도 있다고 했습니다. 따라서 자녀의 미래를 위해서라면 양육자를 바꿀 수도 있고 친권자도 변경할 수 있습니다. 다만 현재보다 아이에게 더 도움이 된다는 점이 명백해야 하며, 이때도 법원의 재판을 받아야만 가능합니다.

가끔씩 전 배우자가 자녀를 잘 키우지 않고 방치한다면서 친권자를 자기로 바꿔달라고 법원을 찾아오는 이들이 있습니다. 재혼 때문에 변경을 신청하는 경우도 종종 있습니다. 이때는 친권자뿐만 아니라 양육자도 변경하는 것이 타당합니다. 법원에 오기 전에 전 배우자나 자녀와 상의를 하거나 합의를 마칠 필요가 있습니다. 재판 과정에서 어차피 그들의 의사를 들어볼 수밖에 없기 때문입니다.

양육자, 친권자로 정해진다면 다시 바꾸기가 그리 쉬운 건 아닙니다. 애초에 정할 때 여러 상황을 고려해서 신중하게 결정할 필요가 있습니다. 아이를 키우는 문제로 2번, 3번 재판하는 것도 결코 바람직하지 않습니다. 한편, 부모 역할을 제대로 못해서 친권이 아예 상실되는 사례도 있습니다.

친권자는 자녀를 보호하고 교양할 의무가 있습니다. 이를 이행하지 못한다면 부모로서 권리도 없다고 봐야 합니다. 민법(924조)에 따르면 "부 또는 모가 친권남용, 현저한 비행, 기타 친권을 행사시킬 수 없는 중대한 사유가 있는 때" 법원은 친권상실을 선고할 수 있습니다.

부모 자격이 없는 사람은 친권을 뺏어야 마땅하다는 뜻입니다. 법원은 F씨의 행동이 "친권을 행사시킬 수 없는 중대한 사유"에 해당한다고 판단했습니다. 법원은 "자녀들의 건강한 성장을 위하여 석성하게 친권을 행사하리라 기대할 수 없다"면서 "친권과 면접교섭권을 상실한다"고 판결했습니다. 이로써 F씨는 더 이상 부모로서의 권리를 행사할 수 없었고, 자녀들을 만날 수도 없게 되었습니다.

그밖에도 10년 전 이혼한 뒤 아이를 한 번도 보지 않았고 양육비를 한 번도 내지 않은 매정한 아버지와, 친딸을 성폭행하는 만행을 저지른 아버지에게 친권상실을 선고한 사례가 있습니다.

정다은 씨, 남편의 상습적인 폭행은 '배우자로부터 심히 부당한 대우를 받았을 때'에 해당돼 이혼사유가 될 수 있습니다. 그래도 소송보다는 상처가 덜 남는 협의이혼으로 해결하시길 바랍니다. 더구나 딸을 키우는 문제도 남아 있으니까요. 남편과 친권과 양육 문제도 터놓고 얘기해보시길 바랍니다. 남편도 아이에겐 똑같은 부모니까요.

정다은 씨가 친권자 겸 양육자로 아이를 키우면서 남편에게 양육비를 받는 방향으로 해결하는 게 어떨지, 저로서는 조심스레 제안해봅니다. 합의가 안 된다면 누가 키우는 게 더 나은지 법원의 판단을 받는 수밖에 없겠습니다. 법정에 가기 전에 두 분이서 어린 딸을 위해 현명한 결정을 내리시길 바랍니다.

31

먹고 살기 어려운데 양육비 꼭 줘야 하나요?

양육비의 법적 성격과 지급기준

***** 먹고 살기 어려워 양육비가 부담스러운 백수일(남, 40세) 씨의 사연**

7년 전 이혼한 백수일 씨는 이혼하면서 당시 세 살 난 아들을 아내가 키우고 양육비를 주기로 합의했다. 다달이 50만 원을 주기로 약속했지만 먹고살기 힘들어서 6개월만 주고 말았다. 미안한 마음은 크지만 벌이가 시원찮아 어찌할 도리가 없었다. 그런 그의 속도 모르고 전처는 양육비를 요구하며 이번 달까지 주지 않으면 과거 양육비까지 전부 요구하는 소송을 걸겠다고 한다.

백수일 씨는 양육비 걱정 때문에 새로운 사람을 만났음에도 재혼을 미루고 있다. 재혼할 여자에게도 아이가 있기 때문이다. 얼마 안 되는 수입으로 양육비를 내기에는 빠듯하다. 형편이 어려운데 양육비를 꼭 줘야 할까?

백수일 씨, 생활이 어려우시군요. 그런데 혹시 이런 생각은 해보셨나요. 이혼을 한 뒤 혼자 아이를 키우는 엄마가 얼마나 어려울지 말입니다. 아이를 키우는 일은 돈으로 환산할 수 없을 만큼 고되고, 가치 있는 일입니다. 그 일을 전처가 하고 있습니다.

결론부터 말씀드리지요. 양육비는 여유가 되면 주고, 형편이 어려우면 주지 않아도 되는 자선 비용이 아닙니다. 부모라면 반드시 부담해야 할 법적 의무입니다.

지난 글에서 친권과 양육권에 대해 설명 드렸는데요. 이혼하는 과정에서 부모 중 한쪽이 친권자와 양육자로 정해지고 아이를 키우게 됩니다. 그런데 아이를 키우는 쪽이 시간적, 경제적 부담을 전부 지는 게 공평할까요.

양육비란 무엇일까요. 양육비는 자녀의 생존과 성장·교육을 위해서 필요한 돈을 말합니다. 자녀가 성년이 될 때까지 부모로서 감당해야 하는 비용입니다. 당연히 부부가 함께 부담하는 것이 원칙입니다. 양육자는 아이를 키우지 않는 부모(비양육친)가 부담해야 할 몫을 청구할 수 있습니다. 따라서 양육비 청구는 정확하게 말하면 양육비 분담청구라고 봐야 합니다. 아이를 키우건 키우지 않건 부모 모두 양육의무가 있기 때문입니다.

이혼 후 아이를 키우는 데 드는 돈은 아이를 키우는 사람(양육친)이 알아서 해결해야 할까요. 아닙니다. 오히려 비양육친이 더 많이 내는 게 맞습니다. 양육친은 돈도 돈이지만 실제로 아이를 키우는 데 많은 시간과 정성을 쏟아야 하기 때문에 비양육친이 금전으로나마 부담을 더 지는 것이 타당하지 않을까요.

양육비 부담이 단순한 도덕적 의무가 아니라 법적 책임이라는 점을 잘 알려주는 판결을 소개합니다. 2012년 8월 대구지법은 별다른 직업이나 수입이 없이 70을 바라보는 노인에게 이혼판결을 내리면서 어린 아들의 양육비를 지급하라고 명했습니다.

• 60대 무직 아버지도 양육비 부담 의무 있다

사례 1 A씨(남, 68세)는 1970년 다섯 살 연하인 B씨와 같이 살다가 결혼했다. 두 딸을 둔 A씨는 아들이 없는 것이 불만이었다. 그는 뒤늦게나마 대를 잇겠다며 중국 여성을 집으로 들여와 몇 달간 같이 지내기도 했다. 그래도 아들 낳는 일이 실패하자 그는 생후 2개월 된 C군(13)을 데리고 와서 출생신고를 하기에 이르렀다.

A씨는 결혼 기간 내내 제대로 된 직장을 가진 적이 없고, 부모의 도움으로 근근이 살아왔다. 게다가 도박과 낭비벽이 심하고 아내와 딸들에게 폭언을 일삼은 날이 많았다. A씨의 불성실한 가정생활, 경제적인 어려움 등으로 불화가 점점 커지자 부부는 별거에 들어갔는데 C군은 B씨가 키워왔다. 그러던 중 부부는 C군 문제로 크게 다투게 되면서 이혼소송까지 하게 되었다.

법원은 A씨의 잘못으로 혼인이 파탄에 이른 만큼 이혼이 타당하다고 판결했습니다. 또한 법원은 C군을 어릴 적부터 B씨의 동생이나 큰딸이 길러왔고, 아버지 A씨가 키울 능력도 못된다며 C군의 친권자 및 양육자로 B씨를 지정했습니다.

법원은 한 발 더 나아가 양육비 문제를 거론했습니다. 물론 법원도 A씨가 고령으로 직업도 없으면서 지병까지 있는 사정을 모르는 바는 아니었습니다. 하지만 법원은 A씨가 아버지로서 양육비를 B씨와 분담할 의무가 있다면서 중요한 사실을 지적했습니다.

"부모의 자녀에 대한 부양의무는 자신의 생활을 유지한 후에 상대방의 생활을 부조하는 성격의 2차적 부양의무가 아니라, 자신의 생활과 같은 정도를 보장하여야 하는 생활유지의무로서 1차적 부양의무이다."

게다가 "A씨가 무직으로 고정적인 수입은 없지만 공시지가로 수천만 원 상당의 밭과 임야를 소유하고 있는 사실이 인정된다"며 양육비를 지급하라고 명령했습니다. 금액은 C군이 성인이 될 때까지 매달 15만 원. 많지 않은 돈이지만 이혼한 부모에게 시사하는 바가 큽니다. 이쯤 되면 양육비는 줘도 그만, 주지 않아도 그만이라는 얘기는 하지 않겠지요.

• 양육비 금액 산정기준 어떻게 되나

그렇다면 비양육친은 양육비를 얼마나 부담해야 할까요. 양육비는 자녀가 성년이 될 때까지 지급해야 하는데, 금액은 당사자들의 재산상황이나 경제적 능력과 부담의 형평성 등을 고려하여 정하게 됩니다. 이것도 합의에 의해서 금액과 지급방법 등을 결정하는 것이 가장 무난합니다. 지급방법과 형식에 제한이 없기 때문에 일시불로 받을 수도 있고, 부동산 등으로 받을 수도 있습니다. 하지만 보통 매달 일정액을 지급하는 방식이 가장 많이 쓰입니다. 현재 법원에서 인정되는 금액은 자녀 1명딩 매달 30만~1백만 원 선이고, 어떤 경우엔 1백만~2백만 원까지 올라가기도 합니다. 자녀의 나이가 많을수록, 비양육친 부모의 소득이 높을수록 금액은 커지겠지요.

서울가정법원은 2012년 5월 '양육비산정기준표'를 만들어 발표하기도 했습니다. 이 표는 부모의 소득과 자녀의 나이에 따라 표준양육비를 정하도록 만들어졌습니다. 여기에 사건마다 특수한 사정을 감안하여 양육비를 최종 확정하는 방식입니다. 물론 반드시 따라야 하는 법적 구속력은 없지만 많은 재판부에서 이 기준을 적용하기 시작했습니다.

예를 들어보겠습니다. 도시에 사는 부부가 이혼을 했는데 당시 남편의 수입은 월 3백만 원, 아내의 수입은 월 2백만 원으로 가정합니다.

10세 아이를 아내가 키우게 되었다면 남편이 부담할 양육비는 얼마일까요. 서울가정법원의 기준에 따르면 도시지역 10세 아이의 월 양육비는 약 109만~124만 원가량입니다. 이를 소득비율에 따라 나누면 남편(60%)이 부담하게 될 양육비는 65만 4천 원~74만 4천 원 정도가 됩니다. 여기에 다시 특수한 사정이 참작되겠지요. 양육비는 경제사정에 따라 양육친이나 비양육친이 증액 또는 감액을 요구할 수도 있습니다.

사례 2 40대 남성 D씨는 이혼 뒤 아들 E군을 열 살 때부터 키워왔다. 양육비는 아내 F씨가 매달 20만 원을 지급하기로 합의를 보았다. 하지만 3년이 지나자 E군을 키우는 비용이 엄청나게 늘었다. 중학교에 입학한 E군은 주의력결핍 과잉행동장애(ADHD)까지 있었던 것이다. D씨는 재혼한 뒤 딸까지 낳은 상태였다. 금전적인 부담을 느끼던 D씨는 법원에 F씨가 지급하는 양육비를 올려달라는 청구를 했다.

법원은 3년이 지나면서 여러 가지 사정이 바뀌었다고 보았습니다. 따라서 "F씨는 매달 양육비로 60만 원을 지급하라"고 결정했습니다. 법원은 "양육비 금액이 결정된 이후 3년이 지났고, E군이 중학생이 돼 교육비가 늘어났고, ADHD 치료를 위해 치료비가 들어가는 점 등을 참작했다"고 밝혔습니다. 또한 이혼 당시 직업이 없던 F씨가 교사가 된 점도 참작했습니다.

• 과거 양육비, 청구할 수 있나

이번엔 과거 양육비를 받을 수 있는지 알아보겠습니다. 사연을 보내신 백수일 씨의 경우, 과거 양육비도 6년 반 동안 지급하지 않았다고 했는데요. 이것은 어떻게 될까요.

청구할 수 있습니다. 부모의 자녀 양육의무는 자녀의 출생과 동시에 발생합니다. 따라서 과거의 양육비도 상당하다고 인정되는 경우 청구할 수 있습니다. 금액을 정하는 기준으로는 과거의 양육에 부모 쌍방이 기여한 정도, 양육기간, 자녀의 나이나 부모의 재산상황, 양육비 협의가 있었는지, 협의대로 지급되었는지, 독자적인 양육이 개시된 경위 등을 따지게 됩니다. 하지만 과거의 비용 전체를 한꺼번에 부담시키게 되면 형평에 어긋날 수도 있으므로 전액 모두 받기는 어렵겠습니다.

> **사례 3** 40대 여성 G씨는 협의이혼한 뒤 약 6년간 딸 둘을 키워왔다. 그런데 남편 H씨는 양육비를 한 푼도 주지 않았다. 참다못한 G씨는 과거 양육비로 3천만 원과 장래 양육비로 매달 60만 원을 달라고 양육비 소송을 냈다.

법원은 "H씨가 아버지로서 양육비를 분담힐 의무가 있다"고 했습니다. 우선 과거 6년간 양육비로 1천만 원을 지급하라고 판결했습니다.

H씨의 현재 소득이 2천 7백만 원가량인 점을 감안할 때 3천만 원을 일시에 지급하라는 G씨의 청구는 "신의성실의 원칙이나 형평의 원칙에 비추어 지나치게 가혹하다"는 것입니다. 대신 향후 양육비로 1인당 25만 원씩 부담하게 했습니다.

가끔씩 양육친이 아이를 잘 돌보지 않아서 양육비를 못 주겠다는 주장을 하는 사람도 있습니다. 물론 못마땅할 수도 있겠습니다만, 양육비를 주지 않을 타당한 이유가 되지는 못합니다.

만일 전 배우자의 양육방식이 마음에 들지 않는다면 직접 친권자와 양육자가 돼 아이를 키우는 수밖에 없습니다. 그럴 자신이 없다면 문제 삼지 않는 게 좋겠습니다.

• 부모의 양육의무는 자녀 출생과 동시에

부모의 자녀 양육의무는 자녀의 출생과 동시에 발생합니다. 양육비는 이혼 후에도 아이를 키우지 않는 부모가 아이를 위해서 반드시 분담해야 할 법적 의무입니다. 지급 액수는 합의해서 정하는 것이 바람직하고 그것이 안 된다면 법원을 통해 정할 수 있습니다. 과거의 양육비도 적절한 범위 내에서 분담하는 게 맞습니다.

백수일 씨, 어렵더라도 양육비는 반드시 지급해야 합니다. 그동안 주지 않았던 양육비도 마찬가지입니다. 아이의 미래가 달린 일인데 나 몰라라 하는 게 맞겠습니까. 다만 형편이 어렵다면 전 배우자에게 금액조정을 요구하거나 아니면 법원을 통해 감액신청을 할 수는 있겠습니다. 전 부인과 얘기를 해서 합리적인 방안을 찾아보시기 바랍니다.

부부의 연은 끊을 수 있지만, 부모 자식 간의 인연은 끊을 수 없습니다. 이제 마지막 사연을 통해 부모와 자식이 만날 권리 면접교섭권에 대해 알아보겠습니다.

32

내 욕하는 전 남편, 아이와
못 만나게 할 수 없나요?

부모와 자녀가 만날 권리 면접교섭권, 제한할 수 있나

***** 아이에게 자신의 험담을 하는 전 남편이 괘씸한 오정인(여, 42세) 씨**

1년 전 Z와 이혼해서 지금은 아들(10세)과 단둘이 사는 오정인 씨. 이혼을 원했던 건 아니었지만 아들과 함께하는 지금이 행복하다. 이혼사유는 결혼 7년 만에 Z에게 생긴 새 여자 때문이었다. 원체 애정이 없던 터라 담담하게 이혼서류에 도장을 찍었다. 이혼 조건은 재산을 반씩 나누고 아이는 오정인 씨가 키우는 대신 Z는 양육비를 지급하고 월 2회 주말에 아이를 만나기로 했다.

그런데 최근 전 남편을 만나고 온 아이의 태도가 이상하다. Z가 아이에게 엄마 때문에 이혼했다는 둥 자신의 험담을 하고 있었던 것이다. 양육비를 안 준 지도 몇 달 되었다. 만나기만 하면 아이에게 나쁜 이야기를 하고 양육비를 제때 주지 않는 아빠도 아들을 만날 자격이 있는 걸까? 오정인 씨는 아이와 전 남편을 못 만나게 하고 싶다.

• 면접교섭권, 부모의 권리이자 자녀의 권리

이혼과 자녀문제 마지막 이야기입니다. 이번에는 면접교섭권에 대해 말씀드리겠습니다.

많은 부모들이 "자식 때문에 (참고) 산다"는 말을 합니다. 저도 어렸을 때 어머니에게 많이 들은 얘기인데요, 여러분도 그런가요. 무조건 참고 사는 것이 능사는 아닙니다만 이혼을 하건 안 하건 부모로서 할 일은 해야겠지요.

이혼을 해서 아이를 직접 키우지 않는 부모(비양육친)도 여전히 아이의 엄마 또는 아빠입니다. 따라서 아이를 키우는 쪽(양육친)도 부모로서 권리와 의무를 다할 수 있도록 협조해줄 필요가 있습니다. 여기서 나오는 권리가 면접교섭권입니다.

민법 837조의2(면접교섭권)

① 자를 직접 양육하지 아니하는 부모의 일방과 자는 상호 면접교섭할 수 있는 권리를 가진다.

면접교섭권이란 이혼 후 자녀를 키우지 않는 부모가 자녀를 만날 수 있는 권리라고 이해하면 됩니다. 좀 더 거창하게 설명하자면 비양육친이 자녀와 상호면접, 교통, 방문, 숙박, 서신 교환 등을 할 수 있는 권리입니다. 법 조항에서 보듯이 면접교섭권은 부모의 권리이기도 하지만, 한편으로는 자녀의 권리이기도 합니다.

법원도 판결을 통해 면접교섭권은 권리뿐 아니라 의무의 성격도 갖는다고 봅니다. 또한 "자녀들의 행복과 이익을 위해서 비양육친은 정기적으로 교섭하고 양육친은 자녀들을 원활히 면접교섭할 수 있도록 최대한 서로 협조하여야 한다"는 점을 강조합니다.

면접교섭은 통상 비양육친과 자녀가 매달 1~2회 정도 당일 또는 1박 2일간 만나고, 여름·겨울방학, 명절 등에도 며칠간 따로 만날 기회를 주는 방식으로 정합니다. 어느 판결로 예를 들자면 이런 식입니다.

면접교섭의 방식(예시)

매월 첫째 주, 셋째 주 토요일 오전 9시부터 다음날 오후 6시까지

여름방학과 겨울방학 기간 중에는 비양육친이 원하는 7일간

• 면접교섭권은 천부적인 권리, 쉽게 제한해선 안 돼

만일 부부가 이혼하면서 '아이는 아빠가 키우고, 엄마는 앞으로 아이를 절대로 볼 수 없다'는 합의를 했다면 어떻게 될까요. 이건 법석인 효력을 인정해주기 어렵습니다. 면접교섭권은 부모뿐 아니라 자녀의 권리도 되기 때문입니다. 부모가 자식을 만나는 일을 함부로 제한할 수 없습니다. 법원은 돈을 받고 아이를 낳아주기로 합의한 대리모에게도 면접교섭권을 인정한 사례가 있습니다. 부부의 연은 끊길지라도 부모 자식 간 혈연의 정은 끊기지 않는 점을 볼 때 면접교섭권은 천부적인 권리입니다.

하지만 면접교섭권이 보장된다고 하여 양육친을 비난하거나 양육친의 교육방식을 무시 또는 방해해서는 곤란합니다. 법원도 면접교섭 사항을 결정하면서 "자녀들의 양육에 관한 협의를 위해 의사소통이 필요한 경우 자녀들이 없는 자리에서 대화하도록 한다"거나 "주양육자가

정한 양육방식을 존중하도록 한다"는 조건을 붙이기도 합니다.

물론 극히 예외적인 경우에 면접교섭권을 제한할 수는 있습니다. 자녀의 복리를 위해서입니다.

재판결과는 어떻게 되었을까요. 법원은 우선 "면접교섭권은 낳아 준 부모와 자식 간의 천부적인 권리"라고 강조했습니다. 그러면서 "면접교섭권을 배제하기 위해서는 ①비양육친에게 친권상실의 사유가 있거나 ②사건본인의 장래를 위하여 도저히 허용하여서는 아니 될 정도로 비양육친이 면접교섭권을 남용하는 등의 특별한 사정이 있어야 한다"고 했습니다.

이 기준으로 보면 엄마 B씨의 행동은 "면접교섭권을 도저히 허용해서는 안 될 정도는 아니"라고 보았습니다. 법원은 "A씨와 C군이 면접교섭을 원하지 않고 있긴 하나, 면접교섭이 전혀 이루어지지 않을 경우, 만 11세에 불과한 C군의 엄마에 대한 부정적 감정의 골은 더욱 깊어질 수밖에 없다"며 "B씨가 아들의 마음을 풀어줄 수 있는 기회를 부여한다"고 판시했습니다. 대신 면접교섭권 횟수를 제한하여 매월 1차례 첫 주 일요일 오전부터 7시간 징도를 만나도록 결정했습니다.

사례에서 보듯이 양육친에게 부정적인 말을 한 정도로 면접교섭을 막을 수는 없습니다. 그렇다면 어느 정도가 돼야 면접교섭 자체를 못하게 될까요.

• 자녀의 안정과 복리 침해한다면 면접교섭 제한

사례 2 ▶ D씨(여, 40대)는 결혼 1년 뒤 아들 E군을 낳았다. 그런데 출산 이후 정신질환 증세를 보였다. D씨가 정신병원에 입원하면서 부부간 감정이 악화되었고 결국 E군이 3세 때 남편 F씨와 이혼하게 되었다. 이후 모자는 가끔씩 만났으나 E군이 정신병원에 있는 엄마를 낯설어하고 불안해하는 바람에 만남은 중단되었다.

D씨는 병원에서 나온 뒤 E군이 다니는 학교에 수차례 찾아가서 "엄마랑 같이 살자"고 요구하며 데려가려 했다. 그때마다 E군이 112에 신고하거나 D씨가 학교측과 마찰을 빚었다.

D씨는 아들을 지켜야 한다고 주장했으나 E군은 아빠에게 애착을 보이면서 엄마와의 만남을 거부했다. F씨는 면접교섭을 못하게 해달라며 법원을 찾았다.

법원은 "면접교섭을 실시하는 것이 오히려 자녀의 안정과 복리를 침해한다고 판단되는 경우에는 이를 적절히 제한할 필요가 있다"면서 F씨의 청구를 받아들였습니다. 법원은 "E군의 건전한 성장과 정서적 안정 및 학업을 위하여 고등학교를 졸업할 때까지 면접교섭권을 배제한다"고 판시했습니다.

또한 2012년 광주가정법원은 자기 자녀로 출생신고한 의붓딸을 상습 폭행하고 11세부터 5년간 성폭행한 비정한 의붓아빠에게 면접교섭을 배제하라는 결정을 내렸습니다. 법원은 "딸이 거부감과 함께 상당한 두려움과 불안감을 느끼고 있으므로 건전한 성장과 정서적 안정을 위하여 면접교섭을 배제하는 것이 복리에 부합할 것"으로 판단했습니다.

이처럼 자녀들이 비양육친에게 심한 적대감이나 불안감을 갖는다면 자녀를 위해서 예외적으로 면접교섭권을 제한하는 경우가 있습니다. 하지만 기본적으로 부모가 이혼하더라도 아이와 부모는 자유롭게 만날 권리가 있다는 점을 기억해야 합니다.

다만 자녀를 만나는 과정에서 상대방을 비난하는 것은 자녀의 교육에도 결코 도움이 되지 않으니 자제해야 합니다. 양육친의 교육방식이 다소 마음에 들지 않더라도 일단 존중해줄 필요가 있습니다.

• 이혼 후에도 자녀교육 위해 함께 노력을

오정인 씨, 잘 보셨는지요. 재판으로 가더라도 면접교섭권을 제한하기란 쉽지 않습니다. 남편이 양육비를 주지 않는 부분은 면접교섭과 관계없이 별도의 재판으로 해결할 문제입니다. 입장을 바꿔놓고 생각해보면, 남편이 아이를 키운다는 이유로 엄마를 못 보게 한다면 받아들일 수 있겠는지요.

이혼 후에도 자녀 교육을 위해 부모가 함께 노력하는 모습이 가장 이상적입니다. 면접교섭의 방식이나 규칙도 부모가 합의해서 정하는 게 가장 아름답겠지요. 면접교섭은 부모와 아이가 서로 배려하는 방식으로 이뤄져야 합니다. 아이의 건강한 정서를 위해서도 꼭 필요한 일입니다.

1. 친족, 혈족, 인척의 차이

- 친족 : 배우자, 8촌 이내의 혈족, 4촌 이내의 인척.

- 혈족 : 부모, 형제처럼 같은 조상에서 나온 친족. 단, 입양으로 맺어진 친족도 법정혈족이라고 하여 혈족으로 본다. 혈족 중에서 직계존속(부모, 조부모 등)과 직계비속(자녀와 손자녀)은 직계혈족. 형제자매, 형제자매의 직계비속(조카), 직계존속의 형제자매(큰아버지, 외삼촌, 이모, 고모)과 그들의 직계비속(사촌, 외사촌 등)은 방계혈족이다.

- 인척 : 결혼으로 맺어진 친족. 즉, 혈족의 배우자(매형, 외숙모, 고모부, 작은어머니 등), 배우자의 혈족(장인, 장모, 시부모, 처남 등), 배우자의 혈족의 배우자(처남댁). 결혼으로 만들어진 관계인만큼 이혼하게 되면 인척간의 친족관계는 없어진다.

- 촌수 계산하는 방법 : 촌(寸)은 친족이 얼마나 가까운지를 나타내는 척도로서, '세대'로 이해할 수도 있다. 부모 자식 사이와 같이 직계혈족 사이에

서 촌수를 계산하려면 몇 세대를 거치는지를 따지면 된다. 즉 아버지와 아들은 1촌, 손자와 할머니는 2촌, 증조부와 증손자는 3촌. 그 외 방계혈족 사이에서는 양쪽 모두 같은 선조(공동시조)로 거슬러 올라가는 숫자와 내려오는 숫자를 더한다. 가령 형제간은 2촌(위로 아버지까지 1촌, 다시 내려오면서 1촌), '나'와 작은아버지의 '아들'은 공동시조인 할아버지로 2세대를 거슬러 올라갔다 다시 2세대를 내려오게 되므로 4촌이다.

민법에서 말하는 친족의 범위

	의미	구분	예시	비고
혈족 (8촌 이내)	부모, 형제처럼 같은 조상에서 나온 친족(혈연관계). 입양으로 맺어진 친족도 법정혈족으로 인정	직계혈족	직계존속(부모, 조부모 등)과 직계비속(자녀와 손자녀)	8촌 이내 혈족사이는 결혼할 수 없으며 혼인무효 사유이다
		방계혈족	형제자매, 형제자매의 직계비속(조카), 직계존속의 형제자매(큰아버지, 외삼촌, 이모, 고모)와 그들의 직계비속(사촌, 외사촌 등)	
인척 (4촌 이내)	결혼으로 맺어진 친족	혈족의 배우자	매형, (외)숙모	이혼을 하게 되면 인척관계는 소멸
		배우자의 혈족	장인, 시부모, 처남	
		배우자의 혈족의 배우자	처남댁, 동서	
배우자	혼인신고 해야 법률상 부부로 인정			사실혼관계는 친족이 아님

2. 혼인신고 하는 방법

아주 오래 전, 가수 겸 탤런트로 인기를 구가하던 어느 여성 연예인을 사모한 남성이 몰래 혼인신고를 한 적이 있었다. 그때 사람들은 혼인신고 절차가 의외로 허술하다는 사실을 알게 되었고, 그 이후 몇 차례 보완된 것이 현재의 혼인신고 절차다.

혼인신고는 기간이 정해져 있지 않다. 결혼식을 올리고 한참 있다가 신고를 해도 과태료나 제재는 없다. 다만 혼인신고를 하지 않은 기간 동안에는 법적인 부부로 인정받지 못한다는 불편이 따를 뿐이다. 혼인신고를 하는 가장 일반적인 방법은 부부가 각자 자신의 신분증과 도장을 들고 시(구), 읍면 동사무소에 가면 된다. 그곳에서 두 사람의 결혼을 인정해준 증인(성인) 2명의 인적사항을 적은 뒤 다음 서류를 공무원에게 제출한다.

1. 혼인신고서(당사자와 증인 2명의 연서)
2. 각자 기본증명서, 혼인관계증명서, 가족관계증명서
3. 신분증
* 미성년자 결혼의 경우 부모의 혼인동의서
* 자녀의 성을 어머니의 성으로 정할 경우 협의서

부부 중 한쪽만 출석해도 혼인신고는 가능하다. 이때는 두 사람의 신분증을 모두 지참하거나 상대방의 인감증명서를 첨부하여 혼인신고서에 상대방의 도장(또는 서명)까지 찍고 제출한다. 제3자가 신고할 경우에는 작성된 혼인신고서에 결혼하려는 사람 두 명의 신분증을 지참하면 되고 우편으로도 가능하다.

따라서 현재도 상대방의 신분증을 몰래 습득하여 혼자서 혼인신고를 하는 일이 불가능하지는 않다. 하지만 이때는 무시무시한 형사처벌이 뒤따른다. 타인의 서명 또는 인장을 도용하여 허위로 혼인신고를 할 경우에는 사문서위조, 공전자기록 불실기재죄 등으로 거액의 벌금이나 징역형의 처벌을 받게 된다.

3. 이혼, 혼인무효, 혼인취소의 차이

결혼을 종료시키는 방법인 이혼, 혼인무효, 혼인취소의 차이를 알아보자.

먼저 이혼은 남녀가 결혼해서 살다가 결혼 후에 생긴 문제로 나중에 갈라서는 것을 말한다. 결혼할 때는 문제가 없었는데 살다 보니 성격차이, 외도, 폭행 등의 이유로 헤어지는 것이 이혼이다.

혼인무효와 혼인취소는 애초부터 결혼 성립요건에 흠(하자)이 있는 상태로 혼인신고가 된 경우에 그 흠 때문에 혼인관계를 종료시키는 것이다.

즉 이혼은 처음에는 결혼의사나 절차에 문제가 없었으나 나중에 사유가 발생하는 반면, 혼인무효와 취소는 처음부터 혼인의사에 하자가 있어서 관계가 끝나게 되는 것이다. 혼인무효와 취소는 모두 재판을 거쳐야 한다.

혼인무효는 당사자 사이에 결혼합의가 없거나 8촌 이내의 근친 간 결혼 등 혼인취소보다 하자가 더 심각한 경우라 할 수 있다. 혼인무효 판결이 확정되면 처음부터 결혼하지 않은 것과 같은 효과가 생긴다. 예를 들어 4촌 간의 결혼, 일방적인 혼인신고 등이 대표적인 혼인무효 사유다.

혼인취소는 사기·협박결혼, 부모의 동의를 얻지 않은 미성년자의 결혼, 이중결혼 등이 대표적인 경우다. 혼인취소 판결이 나기 전까지는 유효한 결혼으로 취급된다. 형부와 처제처럼 인척간 결혼, 미성년자의 결혼은 혼인취소 사유이지만 결혼 중 임신을 한 뒤에는 취소를 청구할 수 없다. 사기·협박결혼은 사유를 안 날로부터 3개월, 부부생활을 계속할 수 없는 악질 등 중대 사유가 있을 때는 6개월이 지나면 혼인취소 재판을 청구할 수 없다.

쉽게 정리해보자. 남편의 외도는 이혼사유, 위장 결혼은 혼인무효사유이고, 형부와 처제의 결혼은 혼인취소사유다.

이혼, 혼인무표, 혼인취소의 차이

구분	재판상이혼	혼인무효	혼인취소
차이	처음에는 혼인의사로 유효하게 결혼했으나 결혼 도중 이혼 사유가 발생하여 혼인 해소	결혼 성립요건·혼인의사 등에 하자가 있는 상태로 혼인신고가 된 경우	
		결혼에 하자가 커서 처음부터 결혼하지 않은 상태로 복귀	유효한 결혼으로 인정되다가 혼인취소 시점부터 결혼관계가 종료됨
사유	①배우자의 부정행위 ②악의로 다른 일방을 유기 ③배우자(직계존속)의 부당한 대우 ④직계존속이 배우자에게 심히 부당한 대우받았을 때 ⑤배우자 생사 3년 이상 불분명 ⑥기타 중대한 사유	①결혼 합의가 없는 때 ②근친혼(8촌내 혈족간 결혼) ③직계인척관계에 있거나 있었던 때 ④양부모계의 직계혈족 관계가 있었던 때	①혼인적령(18세) 미달 ②부모 동의 없는 미성년자의 결혼 ③근친혼(혼인무효사유인 8촌내 혈족은 제외) ④중혼(중복결혼) ⑤악질 등 중대 사유 ⑥사기·강박결혼
예시	배우자의 외도·폭행 시부모 장인장모의 학대 일방적인 가출	일방적 혼인신고 위장결혼, 사촌간 결혼 시아버지와 며느리 결혼	형부와 처제간 결혼 17세 고교생들의 결혼 사기결혼, 협박결혼

4. 협의이혼 절차

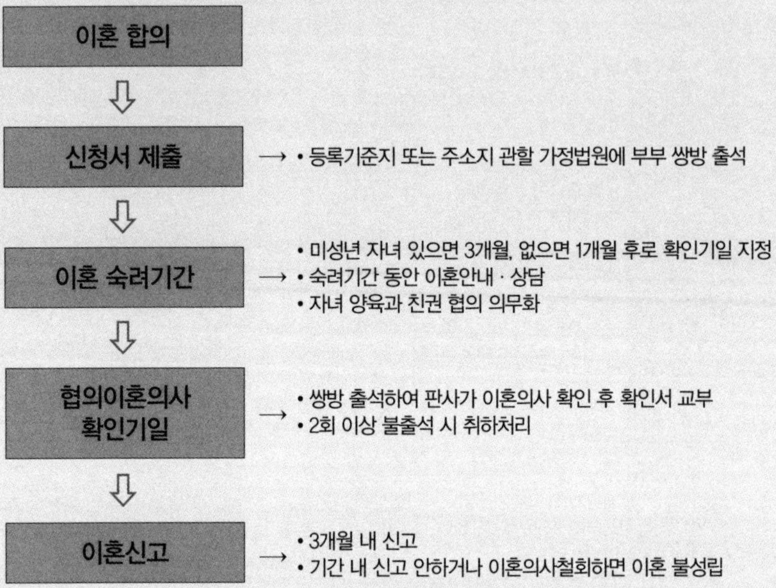

이혼 합의

⇩

신청서 제출 → • 등록기준지 또는 주소지 관할 가정법원에 부부 쌍방 출석

⇩

이혼 숙려기간 →
- 미성년 자녀 있으면 3개월, 없으면 1개월 후로 확인기일 지정
- 숙려기간 동안 이혼안내 · 상담
- 자녀 양육과 친권 협의 의무화

⇩

협의이혼의사 확인기일 →
- 쌍방 출석하여 판사가 이혼의사 확인 후 확인서 교부
- 2회 이상 불출석 시 취하처리

⇩

이혼신고 →
- 3개월 내 신고
- 기간 내 신고 안하거나 이혼의사철회하면 이혼 불성립

5. 협의이혼과 재판상이혼의 차이

현행법으로 이혼을 하는 방법은 재판상이혼과 협의이혼뿐이다. 이 2가지는 어떻게 다를까.

가장 큰 차이는 이혼의 원인(사유)에 제한이 있느냐, 없느냐이다. 협의이혼은 부부 사이에 결혼생활을 하지 않겠다는 뜻이 일치하면 가능하다. 법원이나 신고관청도 이유를 묻지 않는다. 반면 재판상이혼은 법에서 정해놓은 '재판상이혼원인'이 있을 때만 가능하다. 법원이 재판을 열어서 이혼사유가 있는지 없는지를 따져 이혼여부를 판결한다. 협의이혼이 이혼의 자유를 허용하는 측면이 강한 반면, 재판상이혼은 이혼에 법적인 제한을 받는다.

협의이혼은 책임소재도 따지지 않는다. 하지만 재판상이혼은 유책배우자(혼인 파탄에 원인을 제공한 배우자)가 소송을 당하는 것이 원칙이다. 재판이혼이 되려면 부부 한쪽 또는 양쪽이 결혼 파탄에 책임이 있거나 더 이상 혼인을 계속하기 어려운 사유가 있다고 법원이 인정해야만 한다.

협의이혼은 법원의 확인을 받은 뒤 3개월 내에 행정관청에 신고를 해야만 효력이 발생한다. 만일 기간 내 이혼신고를 하지 않거나 이혼의사를 철회하면 이혼이 성립되지 않는다.

이와 달리 재판이혼은 판결이 확정되는 순간 이혼이 성립된다. 판결 확정 뒤 1개월 안에 관청에 신고를 하게 되어 있으나 기간 내 신고를 하지 않으면 과태료가 부과될 뿐 이혼 성립에는 지장이 없다. 쉽게 말해 협의이혼은 법원의 확인을 받은 뒤에도 신고 전에 이혼을 무를 수 있지만, 재판상이혼은 판결을 받은 뒤에는 재혼을 하는 수밖에 없다.

재판상이혼은 상대편의 책임을 법정에서 밝혀야 하고, 비용과 시간이 많이 들며, 재판 과정에서 서로 상처를 입을 가능성도 크다. 따라서 부부 모두 이혼의사가 확실하다면 협의이혼을 하는 것이 바람직하다.

협의이혼과 재판상이혼의 차이

	협의이혼	재판상이혼
의의	부부가 이혼의사가 합치되었을 때 법원의 확인을 받아 이혼신고하는 제도	재판상이혼원인이 있을 때 소송으로 이혼 판결을 받아 이혼하는 제도
이혼사유	아무런 제한 없이 이혼 가능	법에 정해진 사유가 있어야 가능
책임소재	가정파탄에 누가 책임이 있는지 묻지 않음	유책배우자가 피고가 되는 것이 원칙
절차	①부부가 공동으로 협의이혼의사확인 신청서를 제출 ②법원의 확인을 받아 이혼 신고	①부부 한쪽(원고)이 이혼 소장을 제출하고 상대방(피고)을 상대로 소송 ②법정공방 통해 판결을 받음
요건	2008년 이후 절차 개선 • 이혼에 관한 안내와 상담 • 이혼숙려기간 도입(미성년자녀 있으면 3개월, 없으면 1개월) • 자녀 양육과 친권자결정 의무화 • 숙려기간 경과 후 확인기일에 부부가 법원에 함께 출석	재판상이혼원인 • 배우자의 부정행위(외도) • 배우자가 상대방을 악의로 유기 • 배우자(의 부모)가 상대방(의 부모)에게 부당하게 대우 • 배우자 3년 이상 생사 불명 • 기타 중대한 사유
이혼신고	• 법원에서 확인서 받은 뒤 3개월 내 • 기간 내 이혼신고 안하거나 이혼의사 철회하면 이혼 불성립	• 이혼판결 확정되면 이혼 성립 • 판결 확정 뒤 1개월 내 이혼신고 • 신고 안 해도 이혼은 유효

6. 사실혼에 대해 궁금한 것들

① 사실혼 상태에서 태어난 자녀의 양육비는 어떻게 될까?

혼인신고를 하지 않고 사실혼관계로 아이를 낳았다. 엄마가 아이를 키우기로 하고 헤어진 뒤 아이의 아빠에게 양육비를 청구할 수 있을까?

사실혼 부부 사이에서 태어난 자녀를 '혼인 외 출생자'라고 한다. 사실혼 관계가 해소되면 아버지와 자녀는 법적인 관계가 없기 때문에 양육책임이 없다. 따라서 자녀 양육비를 청구할 수 없다.

그러나 아버지가 자녀를 친생자로 신고하거나(아버지가 자기 자식임을 인정하는 것을 '인지'라고 한다), 자녀 등이 인지청구소송을 제기해서 아버지로 밝혀지면 달라진다. 이때는 법적인 부자관계가 인정되어 자녀의 양육에 대한 법적인 부양책임이 발생하므로 양육비를 청구할 수 있다.

② 사실혼관계 중에 한쪽이 혼인신고에 협조를 하지 않으면 어떻게 될까?

법적인 부부가 되기 위해서는 반드시 혼인신고가 필요하다. 그런데 결혼생활을 유지하면서도 어느 한쪽이 혼인신고에 협조해주지 않으면 어떻게 해야 할까. 이때는 법원에 사실혼관계존부확인의 소송을 청구한다. 재판을 통해 부부 사이로 밝혀지면 사실혼관계확인판결이 내려진다. 이 판결이 확정되면 관공서에서 혼인신고를 할 수 있다. 하지만 소송을 통한 혼인신고는 결코 권장할만한 방법은 아니다.

③ 사실혼에서 인정되는 권리와 인정되지 않는 권리

사실혼에서 인정되는 권리

- 재산분할과 위자료(법률혼과 같이 인정)

- 공무원연금, 국민연금, 군인연금 등 수급권

- 배우자 사망 시 임차권의 승계(사실혼관계 중에 사망한 임차인이 상속권자가

  없는 경우 사실혼 배우자에게 인정. 2촌 이내 상속인이 있는 경우에도 공동생활

  을 하지 않았을 때에는 상속인과 사실혼 배우자가 공동으로 임차권 승계)

사실혼에서 인정되지 않는 권리

- 재산상속권

- 배우자의 사망보험금 청구

- 외도한 배우자에 대한 간통고소(위자료 청구는 가능)

7. 약혼, 사실혼, 결혼의 차이

결혼(법률혼)이란 혼인의사로 부부가 공동생활을 하면서 혼인신고를 마친 관계를 뜻한다. 사실혼은 혼인의사로 공동생활을 한다는 점에서는 결혼과 같으나 혼인신고를 하지 않은 관계를 뜻한다. 이와 달리 약혼은 장래에 결혼하기로 한 약속(계약)을 뜻하므로 동거의무가 없다. 사실혼과 약혼은 최초에 관계를 성립하거나 해소할 때 특별한 형식이 필요하지 않은 반면, 결혼은 혼인신고와 이혼신고라는 절차를 거쳐야 한다는 차이가 있다.

약혼, 사실혼, 결혼의 차이

구분	약혼	사실혼	결혼(법률혼)
의미	장래에 결혼하기로 하는 남녀 간의 약속(계약)	혼인신고는 하지 않았으나 결혼 의사로 부부생활을 하는 관계	혼인의사로 부부공동생활을 하면서 혼인신고까지 한 관계
동거 의무	없음	있음	있음
상속인 자격	법적인 부부로 인정되지 않으므로 상속불가		배우자로 상속가능
법적인 권리관계	• 약혼에는 특별한 형식이 필요 없고 동거를 강요할 수도 없음 • 합의하면 언제든지 파혼가능. 일방적으로 파혼 시는 결혼을 강제할 수는 없고 손해배상 청구 가능	부부로서 동거·부양·협조의무가 있음 • 법률혼과 유사한 권리가 있으나 법적분쟁 발생 시 사실혼 관계를 입증해야 하는 부담 • 배우자가 외도해도 간통죄로 고소할 수 없음 • 혼인과 이혼에 형식이 필요없음	• 결혼함으로써 친족, 상속인이 됨 • 배우자의 혈족은 인척이 되어 친족관계 성립 • 협의이혼 또는 재판이혼을 거쳐 이혼신고를 해야 관계종료
공통사항	• 다른 이성과 부정한 행위(외도)를 하지 않을 의무가 있음 • 파탄에 책임이 있거나 관계를 일방적으로 파기한 쪽을 상대로 위자료 청구 가능		

8. 부부 사이의 성과 그 향유 방법

2009년 법원이 부부강간을 인정하는 최초의 판결을 선고한다. 그전까지 대법원은 "실질적인 부부관계가 인정될 수 없는 상태에 이르렀다면 법률상 배우자인 처도 강간죄의 객체가 된다"는 태도를 유지해왔다. 그런데 부산지법은 기존의 대법원 판례와 달리 "혼인관계가 정상적으로 유지 중인 경우에도 부부 사이의 강간은 인정되고 처벌되어야 한다"고 밝혔다.

이 판결은 형사사건으로 부부간에 강간이 성립된다는 최초의 판결이긴 하지만 부부의 성이 어떠해야 하는지, 성적 갈등을 어떻게 해소해야 하는지에 대해서도 의미심장한 지적을 하고 있다. 판결 중에서 부부 사이의 성과 그 향유방법이라는 부분을 소개한다.

＊부부 사이의 성(性)은 남녀가 만나 가정을 이룸과 동시에 신으로부터 부여받는 성스럽고도 신비로운 선물이다. 부부는 자유롭고 계속적인 성생활을 통하여 자녀출산과 양육, 삶의 기쁨과 행복은 물론 유한한 인생에 있어서의 피할 수 없는 슬픔과 이에 대한 위로를 공유한다. 그러므로 부부는 상호간의 이해와 협력, 사랑과 존중을 토대로 원만하고 편안한 성생활을 유지하여야 할 필요가 있다. 이 경우에 부부의 성은 축복이 된다. 그러나 남편이 구체적인 경우에 처의 사정과 의사를 무시하고, 자기의 주장을 심기 위한 수단으로, 또는 힘으로 상대를 제압하거나 굴복시키기 위하여, 성행위 이후에는 갈등이 자신의 뜻대로 해결된다는 망상에 빠지는 등의 여러 가지 불순한 의도와 잘못된 판단으로 폭력의 방법으로 처를 강간하는 것은 더 이상 상대를 인격체로 대우

하는 것이 아니라 자신의 부당한 욕구충족과 의사관철의 도구로 전락시키는 것이며 자신에게 가장 가까이 있는 사람을 말하자면 사물화하는 것이다. 이 경우에 부부의 성은 저주가 된다. 성적 결합이 부부 사이를 유지하는 중요한 요인인 것은 사실이지만, 그것이 전부는 아니다. 그보다는 정신과 영혼의 긴밀한 결합이 두 사람의 삶을 받쳐주어야 하며, 그것은 두 인격체의 깊은 사랑과 신뢰에 그 뿌리를 두어야 한다.

＊부부는 혼인과 동시에 동거의무를 부담하는 관계상, 특별한 사정이 없는 한 처는 남편의 성적 요구에 응할 의무가 있다. 그러나 이 경우에 처가 자신의 성적 자기결정권을 포기하거나 이론상으로도 같은 권리가 상실된 것으로 볼 것은 아니다. 왜냐하면, 성적 자기결정권은 그 권리의 성격상 특정인에 대하여 이를 포괄적으로 행사하는 것이 아니라 구체적인 경우에 매번 이를 개별적으로 행사하는 것이기 때문이다. 처는 혼인으로 인하여 남편에게 성적 자기결정권의 행사를 일단 유보하거나 완화한 것에 불과하다. 이는 상대가 자신의 의사와 인격을 존중하리라는 기대와 신뢰가 그 바탕에 자리하고 있기 때문이다.

＊그러므로 남편의 성적 교섭의 요구는 처의 소극적인 성적 자기결정권의 행사가 시작되는 지점에서 멈추어야 한다. 이때 남편으로서는, 현안으로 대두된 갈등양상의 해소를 위하여 대화와 설득 등을 통한 해법을 모색하여야 하고, 그래도 여의치 아니하는 경우에는 동거의무의 불이행을 전제로 한 이혼청구의 방법으로 사태해결을 시도하여야 한다. 국가가 명백하게 불법으로 규정한 폭력적인 방법 등을 동원하여 상

대를 굴복시키려고 하는 시도는 그것이 부부 사이라고 하여 이를 용인할 것은 아니다. 이를 방치하면, 처는 자신이 부부의 일방 당사자로서 존중받는 사람이 아니라 성의 도구나 노예로 전락하였다는 인식에서, 참을 수 없는 수치심, 모멸감, 자괴감 등을 느끼게 되고, 이러한 감정은 급기야 남편에 대한 분노와 적개심, 복수심 등의 부정적인 생각에 사로잡혀 부부관계는 끝내 파국으로 치닫게 되며, 개인에 따라서는 급성 스트레스장애, 사회 및 대인 적응장애, 정도가 심한 우울증, 불면증 등의 심각한 후유증을 겪을 수 있으며, 그 피해는 결국 그들의 자녀에까지 연장, 확산될 수 있다는 것이 전문가들의 견해이다. 더욱이 수동적이고 방어적인 신체구조의 특성상 폭력적인 성관계로 인한 피해는 여성의 가장 섬세하고 예민한 부위에 그 상흔이 오래도록 고스란히 잔존하면서 단순한 육체적인 것을 넘어 마음과 정신 그리고 영혼에 깊숙이 새겨진다는 점이 문제라고 아니할 수 없다.

(출처:2009. 1. 16. 선고 2008고합808 판결(재판장 고종주 부장판사))

9. 이혼소송에 대해 궁금한 것들

① **이혼소송의 관할 법원**:부부의 주소지가 같을 때는 주소지 가정법원(서울의 경우 서울가정법원)에 소장을 제출하면 된다. 부부의 현재 주소가 다를 때는 부부 한쪽이 살고 있는 주소이면서, 부부 최후의 공통 주소지 가정법원에 소송을 낸다. 여기에 해당하지 않으면 피고(소송을 당하는 쪽)의 주소지 가정법원(가정법원이 없을 경우에는 관할 지방법원 또는 지원)에 내면 된다.

② **이혼소송에 필요한 서류와 비용**

-이혼 소장(2부 제출)

-이혼 사유를 증명할 수 있는 증거서류

-부부 쌍방의 가족관계증명서, 주민등록등본, 혼인관계증명서

-미성년 자녀가 있는 경우 자녀 각자의 기본증명서, 가족관계증명서

-소송 비용:인지대 2만원과 우편송달료 합계 약 10만 원

-위자료를 청구할 경우에는 위자료금액에 따라 인지비용을 추가 납부

③ **이혼소송 도움 얻을 곳**

이혼소송에 무료로 도움을 얻고자 한다면 다음의 기관을 방문하면 된다.

-한국가정법률상담소(http://lawhome.or.kr)

-대한법률구조공단(http://www.klac.or.kr)

-서울가정법원(http://slfamily.scou-rt.go.kr)

-한국여성의전화연합(http://www.hotline.or.kr)

-대한가정법률복지상담원(http://lawqa.jinbo.net)

10. '낙태죄'는 처벌대상, 그렇다면 낙태 '권유'는?

낙태를 법률적으로 정의한다면 이렇다. '태아를 자연분만기에 앞서서 인위적으로 모체 밖으로 배출하거나 모체 안에서 살해하는 행위.'

태아의 생명권과 임산부의 자기결정권 중 어느 것이 존중되어야 할까? 그동안 법조계와 학계, 시민단체에서 공방을 벌여온 낙태죄 처벌 조항에 대해 헌법재판소(헌재)는 2012년 8월 합헌결정을 내렸다. 헌재는 생명권에 무게를 둔 결정을 내린 셈이다.

헌재는 결정문에서 "인간의 생명은 고귀하고 존엄한 인간 존재의 근원이며, 이러한 생명권은 기본권 중의 기본권"이라고 전제하면서 "태아의 생명권도 인정되어야 한다"고 판시했다. 헌재는 태아를 사람으로 볼 수 있는지 의견이 분분한 점을 의식한 듯, 독자적 생존능력을 갖추었는지가 낙태 허용기준이 되어서는 안 된다고 설명했다. 헌법이 태아의 생명을 보호하는 까닭은 "인간으로 될 예정인 생명체라는 이유 때문이지, 독립하여 생존할 능력이 있다거나 사고능력, 자아인식 등 정신적 능력이 있는 생명체라는 이유 때문이 아니"라는 것이다.

하지만 이 결정은 헌법재판관 8명 중 4명의 의견이다. 결정에 관여한 나머지 재판관 4명은 위헌 쪽으로 의견을 모았다. 반대의견은 현행 낙태죄 처벌조항이 거의 사문화되어 태아의 생명보호라는 공익은 달성하기 어렵고, 임산부의 자기결정권은 전혀 존중하지 못하고 있으므로 위헌이라고 본 것이다.

현행법을 보자. 형법(269조)에는 "부녀가 약물 기타 방법으로 낙태한 때에는 1년 이하의 징역 또는 2백만 원 이하의 벌금에 처한다"고 되어 있다. 이것을 자기낙태죄라고 한다. 의사, 한의사, 조산사 등이 산모의 부탁이나 승

낙을 받고 낙태하게 한 때에는 2년 이하의 징역이라는 비교적 무거운 처벌을 받게 된다. 쉽게 말해 법은 임산부의 낙태나 의사, 조산사 등의 낙태를 모두 처벌한다. 어렵지 않게, 공공연히 이루어지는 낙태는 법의 잣대로는 엄연한 형사처벌감이다. 또한 낙태를 교사한 혐의로 처벌을 받을 수도 있다. 형법 제31조(교사범)에 따르면 "타인을 교사하여 죄를 범하게 한 자는 죄를 실행한 자와 동일한 형으로 처벌한다"고 되어 있다.

법원의 판례를 보면 "공부를 더해야 하니 나중에 애를 낳자"고 요구하여 여성이 낙태하게 만든 남성에게 낙태교사로 처벌한 사례가 있다. 설득이나 애원을 통해서 낙태를 결심하게 만들었더라도 죄가 된다는 얘기다. 따라서 남편이나 시부모가 적극적으로 낙태를 종용하거나 명령했다면 처벌을 받을 수도 있다.

다만 아주 특수한 상황에서는 낙태가 허용된다. 모자보건법 상에서 예외적으로 임신중절수술이 가능한 경우가 있다. 법으로 낙태가 허용되는 경우는 △본인이나 배우자가 우생학적 유전학적 정신장애나 신체질환이 있는 경우 △본인이나 배우자가 풍진, 톡소플라즈마증 등 전염성 질환이 있는 경우 △성폭행으로 임신된 경우 △근친 간에 임신된 경우 △산모의 건강을 심각하게 해치거나 해칠 우려가 있는 경우 등이다. 하지만 이때도 임신 24주 이내에만 가능하다.

11. 한정승인, 상속포기 신청하는 방법

한정승인이나 상속포기는 상속개시 있음을 안 날(통상 고인의 사망일 기준)로부터 3개월 내에 상속개시지(망인의 최후주소지 가정법원)에 신청하면 된다. 서울의 경우 서울가정법원이 관할이 된다.

신청서에는 상속을 포기하거나 한정승인하려는 사람들(청구인) 전부의 인감증명서를 첨부하고 신청서에도 인감도장을 날인해야 한다. 청구인 중에 미성년자가 있다면 부모의 인감증명으로 대체한다. 신청서에는 피상속인(고인)의 이름과 최후 주소, 피상속인과 청구인의 관계, 상속을 포기 또는 한정승인을 하겠다는 뜻을 기재하여 신청하면 된다.

한정승인의 경우에는 상속재산(채무 포함)의 내역을 작성하여 별도로 첨부해야 한다. 또한 법원이 한정승인을 한 날로부터 5일 내에 상속채권자에게 한정승인을 하였다는 사실과 2개월 이상의 기간을 정하여 그 기간 내에 채권을 신고할 것을 공고해야 한다. 한정승인과 상속포기선청서는 대법원이나 서울가정법원 홈페이지에서 내려받을 수 있다.

12. 유언의 방식

유언은 법에서 정하는 방식에 따라서만 이루어져야 효력이 있다. 법은 유언에 아주 심할 정도로 엄격한 기준으로 심사를 한다. 민법은 법(1065조~1072조)에서 정한 방식이 아니면 유언으로서 효력이 없다고 못을 박고 있다. 이것을 '유언의 요식성'이라고 한다. 법원이 이렇게 엄격한 잣대를 들이미는 까닭은 "유언자의 진의를 명확히 하고 그로 인한 법적 분쟁과 혼란을 막기 위해서"다.

유언에는 자필증서, 녹음, 공정증서, 비밀증서, 구수증서의 5가지 방식이 있고 모두 법에서 정하는 방식에 따라야만 적법한 유언이 된다. 가족들에게 평소에 자신의 소신을 밝혔다 하더라도 유언이 법적인 효력을 가지려면 방식을 준수해야 한다. 예컨대 가장 많이 쓰이는 자필증서 유언은 반드시 본인이 모든 사항을 직접 써야 한다. 내용을 컴퓨터로 작성했다거나 도장을 찍거나 사인을 했다면 무효가 된다. 유언의 종류 5가지는 다음과 같다.

유언의 종류와 방식

유언 종류	방식	특징	장단점
자필증서에 의한 유언	유언자가 직접 자필로 작성하는 유서	전문(유언내용), 날짜, 주소, 성명을 반드시 직접 작성하고 날인해야 유효(컴퓨터, 타자기 작성은 무효)	작성법이 가장 간단하고 유언 중에서 유일하게 증인이 필요없으나 보관이 어렵고 위조가능성이 있다
녹음유언	녹음기기를 이용하여 말로 음성으로 남기는 방식	유언자가 증인이 참여한 가운데 유언 취지, 이름과 날짜를 구술(말로 설명)하고, 증인이 확인하고 녹음	녹음기만으로 간편하게 유언이 가능하나 녹음을 분실하거나 지워질 가능성이 있다

공정증서에 의한 유언	공증사무실에서 공증을 받는 방식	유언을 들은 공증인이 문서로 작성하고 이를 유언자와 증인 2명이 확인하고 서명 또는 날인	공증인을 통하기 때문에 내용이 확실하고 위조, 변조 가능성이 없지만 비용이 든다. 법원의 검인절차가 필요 없다
비밀증서에 의한 유언	문서를 봉인하여 유언의 내용을 비밀로 하는 방식	유언이 있다는 사실은 알리되, 내용은 비밀에 부치는 유언으로 2인 이상 이상의 증인이 필요(봉투를 봉하고 도장을 찍는다)	유언을 직접 쓰지 않고 서명 날인만 해도 가능, 검인절차가 필요하고 훼손가능성이 있다. 5일 내에 공증사무실 또는 법원에서 확정일자를 받아야 한다
구수증서에 의한 유언	유언자의 말을 직접 받아 적는 방식	질병이나 급박한 사정으로 다른 유언을 할 여유가 없을 때 증인(2명이상) 중 1명이 받아 적은 뒤, 낭독하여 정확함을 확인한 후 서명 또는 날인	다른 방식의 유언이 가능할 때는 사용할 수 없다. 급박한 사정이 종료한 뒤 7일 내에 가정법원의 검인절차를 밟아야 한다

13. 부부재산약정

거액의 재산을 갖고 있는 20대 여성 A씨가 있었다. A씨는 아버지로부터 적지 않은 주식과 부동산을 물려받았는데 결혼을 앞두고 고민에 빠졌다. 결혼 후에도 이 재산을 자기 단독재산으로 인정받고 남편과 재산을 따로 관리하고 싶기 때문이다. 부부 사이에도 결혼 중 또는 이혼 과정에서 재산문제로 다툼이 생기기 쉽다.

이런 문제를 해결하기 위해 도입된 제도가 부부재산계약이다. 부부재산계약이란 결혼을 앞둔 남녀가 결혼 중 부부의 재산관계를 어떻게 할 것인지(재산소유·관리 방법)를 미리 약정하는 제도이다. 민법 829조에 근거를 두고 있다.

이 계약은 반드시 결혼 전에 체결해야 하며, 한 번 체결되면 혼인 중에는 변경할 수 없는 것이 원칙이다. 부부재산약정은 혼인신고 전까지 등기소에서 등기를 마쳐야 제3자에게도 효력을 주장할 수 있다.

A씨는 남편 될 사람과 약정서를 작성하여 서류를 갖춘 뒤 등기소에 가서 부부재산약정등기를 하면 된다. 등기를 하려면 남편 될 사람의 주소지 법원 관할 등기소에 신청해야 하며, 신청서를 작성한 뒤 약정서와 함께 제출한다. 약정서의 내용은 재산에 관한 사항이라면 특별한 형식 없이 자유로이 두 사람이 정할 수 있으며 신청서에는 각자의 인감증명서와 혼인관계증명서도 첨부한다. 재산이 많다면 법무사나 변호사 등의 도움을 얻는 것이 좋겠다.

부부재산약정은 등기가 되면 내용을 변경할 수 없는 것이 원칙이나 부부 간 합의가 되었거나 기타 정당한 사유가 있을 때는 법원의 허가를 받아서 변경할 수 있다. 다만, 부부재산계약은 이혼 후에는 효력이 없으므로 이혼 시 재산문제 정리는 재산분할(협의 또는 재판)을 통해 가능하다.

14. '최진실법' 시행, 친권 자동부활 금지 대신 법원 심사

이혼 시 친권자로 되어 있던 어머니(또는 아버지)가 사망하면 아이는 어떻게 될까. 지금까지는 살아있는 아버지(또는 어머니)가 자동으로 친권자가 되어 왔다. 이렇게 친권자가 사망시 생존부모가 친권자로 정해지는 것을 친권 자동부활이라고 한다. 이 제도는 자녀를 부양할 의지나 능력이 전혀 없거나 심지어는 자녀를 학대·폭행해온 부모까지 친권을 다시 갖게 하는 불합리한 결과를 가져왔다.

하지만 2013년 7월부터는 달라진다. 민법 개정으로 친권자동부활이 금지되고 법원의 심사제도로 바뀐다. 이것을 일명 '최진실법'이라고 부른다. 개정 민법에 따르면 친권자가 사망한 경우, 다른 부모가 친권자가 되기를 원하면 친권자로 지정해 줄 것을 법원에 청구해야 한다. 기간은 친권자가 사망했다는 사실을 안 날 기준으로 한 달, 사망한 날 기준으로 6개월 이내이다.

이 기간 안에 친권자 지정 청구가 없을 때 법원은 직권 또는 미성년자녀(친족), 이해관계인 등의 청구에 따라 친권자를 대신할 후견인을 선임할 수 있다. 법원은 자녀의 복리를 최우선으로 고려하여 생존 부모가 친권자로 적절한지 심사하게 되며, 부적절하다고 판단할 경우 부모 대신 친족 등을 후견인으로 선임할 수도 있다.

**이도남의
돈 고생
마음고생 없이
이혼하는 방법**

초판 1쇄 인쇄 2013년 4월 22일
초판 1쇄 발행 2013년 4월 29일

지은이 김용국
펴낸이 연준혁

출판 2분사 _분사장 이부연
책임편집 우지현 **디자인** 김준영
제작 이재승

펴낸곳 (주)위즈덤하우스 **출판등록** 2000년 5월 23일 제13-1071호
주소 경기도 고양시 일산동구 장항동 846 센트럴프라자 6층
전화 031)936-4000 **팩스** 031)903-3891 **홈페이지** www.wisdomhouse.co.kr
종이 월드페이퍼 **인쇄 · 제본** (주)현문 **후가공** 이지앤비

값 14,800원 ISBN 978-89-6086-597-6 [13360]

*잘못된 책은 바꿔드립니다.
*이 책의 전부 또는 일부 내용을 재사용하려면
사전에 저작권자와 (주)위즈덤하우스의 동의를 받아야 합니다.

국립중앙도서관 출판시도서목록(CIP)

'이도남'의 돈 고생 마음고생 없이 이혼하는 방법 / 지은이:
김용국. — 고양 : 위즈덤하우스, 2013
  p. ;   cm

이도남은 "이혼 도와주는 남자"의 약어임
ISBN 978-89-6086-597-6 13360 : ₩14800

이혼[離婚]

365.56-KDC5
346.0166-DDC21   CIP2013003930